Martin H. Jung
Einführung in die Theologie

Wir sollen als Theologen von Gott reden.
Wir sind aber Menschen
und können als solche nicht von Gott reden.

Karl Barth (1924)

Martin H. Jung

Einführung in die Theologie

Unter Mitwirkung von
Tim Lindfeld und Stephanie Gwosdz

Wissenschaftliche Buchgesellschaft

Einbandgestaltung: schreiberVIS, Seeheim.

Die Deutsche Bibliothek verzeichnet diese Publikation
in der Deutschen Nationalbibliografie;
detaillierte bibliografische Daten sind im Internet über
http://dnb.ddb.de abrufbar.

© 2004 by Wissenschaftliche Buchgesellschaft, Darmstadt
Redaktion: Dr. Bettina Kratz-Ritter, Göttingen
Gedruckt auf säurefreiem und alterungsbeständigem Papier
Printed in Germany

Besuchen Sie uns im Internet: www.wbg-darmstadt.de

ISBN 3-534-15918-7

Inhalt

Vorwort 9

I. Theologie studieren – warum und wozu? 11

II. Entstehung und Geschichte der Theologie 14
   1. Der Begriff „Theologie" 14
   2. Geschichte des Fachs 15
   3. Theologie als Universitätsfach 24
   4. Differenzierung der Fragen und Aufgaben 27

III. Erscheinungsbild und Selbstverständnis der Theologie 29
   1. Die theologischen Disziplinen 29
      a) Theologie – ein Fach aus vielen Fächern 29
      b) Unterschiede der Perspektiven und Ziele 30
      c) Interdisziplinäre Arbeit innerhalb der Theologie . . . 38
   2. Identität und Einheit der Theologie 39
      a) Gegenstand und Aufgabe 40
      b) Selbstverständnis 44
      c) Die Frage nach Gott 48
   3. Themen der Theologie 52
      a) Christus – Christologie 52
      b) Mensch – Anthropologie 54
      c) Erlösung – Soteriologie 56
      d) Geist – Pneumatologie 57
      e) Kirche – Ekklesiologie 58
      f) Zukunft – Eschatologie 61
   4. Evangelische und katholische Theologie 63
      a) Evangelische, katholische und andere Christen 63
      b) Ursachen der Trennung und Wege zum Miteinander . . . 65
      c) Gemeinsamkeiten und Unterschiede 66
      d) Chancen der Zusammenarbeit 68
   5. Bezugswissenschaften der Theologie 70
   6. Theologie in einer multireligiösen Kultur 71
      a) Theologie innerhalb und außerhalb des Christentums . . 72
      b) Religionen als Thema der christlichen Theologie . . . 73
      c) Interreligiöser Dialog 74
   7. Theologie als Wissenschaft 74
      a) Zur Definition von Wissenschaft 74
      b) Gattungen von Wissenschaft 76
      c) Theologie – eine Wissenschaft? 76

IV. Vielfältige Theologien 79
   1. Liberale Theologie – Adolf von Harnack 80
   2. Dialektische Theologie – Karl Barth 82
   3. Existenzialtheologie – Rudolf Bultmann 85
   4. Politische Theologie – Dietrich Bonhoeffer 87
   5. Korrelationstheologie – Paul Tillich 90

6. Transzendentaltheologie – Karl Rahner 91
7. Prozesstheologie – John Cobb 94
8. Befreiungstheologie – Gustavo Gutiérrez 96
9. Feministische Theologie – Catharina Halkes 98
10. Theologie nach Auschwitz – Friedrich-Wilhelm Marquardt . 101
11. Religionstheologie – Leonard Swidler 104
12. Ökumenische Theologie – Hans Küng 106

V. Das Theologiestudium: Ziele, Orte, Perspektiven 110
1. Studienziele 110
2. Berufsfelder 112
    a) Pfarr- oder Pastoraldienst 113
    b) Gemeindedienst als Laie 118
    c) Religionsunterricht 119
    d) Sonstige Arbeitsgebiete 124
    e) Universität 125
3. Theologische Fakultäten und andere Studieneinrichtungen . 127
    a) Die Wahl des Studienortes und der Hochschule 127
    b) Staatliche Fakultäten 129
    c) Kirchliche Hochschulen 130
    d) Theologie an sonstigen Universitäten 132
    e) Freie Ausbildungsstätten für evangelische Theologie . . . 132
    f) Studium im Ausland 134
    g) Studienfinanzierung 135
4. Professoren, Professorinnen und andere Dozierende 137
5. Lehrformen und Lehrveranstaltungen im Studium 138
6. Studienvoraussetzungen und Studienordnungen 141
    a) Studienvoraussetzungen 141
    b) Wehr- und Zivildienst 142
    c) Die alten Sprachen 143
    d) Studiengestaltung und -ablauf 145
    e) Studien- und Berufsberatung 148
    f) Praktika 149
    g) Examina 150
    h) Studienreform 152
    i) Die zweite Ausbildungsphase 155
7. Theologiestudium und Kirche 156
    a) Einflüsse der Kirchen auf das Studium 156
    b) Beziehungen der Studierenden zu Kirchen 160
    c) Glaube und Spiritualität im Studium 162

VI. Wissenschaftlich arbeiten in der Theologie 164
1. Was heißt wissenschaftlich arbeiten? 164
2. Umgang mit Literatur 164
    a) Literatursuche 165
    b) Bücher kaufen? 168
    c) Lesen und Bearbeiten von Büchern 169
    d) Titelangaben 171
3. Mitarbeiten in Vorlesungen und Seminaren 176

4. Referate 178
5. Seminararbeiten 179
6. Nachschlagewerke und weitere Hilfsmittel 187
7. Computer und Internet 190
8. Archivieren 192
9. Prüfungsvorbereitungen 193

Literatur 195

Register 197

Vorwort

Wer eine Studieneinführung schreibt, erinnert sich im Stillen an die eigenen Studienanfänge, die bei mir bereits mehr als 25 Jahre zurückliegen. Vieles hat sich seither radikal verändert, manches ist aber auch gleich geblieben. Überfüllte Vorlesungen und Seminare gibt es heute kaum mehr. Die Schreibmaschine wurde vom Computer abgelöst, das Nachschlagen im Lexikon durch das Surfen im Internet, das Exzerpieren von Literatur durch das Kopieren. Unter den Dozierenden gibt es häufiger Frauen, und unter den Studierenden dominieren sie bereits. Noch immer aber fühlen sich Anfängerinnen und Anfänger durch die Fülle der Themen und die neuartigen Anforderungen wissenschaftlicher Arbeit überfordert, und noch immer stellt sich die wichtige Frage nach der Praxisrelevanz universitärer Theologie. Verschärft haben sich die Anforderungen an den Beruf, im Lehramt ebenso wie im Gemeindedienst durch eine ständige quantitative und qualitative Steigerung der Ansprüche. Zugespitzt haben sich die Herausforderungen an die Theologinnen und Theologen, in der Kirche ebenso wie in der Gesellschaft, durch die fortschreitende Säkularisierung und Pluralisierung unserer Kultur: Eine radikale Individualisierung hat das Wohnen, das Essen, den Beruf, die Freizeitgestaltung, die Partnerschaft, die Sexualität sowie das Altwerden erfasst – und eben auch die Religiosität.

Ich habe mich der Aufgabe, ein einführendes Lehrbuch zu schreiben, auf dem Hintergrund der eigenen Erfahrungen beim Studieren und Dozieren gestellt. Zu diesem Hintergrund gehören vieljährige Lehr-Erfahrungen an recht verschiedenartigen Universitäten (Tübingen, Siegen, Basel, Osnabrück) und damit verbundene Einblicke in die theologische Wissenschaft und die kirchliche Berufspraxis zweier Länder, nämlich Deutschlands und der Schweiz, und dreier Bundesländer, nämlich Baden-Württembergs, Nordrhein-Westfalens und Niedersachsens. Dabei hatte und habe ich sowohl mit der Ausbildung von Pfarrerinnen und Pfarrern zu tun als auch mit der Ausbildung von Religionslehrerinnen und -lehrern. Im Hintergrund stehen ferner eigene Erfahrungen der beruflichen Praxis in Schule und Gemeinde, da ich jahrelang als Pfarrer und Religionslehrer gearbeitet habe, und last, but not least: frühe Erfahrungen mit dem Credit-Point-System, einem modularisierten Studium, und gestuften Studiengängen (Bachelor/Master-Abschlüssen), also neuen Entwicklungen im Kontext der europäischen Einigung, die in den kommenden Jahren sukzessive auf alle Studierenden zukommen dürften.

Auch auf mir gegebene Grenzen will ich hinweisen. Ich habe dieses Buch als evangelischer Theologe und als Kirchengeschichtler geschrieben. Als letzterer neige ich vielleicht an der einen oder anderen Stelle dazu, eine historisch-relativierende Perspektive einzunehmen. Dies muss jedoch in einem für Anfängerinnen und Anfänger gedachten Buch kein Nachteil sein. Gerade der Kirchenhistoriker hat in der Studienpraxis sehr viel mit Anfängerinnen und Anfängern zu tun, denn häufig belegen sie kirchengeschichtliche Lehrveranstaltungen, für die höchstens lateinische Sprachkenntnisse, sonst aber keine Voraussetzungen gebraucht werden. Als evangelischer Theologe neige ich dazu, an der einen oder anderen Stelle die begrenzte Perspektive meiner Konfession einzunehmen. Allerdings blicke ich auf zahlreiche Begegnungen mit katholischen Fachkolleginnen und -kollegen zurück und auf intensive Erfahrungen in der ökumenischen Kooperation in Schule, Gemeinde und Universität. Katholische Erfahrungen und Perspektiven sind auch bereits in die bewusst ökumenisch angelegte Konzipierung dieses Bandes eingegangen.

Als ich im Jahre 2000 mit der Arbeit an diesem Buch begonnen habe, war als sachkundige und erfahrene katholische Kollegin Dr. Irene Leicht beteiligt. Sie hat ihre Studien- und Unterrichts-Erfahrungen in der katholischen Theologie, ihre Lehr-Erfahrungen aus Freiburg i. Br. und Frankfurt a. M. und frauenspezifische Perspektiven in die Konzipierung des Bandes eingebracht. Leider konnte sie anschließend an der Ausarbeitung und Vollendung nicht mehr teilnehmen, da sich ihre berufliche Situation verändert hatte und sie für Publikationstätigkeiten keine Zeit mehr finden konnte. Die mit ihr erarbeitete Konzeption habe ich dennoch bewusst beibehalten. Ich hoffe, dass dieses Buch dadurch gleichermaßen evangelischen und katholischen Theologiestudierenden sowie Studierenden für den Gemeinde- und den Schuldienst hilfreich ist. Tim Lindfeld aus Paderborn hat mit großem Engagement dazu beigetragen, dass die katholische Perspektive – auch was das Studium der Priesteramtskandidaten anbelangt – ausreichend und ihrem Selbstverständnis entsprechend berücksichtigt werden konnte. Stephanie Gwosdz aus Osnabrück hat das Manuskript aus der Perspektive der Lehramtsstudierenden durchgesehen und Verbesserungen eingebracht. Beiden danke ich herzlich. Für den Inhalt zeichne ich allerdings in jedem Fall allein verantwortlich. Bei Literaturrecherchen, Überprüfungen und Korrekturen sowie dem Erstellen des Registers haben Claudia Bluhm und Martin Keller mitgeholfen.

Osnabrück, im Sommersemester 2004   Martin H. Jung

I. Theologie studieren – warum und wozu?

Ich studiere Theologie, weil …

… man sich erst intensiv mit der Materie auseinander setzen muss, um Aussagen über Gott und seinen Glauben machen zu können. (Christina Rost, 24)

… mir das Fach in der Schule viel Spaß gemacht hat. (Simone Lüttschwager, 23)

… ich aus einem Pfarrhaus komme und den Beruf meines Vaters interessant fand. (Kim S., 26)

… ich seit meinem 16. Lebensjahr fest an Jesus glaube und etwas dafür tun möchte, dass mehr Menschen zum Glauben finden. (Markus H., 20)

… mich das Fach in der Schule oft gelangweilt hat. Da ich den Religionsunterricht für wichtig halte, möchte ich meine Schüler für das Fach begeistern. (Christine Hoppmann, 23)

… mich die historische Wahrheit hinter dem Neuen Testament interessiert. Ist das Berichtete wirklich geschehen? (Michael R., 20)

… ich in der kirchlichen Jugendarbeit groß geworden bin. Der Gedanke, selbst einmal Pfarrer zu werden, lag nahe. (Hans-Ulrich T., 21)

… in unserer schnelllebigen Welt etwas „Fundiertes" wie Theologie – auch für mich selbst – immer wichtiger wird. (Tina Kastenschmidt, 25)

… Religion das Fach ist, in dem man mit den Schülern „über alles reden kann". (Johannes O., 23)

… ich es wichtig finde, in der Schule religiöse Grundkenntnisse und Ähnliches zu vermitteln, da Kinder das an anderen Orten kaum noch erfahren. (Kerstin Kruse-Winterhof, 38)

… ich in der Schule darin immer gut war und mir der Religionsunterricht auch dann noch gefallen hat, als ich Schule nicht mehr so toll fand. (Alexandra Balke, 27)

… der Beruf der Pfarrerin einer der interessantesten und vielseitigsten Berufe ist, die ich mir vorstellen kann. (Karin M., 28)

… ich einen Beruf ergreifen wollte, in dem nicht das Geldverdienen im Vordergrund steht, sondern die Arbeit mit Menschen und für Menschen. (Clemens S., 27)

… mich die Theologie als Wissenschaft ungemein interessiert. Die Frage nach Gott fasziniert mich. Ob ich wirklich Pfarrerin werden will, weiß ich noch nicht. (Karola B., 19)

„Warum studierst du ausgerechnet Theologie?" Selten wird man als Studierender so nach den Gründen für seinen Studienentscheid gefragt. Bei Theologiestudierenden ist das anders. Kommilitoninnen und Kommilitonen anderer Disziplinen vermuten eine besondere Motivation, vielleicht gar eine innere Berufung für dieses Fach. Nicht so häufig bei Studierenden der Religionslehre, häufiger jedoch bei Studierenden mit dem Ziel Gemeindedienst. Warum studierst du Theologie? Immerhin: Theologie ist kein exotischer Studiengang. In Deutschland, Österreich und der Schweiz zusammen gibt es momentan etwa 25 000 Theologiestudierende. Ihre Motive

Motive, Theologie zu studieren

sind vielfältig, und das ist legitim. Es gibt eine Menge gute Gründe, das Fach zu wählen, und auch wer eher zufällig an die Theologie gerät, sollte diese guten Gründe zu entdecken suchen.

Warum also Theologie, und wozu? Vielfach wird das Interesse am Fach schon in Schülerinnen und Schülern wach, durch gute Erfahrungen im Religionsunterricht, durch anregendes Engagement in der kirchlichen Jugendarbeit, durch impulsgebende Begegnungen mit Theologinnen und Theologen in der Gemeinde, in der Schule oder im Familien- und Freundeskreis. Interessant scheint das Fach, weil es eine Vielzahl von spannenden Themen beinhaltet, weil es mit Fragestellungen zu tun hat, die einen auch ganz persönlich umtreiben, und weil es eine Vielzahl attraktiver beruflicher Perspektiven eröffnet. In der Schule gehört Religion, auch aus der Perspektive des Lehrenden, zu den vielseitigsten und spannendsten Unterrichtsfächern, und als Pfarrer oder Pfarrerin eine Gemeinde zu leiten, gehört zu den vielseitigsten und spannendsten Berufen. Das Engagement für die Sache ist dabei immer zugleich mit einem Engagement für Menschen verbunden. Breite weitere berufliche Möglichkeiten gibt es neben dem und außerhalb des normalen Gemeindedienstes. Auch die nicht an kirchlichen Zielsetzungen orientierte theologische Reflexion von Kultur und Gesellschaft braucht Theologie.

Sowohl das interessante Studium als auch das attraktive Berufsbild sind also Gründe, Theologie zu studieren. Braucht man darüber hinaus eine religiöse Motivation? Grundsätzlich gilt: Man muss nicht besonders fromm sein für dieses Studium, man muss keine Bekehrung erlebt haben, man muss keine innere Berufung empfinden. Gleichwohl haben natürlich auch diese, im engeren Sinn religiösen Motivationen ihr Recht. Eigene Frömmigkeitserfahrungen, persönliche Bekehrungserlebnisse und das innere Empfinden, für diesen Beruf von Gott berufen zu sein, können ebenfalls zum Studium motivieren. Als geistliche Voraussetzung reicht aber völlig aus, dass man sich selbst als Christ versteht und sich einer Kirche zugehörig weiß. Die konkrete Art und Weise, wie man das christliche Selbstverständnis und die kirchlich Zugehörigkeit inhaltlich füllt und ausgestaltet, kann verschieden sein.

Um was geht es im Theologiestudium? Bevor wir einen Blick auf Geschichte und Gegenwart des Faches werfen und uns mit reflektierten Definitionsversuchen befassen, müssen einige grundsätzliche Dinge bedacht werden. Wer Theologie studiert, beschäftigt sich umfassend mit der christlichen Religion, mit ihrer Entstehung, ihrer Geschichte und ihrer Gegenwart, mit ihren Grundüberzeugungen, ihren Zielen und ihren Problemen und mit ihrer Stellung im Konzert der Religionen. Das Christentum ist mit Abstand die größte Weltreligion. Etwa zwei der geschätzten sechs Milliarden Menschen auf der Erde gehören ihr an. Auch in Europa ist das Christentum – mit noch größerem Abstand – die bedeutendste Religion. Etwa 82 Prozent der europäischen Bevölkerung sind Mitglieder christlicher Kirchen. Hinter diesen eindrucksvollen Zahlen verbirgt sich eine ebenso eindrucksvolle Fülle unterschiedlicher Erscheinungsformen und Konkretionen des Christlichen. Das Theologiestudium bietet Gelegenheit zur Auseinandersetzung mit einer fast unübersehbaren Fülle von religiösen und kulturellen Lebensformen, institutionellen Vergesellschaftungsformen und intel-

Berufung?

Inhalte des Theologiestudiums

lektuellen Gedankengebäuden dieser Religion. Sein Horizont reicht von den Anfängen altisraelitischer Religionsbildung über die gesamte abendländische Religions- und Kulturgeschichte bis zu den aktuellen Problemen gesellschaftlicher und individueller Lebensführung in der modernen Industrie- und Mediengesellschaft. Das Studium sensibilisiert für die Spannung zwischen den vielfältigen kulturellen und geschichtlichen Vernetzungen von Religion auf der einen Seite und ihrer unverwechselbaren Besonderheit auf der anderen Seite. In dieser Spannung artikuliert sich die Notwendigkeit menschlichen Kultur- und Gesellschaftslebens, aber auch der individuellen Lebensführung, die Vielheit der Lebensformen, die Divergenz und das Gegeneinander der Interessen, miteinander zu vermitteln und sinnorientiert zu integrieren.

Wer sich weit im Vorfeld dieser komplizierten Zusammenhänge einen ersten Überblick über das Christentum verschaffen möchte, dem empfiehlt sich die Lektüre eines Buches, das von einem Religionswissenschaftler stammt. Der in Hannover lehrende Peter Antes hat allgemeinverständliche und lesenswerte Überblickswerke über das Christentum verfasst, die sich auch für Christen eignen, die sich ein Bild von ihrer eigenen Religion verschaffen wollen (z. B. ›Christentum‹, 2004). Weitere brauchbare Einführungen stammen von dem 2001 verstorbenen evangelischen Leipziger Kirchenhistoriker Kurt Nowak (›Das Christentum‹, ²2001) und von dem katholischen Regensburger Dogmatiker Wolfgang Beinert (›Das Christentum‹, 2000). Sie beleuchten die Entstehung des Christentums ebenso wie seine Geschichte, erörtern Grundlagen, Inhalte und Formen des christlichen Glaubens sowie seine ethischen und gesellschaftlich-politischen Konsequenzen.

Literatur
zur Einführung
in die Theologie

II. Entstehung und Geschichte der Theologie

Die christliche Religion hat ein konkretes Entstehungsdatum und sie hat eine Geschichte. Der christliche Gott ist ein in der Geschichte sich offenbarender und in ihr handelnder Gott. Auch die christliche Theologie hat eine Geschichte. Ohne Kenntnis ihrer Geschichte kann ihre Gegenwart nicht verstanden werden. Aufgrund des Interesses an der Gegenwart muss deswegen zurückgeblickt werden.

1. Der Begriff „Theologie"

Theologie ist – wörtlich übersetzt – Wort von Gott, Rede von Gott, Wissenschaft von Gott. Theologie ist ein altes, ein uraltes Wort, allerdings kein Wort der Bibel, sondern eines der griechischen Antike. Der Begriff stammt aus dem Griechischen. *Theos* ist das griechische Wort für Gott, und *logos* hat die Grundbedeutung „Wort". Theo-logie ist also Gottes-Wort oder Gottes-Rede. Der Begriff wurde schon in vorchristlicher Zeit von griechischen Philosophen benutzt. Erstmals begegnet er im 4. Jahrhundert vor Christus bei Platon. Dieser dürfte ihn aber nicht erfunden, sondern wird ihn aus uns unbekannten Quellen rezipiert haben. Allerdings verwendet er den Begriff nur an einer einzigen Stelle, im „Staat" (griech.: ›Politeia‹, lat.: ›De re publica‹), seinem wohl berühmtesten Werk (Rep. II 379 a 5). Platon bezeichnet mit Theologie die von ihm kritisch, ja negativ beurteilten griechischen Mythen, die Geschichten von Götterkämpfen und dergleichen, die man den Kindern erzählt, und nicht die eigene, philosophische Gotteslehre. Er verwendet den Begriff also in einem Sinne, der sich von der Bedeutung, die der Begriff heute hat (s.u. S. 44–48), deutlich unterscheidet. Das gilt zunächst auch für Aristoteles, der ebenfalls im 4. Jahrhundert vor Christus, nach Platon, wirkte. Er redet von der Theologie und von den „Theologen". Damit bezeichnet er die von ihm kritisch bewerteten Mythendichter wie Hesiod und Homer und stellt sie den mit Anerkennung betrachteten ionischen Physikern gegenüber (z.B. Met. A 983 b 29, B 1000 a 9, N 1091 a 34). An einer anderen Stelle spricht er jedoch positiv von der „theologischen Philosophie" und bezeichnet sie neben der Mathematik und der Physik als die höchste der drei theoretischen Wissenschaften (Met. E 1026 a 19, K 1064 b 3). Das kommt dem späteren Sprachgebrauch und dem späteren Theologieverständnis bereits nahe.

Der Theologiebegriff kommt also aus der griechischen Philosophie. Theologie gehört somit zu den ältesten Wissenschaften der Menschheit. Doch Theologie gab und gibt es der Sache nach auch, wo der Begriff nicht benutzt wird. Ein bestimmtes Reden von Gott kann Theologie sein, obwohl es sich selbst nicht so bezeichnet. Zwischen dem Begriff und der Sache muss differenziert werden. Der Sache nach gab es Theologie in vorchristlicher Zeit nicht nur bei den griechischen Philosophen, sondern auch im Judentum. Das Judentum bzw. das Volk Israel hat in vorchristlicher Zeit unterschiedliche Formen von Theologie entwickelt. Die jüdische Theologie der Frühzeit hat sich in den Schriften der Hebräischen Bibel niedergeschlagen und wird heute von der christlichen Theologie als „Theologie des Alten Testaments" rekonstruiert. Sie beschäftigte sich mit Gott und seinem Gesetz, mit der Deutung der Geschichte und mit Fragen des Kultus. In späterer Zeit, unmittelbar vor und parallel zur Entstehung des Christentums, wandten sich die jüdischen Theologen der Auslegung ihrer Heiligen Schriften, insbesondere der Fünf Bücher Mose, zu. Einerseits wurden die erzählerischen Teile gedeutet, andererseits wurden die in ihnen enthaltenen Gebote und Verbote für die Gegenwart konkretisiert. Die narrative und legendenhafte Form jüdischen Theologisierens wird als Haggada (hebr.: *hagada* = Sage) bezeichnet, die gesetzliche, an ethischen und rituellen Fragen orientierte, als Halacha (hebr.: *halacha* = Wegweisung). Für die jüdischen Schriftausleger bürgerte sich die Bezeichnung Rabbiner (hebr.: *rav* = Lehrer) ein. Während die rabbinische Lehre im Bereich der göttlichen Gesetze Verbindlichkeit anstrebte, herrschte im Bereich des allgemeinen theologischen Denkens große Freiheit. Die Rabbiner haben sich mit vielen theologischen Themen befasst, insbesondere mit der Schöpfung, Offenbarung, Erwählung und Erlösung, dem Monotheismus und Fragen des Bundes und des Gesetzes, aber keine systematische Lehrbildung mit dem Anspruch auf Gültigkeit entwickelt. Auch mystisch-spekulatives Denken entfaltete sich im Judentum, und einzelne jüdische Theologen – z. B. der berühmte Philo von Alexandrien – suchten die jüdischen Traditionen mit der griechischen Philosophie zu verbinden. Teilweise haben christliche Theologen an diese Bemühungen jüdischer Theologen angeknüpft.

> die Theologie des Judentums

Neben der Differenzierung zwischen dem Begriff und der Sache sind eine weitere Differenzierung und eine Präzisierung notwendig. 1.: Nicht jedes Reden von Gott ist Theologie, und 2.: Die Theologie redet nicht nur von Gott. Zu 1. Es gibt ein Reden von Gott in religiöser Unmittelbarkeit. Das ist noch keine Theologie. Als Theologie kann nur die wenigstens ansatzweise wissenschaftliche, d. h. vernünftig reflektierende Rede von Gott bezeichnet werden, die religiöse Erfahrung kommunizierbar macht. Eine ausschließlich vernünftige Rede von Gott wäre aber auch keine Theologie, sondern das wäre Religionsphilosophie. Die Theologie ist keine subjektlose Theorie des Absoluten, sondern sie ist gläubige und zugleich vernünftige Rede von Gott. Zu 2. Die Theologie beschäftigt sich nicht nur mit Gott, sondern mit allen mit der konkreten Religion zusammenhängenden Fragen. Eine rein vom Wortsinn her konstruierte Definition von Theologie wäre der Sache nicht angemessen.

> Theologie: gläubige und zugleich vernünftige Rede von Gott

2. Geschichte des Fachs

Das Christentum beginnt mit Jesus. Doch Jesus war kein Theologe, sondern Jesus war ein religiös zutiefst bewegter und engagierter Mensch, der – vermutlich wider Willen – zum Gegenstand religiöser Verehrung und zum Ausgangspunkt einer neuen Religion und damit zum Religionsstifter wurde. Er hatte mit Sicherheit keine griechisch-philosophische Ausbildung erfahren und war wohl mit der jüdisch-rabbinischen Gelehrsamkeit nur ansatzweise vertraut. Das Christentum entstand, indem Männer und Frauen, die von Jesus begeistert waren, zunächst ausschließlich Juden, diesen nach seinem Kreuzestod als Auferstandenen bekannten, weiter an ihn glaubten und seiner Botschaft weiter vertrauten sowie mit ihm und für ihn zu leben suchten. Nach der Entstehung des Christentums entfaltete sich im griechischen Kulturraum rasch eine christliche Theologie: im Medium der griechischen Sprache und Philosophie reflektierte hebräische Gotteserfahrung.

hebräische Gotteserfahrung im Medium griechischer Sprache und Philosophie

Der erste greifbare Theologe der Christenheit war der Judenchrist Paulus, ein Griechisch sprechender, aus dem hellenistischen Judentum kommender, mit rabbinischer Theologie gut und mit der griechischen Philosophie ansatzweise vertrauter Mann aus der Stadt Tarsus (griech.: Tarsos) im östlichen Kleinasien. Paulus ist die erste auch biografisch fassbare Gestalt der Christenheit, die das Auftreten, das Schicksal und die Botschaft Jesu theologisch durchdacht hat. Die in der Bibel enthaltenen Briefe des Paulus zeugen von seiner Theologie. Paulus war Theologe, aber er war nicht in erster Linie Theologe, sondern vielmehr Missionar und Gemeindegründer. Seine Theologie hat er sozusagen nebenbei entwickelt, indem er auf Fragen und Probleme der Gemeinden reagierte.

Paulus als erster Theologe der Christenheit

Nicht anders war das bei den frühen christlichen Theologen, die auf Paulus gefolgt sind. Ihre uns aus dem ersten und dem frühen zweiten Jahrhundert überkommenen Schriften werden unter dem Überbegriff „Apostolische Väter" zusammengefasst. Eine auch biografisch anschauliche Gestalt ist der Bischof Ignatius von Antiochien. Antiochien, an der Küste des Mittelmeers im heutigen Syrien gelegen, war ein frühes, von Anfang an heidenchristlich geprägtes Zentrum der Christenheit. In der hellenistischen Großstadt wirkte Ignatius, bis zu seinem Märtyrertod um das Jahr 115, als Gemeindeleiter. Seine Theologie entfaltete er wie Paulus in Briefen, die er an andere Gemeinden schrieb.

Neben Bischöfen betätigten sich auch freie Lehrer als Theologen. Hier wirkte das Vorbild der griechischen Philosophen nach. Ein Beispiel ist Justin, ein aus Nablus in Palästina stammender griechischer Philosoph, der sich dem Christentum anschloss und in Rom eine christliche Lehrstätte nach der Art antiker Philosophenschulen errichtete. Im Jahre 165 starb er in Rom als Märtyrer. Justin bezeichnet man mit anderen christlichen Theologen des zweiten und frühen dritten Jahrhunderts als einen Apologeten, also einen Verteidiger (griech.: *apologeomai* = sich verteidigen). Er versuchte mit seiner Theologie das Christentum gegenüber Anfragen und Angriffen von Griechen und Juden zu verteidigen. Hierfür schrieb er mehrere Schriften, Apologien genannt. Die eigentliche Zielgruppe dieser äußerlich betrachtet an Nichtchristen gerichteten Schriften waren aber wie bei Paulus und Ignatius die christlichen Gemeinden selbst, die durch sie in ihrem Glauben gestärkt und gegen von außen gestellte und intern aufkommende Fragen und Zweifel argumentativ gerüstet werden sollten. Thematisch beschäftigte sich die christliche Theologie des ersten und zweiten Jahrhunderts mit zentralen und strittigen Fragen wie der Messianität und Gottessohnschaft Jesu, mit Problemen des Gemeindeaufbaus und der Gemeindeleitung, mit dem Verhältnis der Christen zum Staat und zur Obrigkeit und mit den Beziehungen zum Judentum. Eine in sich geschlossene Gesamtdarstellung der christlichen Lehre, eine Dogmatik, wurde noch nicht verfasst.

Theologie im 2. Jahrhundert

Die Theologie des dritten Jahrhunderts hatte bereits ein weit höher entwickeltes Profil. Die Theologen waren nun zahlreicher und die Theologien

Theologie im 3. und 4. Jahrhundert

wurden vielfältiger. In mehreren Städten gab es richtige Schulen, z. B. in Alexandrien (Ägypten) und in Caesarea (Palästina). Hier unterrichteten Bischöfe und Lehrer, Letztere teilweise im Auftrag von Bischöfen, teilweise auf eigene Initiative, andere Christen – oder Heiden, die Christen werden wollten – im christlichen Glauben und Leben. Dieses Schulwesen darf man sich aber nicht institutionalisiert vorstellen. Es bestand nicht aus Schulgebäuden und Schulordnungen, sondern aus Lehrern, die Schüler um sich scharten. Natürlich wurde auch weiterhin in Antiochien und in Rom Theologie gelehrt. Ein großer Theologe dieser Zeit war Origenes. Er stammte aus Alexandrien, lehrte in Caesarea und starb im Jahre 254 an den Folgen der Folterqualen, die man ihm im Rahmen einer Christenverfolgung zugefügt hatte. Origenes hat als erster Theologe eine umfassende Dogmatik geschrieben. Außerdem hat er als Erster damit begonnen, den Text der Bibel, und zwar den des Alten Testaments, kritisch zu untersuchen, d. h. nach dem genauen Wortlaut zu fragen. Ferner hat er sich als Bibelausleger betätigt. Ein Schüler des Origenes, Eusebius von Caesarea, hat sich erstmals umfassend mit der Kirchengeschichte beschäftigt und eine apologetischen Zwecken dienende Gesamtdarstellung der Geschichte der Christenheit vorgelegt, die von den Anfängen bis in das frühe vierte Jahrhundert reicht. Aus ihr beziehen wir noch heute viele unserer Kenntnisse über die christliche Frühzeit. Eusebius war Zeuge eines der wichtigsten Umbrüche, die das Christentum in seiner Geschichte erlebte, der so genannten Konstantinischen Wende. Beginnend mit dem Jahr 312 wurde aus der staatlich verfolgten und bekämpften christlichen Religion eine staatlich anerkannte, dann staatlich geförderte und zuletzt (380) die staatlicherseits für verbindlich erklärte Religion. Hierdurch wurden auch die Bedingungen für die theologische Arbeit nachhaltig verändert. Theologie konnte sich in einer zuvor nie gekannten Intensität entfalten und sich von apologetischen Zwecken weitgehend ab- und vorrangig innerchristlichen Fragestellungen zuwenden, der Auseinandersetzung mit abweichenden Richtungen und Minderheitenpositionen innerhalb des Christentums.

Origenes als erster Dogmatiker der Christenheit

Der bedeutendste Theologe der Antike war Augustin, der als Bischof von Hippo in Nordafrika wirkte. Eine gediegene rhetorisch-philosophische Ausbildung und seine langjährigen Erfahrungen als Sprach- und Rhetoriklehrer ermöglichten es ihm viele Themen der christlichen Theologie, darunter die anspruchsvolle Trinitätslehre (s. u. S. 49), gründlich zu durchdenken und präzis auszuformulieren. Augustin hat sehr viel geschrieben und seine Gedanken wurden nicht nur während des ganzen Mittelalters rezipiert, sondern auch von den Reformatoren, und gaben sogar noch später neuzeitlichen Theologen wichtige Anstöße. Das berühmteste und ein auch heute noch viel gelesenes Werk Augustins sind seine ›Bekenntnisse‹ (lat.: ›Confessiones‹), eine von theologischen Motiven und Bewertungen durchzogene und überformte Autobiografie, formuliert als gebetsförmige Zwiesprache mit Gott. Hier berichtet Augustin u. a. von seiner Bekehrung zum Christentum, die im Jahre 386 in Mailand erfolgte.

Augustin als Theologe

Die Völkerwanderung und der durch sie bewirkte Untergang des weströmischen Reiches im Jahre 476 führten zu einem Ende der ersten Blütephase der Theologie und zu einer bildungsgeschichtlichen Zäsur. Nur ein Bruchteil des in der Antike erworbenen Wissens und der damals geschrie-

Völkerwanderung als Zäsur

benen Bücher wurden in die neue Zeit hinübergerettet. Das Christentum lebte weiter, aber weitgehend ohne Theologie, auf der Basis elementarer Frömmigkeit. Theologisch gearbeitet wurde noch in Konstantinopel, dem heutigen Istanbul und damaligen Zentrum der östlichen Christenheit, außerdem in England und in einzelnen Klöstern im Osten und im Westen.

das Frankenreich als Zentrum theologischer Arbeit

Nach der Gründung des Frankenreichs, eines neuen Großreichs, das unter Kaiser Karl dem Großen das Erbe des antiken Römerreichs antrat, kam es im 9. Jahrhundert zu einem Bildungsaufschwung auf dem Gebiet des heutigen Frankreichs und Deutschlands. An großen Bischofskirchen, z. B. in Reims, und am Hof des Kaisers in Aachen gab es nun Theologen. Sie beschäftigten sich mit der Kommentierung biblischer Bücher, mit der Sammlung der Positionen, die altkirchliche Theologen zu einzelnen Fragen der Theologie eingenommen hatten, mit der Erklärung der liturgischen Feiern und der Messe sowie mit der Kirchengeschichte. Der bedeutendste Theologe dieser Zeit war Johannes Scotus Eriugena, ein in Irland geborener Schotte, der um die Mitte des 9. Jahrhunderts an der Hof- und Kathedralschule von Laon wirkte. Als einer von wenigen damaligen Theologen beherrschte er die griechische Sprache und als einer von wenigen beschäftigte er sich eigenständig mit systematisch-theologischen Fragestellungen. Sein Hauptthema war die theologische Interpretation der Schöpfung.

Zu einem weiteren Aufschwung kam es nach der Jahrtausendwende. Privatgelehrte, insbesondere in Paris, betrieben kleine theologische Schulen. Um das Jahr 1200 schlossen sich Pariser Gelehrte zusammen und gründeten eine Universität. 1215 bekam sie ihre ersten Statuten (Grundordnung).

Theologie im Kontext von Universitäten

Nach den Universitätsgründungen von Bologna (Rechtswissenschaft) und Salerno (Medizin) wurde die Universität von Paris die erste Universität, in der alle drei damals relevanten Fächer unterrichtet wurden: Rechtswissenschaft, Medizin und Theologie. Die Universität war eine Bildungsinstitution neuen Typs. Sie war eine Gemeinschaft (lat.: *universitas*) von Lehrenden und Lernenden zur Pflege der Wissenschaften. Eine Besonderheit der mittelalterlichen Universität bestand darin, dass der Lernende – anders als heute – zugleich schon Lehrender war. Fortgeschrittene Studenten unterrichteten Anfänger. Das Studium dauerte sehr lange, das Theologiestudium einschließlich des allgemeinbildenden Grundstudiums, das man zunächst zu absolvieren hatte, insgesamt vierzehn Jahre. Für die Geschichte der Theologie, ja für die Geschichte der Wissenschaft insgesamt war die Universität eine gewaltige Errungenschaft. Rasch wurden in vielen Städten weitere Universitäten geschaffen, z. B. in Prag (1348), Wien (1365), Erfurt (1379), Heidelberg (1385) und Köln (1388). Um das Jahr 1400 gab es bereits 64 Universitäten. Im 15. Jahrhundert folgten Gründungen u. a. in Freiburg i. Br. (1455/56) und in Tübingen (1477), und 1502 wurde die Universität Wittenberg gegründet, von der wenig später die Reformation ihren Ausgang nehmen sollte.

Theologie im Mittelalter

An den mittelalterlichen Universitäten konnte sich die Theologie in aller Breite entfalten. Im Zentrum der Bemühungen standen die Auslegung der Bibel und die – häufig gleich damit verbundene – systematisch-theologische Reflexion. Die Universität war eine Schule, die Männer für hochrangige Tätigkeiten in Kirche und Gesellschaft ausbildete. Man bezeichnet deswegen diese mittelalterliche Theologie als „scholastische" (lat.: *schola* = Schule) Theologie. Die meisten Studenten wurden später selbst Lehrer der Theologie. Neben der scholastischen Theologie gab es im Mittelalter auch eine monastische Theologie. Sie wurde im Kloster (lat.: *monasterium* = Kloster) gelehrt und gelernt und diente den Mönchen zur Reflexion über ihr zurückgezogenes, spirituelles Leben und die dabei gemachten religiösen Erfahrungen. Unter den scholastischen Theologen ragt der Pariser Gelehrte Thomas von Aquin (13. Jh.) hervor, der mit seiner unvollendeten ›Summa theologica‹ eine Gesamtdarstellung der Theologie schuf, die auch in der Gegenwart noch Beachtung findet. Unter den monastischen Theologen ist der Zisterzienser-Abt Bernhard von Clairvaux (12. Jh.) zu nennen, dessen Predigten und Traktate ebenfalls noch heute gelesen und meditiert werden. Es gab kaum ein Problem und eine Frage der Theologie, die von den mittelalterlichen Theologen nicht bedacht, kontrovers erörtert und differenziert gelöst wurde. Später warf man der mittelalterlichen, insbesondere der scholastischen Theologie deswegen Spitzfindigkeiten und Wortklaubereien vor. Für theologische Bemühungen des späten Mittelalters, die sich betont der Pflege der Frömmigkeit widmeten, hat sich vereinzelt der allerdings irreführende Begriff „Frömmigkeitstheologie" eingebürgert. Problematisch an dieser Begriffsbildung ist, dass sie suggeriert, es gäbe Theologie, die nicht in der Frömmigkeit wurzle und nicht der Frömmigkeit dienen wolle. In Wirklichkeit verfolgten aber alle mittelalterlichen Theologen, auch die scholastischen, letztlich immer den Zweck, mit ihrer Theologie dem einzelnen Christen und der Kirche zu dienen, also dem Glauben und dem frommen Leben.

<aside>monastische Theologie</aside>

Eine Sonderströmung mittelalterlicher Theologie neben der scholastischen und der monastischen war die Theologie der Mystik. Damit wird eine theologische Reflexion über mystische Erfahrungen bezeichnet. Mystik ist ein in vielen Religionen beheimatetes Phänomen. Im Zentrum steht die unmittelbare Begegnung mit Gott bis zum real erlebten Einswerden mit dem Göttlichen. Damit verbunden ist häufig die Abkehr von der Welt und der Rückzug in die Innerlichkeit (griech.: *myo* = schließen). Mystische Erfahrungen machten im Mittelalter meist Frauen, überwiegend Nonnen, die darauf aufbauende theologische Reflexion wurde überwiegend durch Männer – z. B. Meister Eckhart und Johannes Tauler – vollzogen. Es gab aber auch Frauen, die zur Theologie der Mystik beitrugen, allen voran Mechthild von Magdeburg und Gertrud die Große, die beide im 13. Jahrhundert Nonnen im Zisterzienserinnenkloster Helfta bei Eisleben waren. Statt „Theologie der Mystik" ist auch der Begriff „mystische Theologie" gebräuchlich. Er ist allerdings missverständlich, denn diese Theologie ist natürlich nicht mystisch, sondern wie jede Theologie rational, mystisch sind lediglich die von ihr reflektierten Erfahrungen.

<aside>Theologie der Mystik</aside>

Von der christlichen Theologie des Mittelalters sollte nicht gesprochen werden, ohne darauf hinzuweisen, dass es gleichzeitig auch eine Blüte der Theologie im Judentum und im Islam gab und es sogar zu lebhaften, allerdings erst wenig erforschten Austauschbeziehungen zwischen den Theologien der drei monotheistischen Religionen kam. Große jüdische Theologen des Mittelalters waren Saadja ben Josef, Jehuda ha-Levi, Maimonides, Levi ben Gerson, Chasdai ben Abraham und Jakob Albo. Der Islam zählte in jener Epoche al-Kindi, al-Farabi, al-Gazali, ar-Razi, Avicenna und Averroes zu seinen bedeutenden theologischen Denkern.

Humanismus

Das 16. Jahrhundert brachte große und einschneidende Veränderungen für die Theologie mit sich, nicht nur und nicht einmal in erster Linie wegen der Reformation, sondern zunächst infolge des Humanismus. Der Humanismus war eine Gelehrtenbewegung in der Zeit der Renaissance, die sich die Wiederbelebung antiker Wissenschaftstraditionen zum Ziel setzte. Propagiert wurde das Studium der alten Sprachen, die Hinwendung zu den Originalquellen und die Ausrichtung der Wissenschaften am praktischen Nutzen für Kirche und Gesellschaft. Der bedeutendste Gelehrte des Humanismus war Erasmus von Rotterdam. Er hat sich auch durch theologische Arbeiten hervorgetan, z. B. durch eine auf alten Handschriften basierende kritische Ausgabe des Neuen Testaments in griechischer Sprache und durch Erbauungsschriften, die zum rechten christlichen Leben anleiten wollten. In der Theologie führte das humanistische Denken zu Bemühungen um Studienreformen, zur Hinwendung zur Bibel in ihren Originalsprachen und zur Neuentdeckung der Theologie der christlichen Frühzeit. Ein Teil der humanistischen Gelehrten schloss sich der Reformation an, der andere Teil blieb der alten Kirche treu. So fand humanistisches Gedankengut gleichermaßen Eingang in die evangelische und katholische Theologie.

Reformation

Die Reformation, die von Wittenberg und Zürich ausgehend in der ersten Hälfte des 16. Jahrhunderts die abendländische Christenheit erschütterte, wurzelte in einer theologischen Erkenntnis. Bei Luther und bei Zwingli, wie auch bei dem später auftretenden Genfer Reformator Calvin, steht die theologische Einsicht im Vordergrund, dass der Mensch die Liebe und Annahme durch Gott geschenkt bekommt und sie sich nicht verdienen muss. Die Reformatoren kleideten dies in die Formel: gerecht aus Glauben, nicht durch Werke (lat.: *iustus ex fide, sine operibus*). Die schenkende Haltung Gottes wird in der religiösen Sprache als „Gnade" bezeichnet. Ein weiterer theologischer Grundgedanke der Reformation war das Schriftprinzip: Die Theologie soll „allein die Bibel" (lat.: *sola scriptura*) zur Grundlage haben, und auch die kirchliche Praxis soll an der Bibel allein gemessen werden. Als Sakramente, d. h. religiöse Zeichenhandlungen, galten in den evangelischen Kirchen nur noch die Taufe und das Abendmahl.

theologische Kontroversen

Die Reformation führte zur konfessionellen Spaltung nicht nur der Kirche, sondern auch der Theologie. Fortan gab es evangelisch und katholisch ausgerichtete Universitäten nebeneinander, und die Theologen bekämpften sich gegenseitig. Auch innerhalb des evangelischen Lagers kam es zu einer Kluft, nämlich zwischen lutherischen Theologen und solchen, die sich an Zwingli und an Calvin orientierten. In der Folge nahm die so genannte Kontroverstheologie, die streitbare Auseinandersetzung mit den theologischen Positionen der anderen Konfessionen, einen hohen Stellenwert in der theologischen Arbeit ein. Gestritten wurde z. B. zwischen evangelischen und katholischen Theologen über die Frage, ob in der Kirche und in der Theologie außer der Heiligen Schrift auch die Tradition, also Entscheidungen von Konzilien, überlieferte Gedanken und Bräuche, die sich im Laufe der Jahrhunderte herausgebildet hatten, normative Bedeutung haben dürfe. Damit war die fundamentale Frage nach den Quellen der Theologie berührt. Bei den Evangelischen sollten nur die Aussagen der Bibel, bei den

Katholiken auch die historisch gewachsenen kirchlichen Normen und theologischen Prinzipien Autorität genießen. Die Reformatoren lehnten die eingebürgerte lateinische Übersetzung der Heiligen Schrift, die ›Vulgata‹ (lat.: *vulgus* = allgemein), ab und nahmen den hebräischen und griechischen Urtext zur Grundlage ihrer muttersprachlichen Bibelübersetzungen und theologischen Lehrbildungen. Innerhalb des Protestantismus stritten Lutheraner mit Calvinisten und Zwinglianern über das Verständnis des Abendmahls, genauer über das Problem, wie man sich die Gegenwart (Realpräsenz) Jesu Christi bei dieser Feier konkret vorstellen und erklären solle, sowie über die Frage, ob Gott einzelne Menschen zum Heil, andere aber zur ewigen Verdammnis vorherbestimmt habe (Prädestination).

Ein wichtiges Zentrum evangelischer Theologie war über Jahrhunderte hinweg die Universität Wittenberg, an der Luther gewirkt hatte. Für die katholische Kirche gehörte die belgische Universität Löwen zu den wichtigen Brennpunkten theologischer Arbeit. Die katholische Kirche baute auch eigene Hochschulen auf, die mit ihren Orden, vor allem den neu entstandenen Jesuiten (Societas Jesu), verbunden waren und in denen Ordensangehörige Theologie studierten. Diese Ordenshochschulen haben sich als Zentren theologischer Arbeit in der katholischen Kirche bis heute erhalten. Zu den bedeutendsten gehörte und gehört das 1551 gegründete „Collegium Romanum", die römische Jesuitenuniversität.

wichtige Universitäten

Im Protestantismus entwickelte sich schon in der Reformationszeit neben der akademischen Theologie das Phänomen einer Laientheologie. Luther hatte das so genannte allgemeine Priestertum propagiert. Dazu gehörte die Idee, dass infolge ihrer Geistbegabung alle Menschen prinzipiell in der Lage seien, die Bibel zu lesen und zu verstehen. In der Folge betätigten sich immer wieder einzelne Handwerker und auch Frauen, also Menschen, die nie Theologie studiert hatten, als Theologen. In der Reformationszeit trat beispielsweise Katharina Zell, Reformatorenfrau aus Straßburg, in diesem Sinne hervor. Der bedeutendste protestantische Laientheologe war der Schuhmacher Jakob Böhme aus Görlitz, der Anfang des 17. Jahrhunderts ein beachtliches schriftstellerisches Werk schuf, das in seiner ersten, 1682 erschienenen Gesamtausgabe immerhin fünfzehn Bände zählte. Im 18. Jahrhundert lebte das Phänomen der Laientheologie im Pietismus und seinem Umfeld erneut auf. Hier wäre vor allem Nikolaus Ludwig Graf von Zinzendorf zu erwähnen, der Gründer der noch heute durch die ›Losungen‹ bekannten „Herrnhuter Brüdergemeine". Vergleichbar waren in der katholischen Kirche neu entstehende mystische Strömungen, die ebenfalls von Laien, häufig von Frauen (Teresa von Avila, Baronin von Chantal, Madame Guyon), getragen wurden und auch die theologische Reflexionsebene erreichten. Zentren der neuen Mystik waren im 16. Jahrhundert Spanien und im 17. Jahrhundert Frankreich.

Laientheologie

Die katholische Kirche reagierte im 16. Jahrhundert auf die Herausforderungen der Reformation, indem sie einen umfassenden Erneuerungsprozess einleitete. Ein Markstein war das Trienter Konzil (lat.: Tridentinum), das in vier Phasen zwischen 1545 und 1563 tagte und wichtige Beschlüsse zu Fragen der Theologie fasste. Unter anderem erörterte es die Sakramentenlehre und bekräftigte die schon im Mittelalter eingenommene Position, dass es in der katholischen Kirche sieben und nicht nur zwei Sakramente

theologische Entwicklungen in der katholischen Kirche

gibt; außer der Taufe und der Eucharistie (Abendmahl) blieben also auch die Firmung (Konfirmation), die Ehe, die Weihe, die Buße (Beichte) und die Letzte Ölung (Krankensalbung) als heilige, göttliche Gnade vermittelnde Handlungen anerkannt. Die schon erwähnten Jesuiten waren der wichtigste Träger der „Katholischen Reform", wie man den damals eingeschlagenen Erneuerungsprozess bezeichnet; aus evangelischer Perspektive sprach man auch von der „Gegenreformation". Die katholische Theologie des späten 16. und des 17. Jahrhunderts, des Zeitalters des Barock, knüpfte an die mittelalterliche an und wird deswegen als Barockscholastik bezeichnet.

das Verhältnis von Vernunft und Glaube

Thomas von Aquin stand in hohem Ansehen, und eines der Hauptthemen war das Verhältnis von Vernunft und Glaube. Die übernatürlichen Glaubensinhalte, so wurde gelehrt, widersprechen nicht der Vernunft, sondern können von ihr anerkannt werden, auch wenn sie die natürliche Erkenntniskraft des Menschen übersteigen, d.h. der Glaube verlangt nichts, was dem Verstand widerspricht. Ein Grundanliegen der katholischen Theologie war die Unterscheidung von Natur und Gnade, die besagt, dass die Schöpfung – insbesondere der Mensch – mit Eigenständigkeit ausgestattet ist, aber durch göttliches Handeln geführt und zu höherer Vollendung gebracht werden soll, ohne dabei die geschöpfliche Freiheit zu verlieren. Die Theologen verfolgten das Ziel, die Übereinstimmung der durch die Offenbarung gewonnenen Erkenntnisse mit der natürlichen Vernunfterkenntnis aufzuweisen und damit die Einheit der Welt unter der alles umfassenden Herrschaft Gottes. Innerhalb der katholischen Theologie brach nach Trient aber ein Streit über das schon in der Reformationszeit virulente Thema von Freiheit und Gnade aus. In Löwen näherte sich der Theologe Cornelius Jansen infolge von Augustinstudien der reformatorischen Position scheinbar an, indem er die Fähigkeiten des Menschen, Gutes zu tun, geringer einschätzte, als es die zeitgenössische katholische Theologie tat, was einen heftigen Streit zur Folge hatte. In Frankreich formierten sich Jansens Anhänger, die „Jansenisten", als innerkirchliche Reformbewegung und gewannen Einfluss auch auf andere katholisch geprägte Länder, z.B. auf Österreich, wo sie später ein Bündnis mit der katholischen Aufklärung eingingen. Als so genannter Gnadenstreit ging der Streit zwischen der jesuitischen und der dominikanischen Schule in die Geschichte ein. Er zielte auf die unlösbare Frage, ob in den guten Werken der Gerechtfertigten mehr die göttliche Gnade oder mehr die menschliche Freiheit wirksam sei. Die Zentren der theologischen Arbeit lagen für den Katholizismus damals in Ländern West- und Südeuropas, nicht in Deutschland.

In den protestantischen Kirchen folgte auf die Reformation eine Periode, die man gemeinhin als die der Orthodoxie bezeichnet. Das Wort kommt aus dem Griechischen und meint so viel wie „richtige Meinung" oder „rechte Lehre" (griech.: *orthos* = richtig, griech.: *doxa* = Meinung). Den Theologen jener Zeit ging es darum, die Erkenntnisse der Reformation zu bewahren und zu verteidigen. An die Orthodoxie schloss sich im späten 17. Jahrhundert der Pietismus an, der demgegenüber die praktische Frömmigkeit (lat.: *pietas* = Frömmigkeit) betonte. Nicht die Lehre, sondern das Leben stand nun im Zentrum des Interesses.

Orthodoxie und Pietismus

Sowohl die evangelischen Kirchen als auch die katholische wurden im 18. Jahrhundert von der Aufklärung erfasst. Sie war eine gesamteuropäische

Geistesbewegung, die in allen Bereichen des Lebens der Vernunft zum Durchbruch verhelfen wollte. Den Kirchen und der Theologie gegenüber nahm sie häufig eine distanzierte, ja ablehnende Haltung ein. Die Theologen reagierten in beiden Kirchen unterschiedlich auf diese Herausforderungen. Es gab Theologen, die Anliegen der Aufklärung aufzugreifen suchten und eine neue Form der Theologie, eine aufgeklärte Theologie, entwickelten. In der Folge wurde nicht nur die Tradition, sondern auch die Bibel „kritisch" hinterfragt, d. h. genau prüfend und differenzierend (griech.: *krinein* = unterscheiden, trennen); das Adjektiv „kritisch" hat in der Wissenschaftssprache anders als im alltäglichen Sprachgebrauch keine negative Konnotation, meint also kein „Kritisieren" im Sinne von „Bemängeln". Es entstand die moderne Bibelforschung, die so genannte historisch-kritische Exegese (griech.: *exegeomai* = erklären), und die moderne Geschichtsbetrachtung. Auf die theologische Arbeit wirkte die Aufklärung ungeheuer befruchtend. In beiden Kirchen gab es aber auch Theologen, die das aufgeklärte Denken – den Rationalismus und den Modernismus, wie man mit einem diffamierenden Unterton sagte – ablehnten und bekämpften. In der katholischen Kirche war der Widerstand gegen die Aufklärung, da sich ihm die Päpste des 19. und frühen 20. Jahrhunderts anschlossen, größer als in den evangelischen Kirchen. In der katholischen Theologie kam es im 19. Jahrhundert zu einer Wiederbelebung der alten Scholastik. Thomas von Aquin wurde hinsichtlich seiner Weisheit 1879 vom Papst als Vorbild der theologischen Arbeit heraus- und über alle anderen Theologen gestellt. Diesem Neothomismus entsprach im evangelischen Bereich ein Neuaufkommen des eigentlich längst überwundenen konfessionellen Denkens, ein Neokonfessionalismus. Führende Theologen versuchten sich erneut an den Gestalten und den Bekenntnissen der Reformationszeit zu orientieren und erklärten sie als für ihre Gegenwart maßgeblich. Auch im abendländischen Judentum kam es als Folge der Emanzipation zu einem großen theologischen Aufbruch. Es entstand eine wissenschaftlich hoch stehende Theologie, die vielfach von der modernen protestantischen Theologie inspiriert war.

Theologie und Aufklärung

Im 20. Jahrhundert lebten in beiden Kirchen die unterschiedlichen Denkansätze des 19. Jahrhunderts fort. Gleichzeitig entwickelten sich, häufig begleitet von interkonfessionellen Wechselwirkungen, zahlreiche neue Formen des theologischen Denkens (s. u. S. 79–109). Insgesamt ist die Theologie des 20. Jahrhunderts durch eine starke Pluralisierung und Liberalisierung gekennzeichnet, wozu auch die Befreiung von kirchlicher Bevormundung gehörte, und durch einen grandiosen Sieg des aufgeklärten Denkens. Die Aufklärung hat durchschlagend und nachhaltig sowohl die Methoden als auch viele Inhalte der Theologie verändert und nicht zuletzt das Verhältnis der Theologie zu anderen Wissenschaften.

Theologie im 20. Jahrhundert

Wir haben bei unserem kurzen Durchgang durch die Geschichte des Faches vor allem auf das Abendland, auf das westliche und mittlere Europa geblickt. Dies ist gerechtfertigt, weil die christliche Theologie vom hohen Mittelalter bis in die allerjüngste Geschichte hinein hier ihre Zentren hatte. Nicht jede Spielart des Christentums in Vergangenheit und Gegenwart betonte bzw. betont Theologie so stark wie das abendländische. Nicht alle Konkretionsformen des Christentums haben in gleicher Intensität Theologie hervorgebracht. In den östlichen Kirchen hat sie einen geringeren Stellenwert als in den abendländischen. Innerhalb der westlich geprägten Christenheit legen die in der Gegenwart erstarkenden charismatischen und pfingstlerischen Bewegungen keinen großen Wert auf sie.

christliche Theologie und andere Theologien

Trotz ihres unterschiedlichen Stellenwerts in verschiedenen Epochen und in verschiedenen Kirchen gehört die Theologie zum Wesen des Christentums. Die christliche Religion hat als erste den Berufsstand des Theologen hervorgebracht: nämlich Männer und – allerdings erst in der jüngsten Zeit – Frauen, die sich hauptberuflich „über Gott Gedanken machen". In anderen Religionen gab und gibt es Kultbeamte und Ritualmeister, aber ursprünglich nirgendwo und auch in der Gegenwart nur selten Theologen, Gottesgelehrte. Das antike Judentum sowie Judentum und Islam des Mittelalters kannten Rechtsgelehrte und Religionsphilosophen, aber beide mit dem Christentum eng verwandte Religionen besaßen und brauchten nicht den Berufsstand des Theologen. Das Christentum hat ferner als erste Religion eine wissenschaftliche Theologie im modernen Sinn hervorgebracht, die sich historisch und kritisch mit der eigenen Tradition und der eigenen Gegenwart befasst. Partiell inspiriert und beeinflusst von der christlichen Theologie hat sich auch auf dem Boden des neuzeitlichen Judentums und des neuzeitlichen Islam Theologie in diesem modernen, wissenschaftlichen Sinn entfaltet. In unserer Gegenwart gibt es wissenschaftliche Theologie, gelehrt an Universitäten, auch im Judentum und im Islam, aber sie hat in beiden Religionen bei weitem nicht den gleichen Stellenwert wie im Christentum. Theologie ist für beide Schwesterreligionen des Christentums nicht wesentlich, und die rationale Diskussion von Einzelproblemen der jeweiligen Religion wurde und wird nicht zu einer Verbindlichkeit beanspruchenden, umfassenden und systematischen Lehre ausgestaltet, wie das im Christentum der Fall war und ist.

der Weg der christlichen Theologie: von außen nach innen

Die christliche Theologie hat einen langen Weg hinter sich und hat sich dabei von außen nach innen gewendet. Ursprünglich diente sie, wie wir gesehen haben, der Überzeugung und Gewinnung von Nichtchristen, der Abwehr von Angriffen und der Bekämpfung von so genannten Ketzern, d. h. anderen Richtungen des Christentums. Heute dient sie der Ausbildung von Theologinnen und Theologen für den Dienst in Kirche und Schule, sie hat die Funktion der Klärung des eigenen Selbstverständnisses und der Identitätssicherung. Gleich geblieben sind die Grundlagen und die Themen der Theologie sowie die institutionellen Orte, an denen sie verankert ist.

3. Theologie als Universitätsfach

die Anfänge

Vom 13. Jahrhundert bis zur Gegenwart wurde und wird Theologie vor allem an Universitäten betrieben. Von Anfang an gehörte sie zu den an den Universitäten unterrichteten Fächern, sah sich aber im Mittelalter nicht einfach als ein Fach unter anderen, sondern verstand sich als die Krönung, die Spitze der Wissenschaften. Viele Wissenschaften, die sich heute als die eigentlichen, strengen, konsequenten Wissenschaften begreifen, insbesondere die Naturwissenschaften, wurden im Mittelalter nur als Vorstufe zum eigentlichen Wissenschaftsbetrieb angesehen. Im Grundstudium an der so genannten Artistenfakultät oder philosophischen Fakultät (lat.: *artes* = Künste, Wissenschaften) beschäftigten sich die Studenten mit Naturwissenschaften, vor allem aber widmeten sie sich der lateinischen Sprache und übten sich im logischen Denken und gewandten Argumentieren. Erst nach dem erfolgreichen Abschluss dieses Grundstudiums mit dem Magistertitel gingen die Studenten in eine der drei höheren Fakultäten und wandten sich entweder der Medizin zu oder dem weltlichen und dem kirchlichen Recht, oder aber der Theologie. An den mittelalterlichen theologischen Fakultäten wurden allerdings keine Religionslehrer und keine Pfarrer ausgebildet, sondern überwiegend nur der akademische Nachwuchs, also angehende Theologieprofessoren. Von den Männern, die in der Kirche für die Gemeinden arbeiteten, hatten die meisten überhaupt nicht studiert, geschweige denn Theologie. Im Mittelalter wurde man nicht durch ein Studium Pfarrer, sondern durch eine praktische Ausbildung und das Sakrament der Weihe. Das änderte sich im 16. Jahrhundert infolge der Reformation, und zwar in beiden Kirchen. 16. Jahrhundert

Die Reformation orientierte das religiöse Leben an der Bibel und konzentrierte das kirchliche Wirken auf die Predigt. Dafür brauchte man gebildete Pfarrer. Ein Studium wurde in der Folge für die Pfarrer obligatorisch, wenigstens ein Grundstudium an der Universität, im Idealfall aber ein richtiges Theologiestudium, wenigstens für einige Semester. Auch die katholische Kirche unternahm im 16. Jahrhundert entsprechende Bildungsanstrengungen, um das Niveau ihres Klerus zu heben. Für angehende Weltpriester wurde 1563 eine theologische Ausbildung Pflicht. Um dies zu ermöglichen, wurden zahlreiche Ordenshochschulen gegründet.

Vom Mittelalter bis zum 18. Jahrhundert war die Theologie unter allen wissenschaftlichen Disziplinen die angesehenste. Das spiegelt sich bis in die Gegenwart an kleinen, äußerlichen Dingen wider. Z. B. steht die Theologie in den Vorlesungsverzeichnissen vieler Universitäten noch immer an der ersten Stelle, obwohl ihr dieser Rang weder aus alphabetischen Gründen noch wegen zahlenmäßiger Stärke gebührt. Auch in akademischen Ritualen hat sich die Vorrangstellung der Theologie erhalten. Z.B. gibt es in Basel anlässlich des jährlichen Festtages der Universität eine Prozession der Hochschullehrer durch die Altstadt, bei der die Theologen ganz vorne, gleich nach der Hochschulleitung gehen. Doch diese schönen Relikte entsprechen schon lange nicht mehr den Realitäten. Bereits im 19. Jahrhundert hat sich eine Rangänderung vollzogen, bei der die Theologie von ihrem Logenplatz verdrängt wurde. Zahlreiche neue wissenschaftliche Fächer sind damals entstanden, und die althergebrachten, allen voran die Philosophie, haben sich von der Bevormundung durch die Theologie befreit. Die Theologie wurde – bestenfalls – zu einem Universitätsfach unter vielen und gehörte manchmal, allein schon aus quantitativen Gründen, noch nicht einmal zu den bedeutenden. In Ländern, wo sich radikal-aufklärerische Gedanken durchsetzen konnten, z. B. in Frankreich, wurde sie durch den säkularen Staat sogar aus den Universitäten ausgegliedert. Rangveränderung

In Deutschland war der Status der Theologie als Universitätsfach nie ernsthaft gefährdet. Die ursprünglich kirchenfeindliche Politik der deutschen Sozialdemokratie konnte sich nicht durchsetzen. Auch die Nationalsozialisten haben in den zum Glück nur wenigen Jahren, die sie Deutschland regierten, trotz entsprechender Pläne die Theologie nicht aus den Universitäten verbannt. Und auch in der Deutschen Demokratischen Republik gab es trotz des forcierten Atheismus der Partei- und Staatsführung weiterhin theologische Fakultäten an staatlichen Universitäten.

Man kann über die Berechtigung dieses Status der Theologie kontroverser Meinung sein (s. u. S. 74–78). Festzuhalten ist aber: Im Abendland hat die

Theologie und moderne Bildung

Theologie wesentlich zur Herausbildung eines modernen universitären Bildungswesens beigetragen, und umgekehrt wurde die Weiterentwicklung der Theologie wesentlich durch dieses moderne Bildungswesen gefördert. Die Theologie könnte ihr gegenwärtiges wissenschaftliches Niveau, von dem auch viele andere Wissenschaften profitieren, nicht halten, wenn sie von den Universitäten vertrieben und in den kirchlichen Raum verbannt würde. Weil in Deutschland Theologie an staatlichen Universitäten ihren festen Platz hat, wurden und werden in dieser Wissenschaft auch unter globaler Perspektive quantitativ und qualitativ erstrangige Leistungen erbracht.

Professoren der Theologie waren früher fast ausnahmslos zugleich Pfarrer ihrer Kirche. Katholische Theologen waren geweihte Priester, evangelische Theologen waren ordinierte Geistliche. In aller Regel hatten sie auch eine Zeit lang als Pfarrer in einer Gemeinde gearbeitet, bevor sie zur Universität oder zur Hochschule wechselten. Das hat sich radikal gewandelt. Theologische Hochschullehrer der Gegenwart haben in der Regel keine oder keine längeren Erfahrungen in und mit der praktischen Arbeit in Kirche und Schule. Sie bringen auch nicht mehr wie zuletzt die Männer und

Frauen

Frauen, die den Nationalsozialismus erlebt und durchlitten haben, eine in der Krise gereifte theologische Existenz mit. In der Regel haben sie rein wissenschaftliche Karrieren durchlaufen. Eine religiös-existenzielle Tiefenschärfe, wie sie uns bei großen Theologen der Vergangenheit und auch noch bei Theologen des 20. Jahrhunderts vielfach begegnet (s. u. S. 82–109), ist von einer rein akademischen Theologie allerdings nicht mehr zu erwarten.

Mittelalter

Von den Anfängen im hohen Mittelalter bis an das Ende des 19. Jahrhunderts war der Besuch von Universitäten ausschließlich Männern vorbehalten, und die Theologie war wie alle Wissenschaften maskulin geprägt, was sich erheblich auf die Inhalte von Forschung und Lehre ausgewirkt hat. Außerhalb der akademischen Theologie gab es allerdings im Bereich der

Neuzeit

Laientheologie (s. o. S. 21) bereits im Mittelalter und vermehrt in der Neuzeit theologisch gebildete Frauen. Im Protestantismus kann man beispielsweise die Pietistin Johanna Eleonora Petersen als Theologin bezeichnen, im Katholizismus die schon erwähnte Mystikerin Teresa, der 1970 vom Papst sogar als erster Frau überhaupt der Titel „Kirchenlehrerin" verliehen wurde. Die Öffnung des Theologiestudiums für Frauen erfolgte erst um die Wende vom 19. zum 20. Jahrhundert zu regional unterschiedlichen Zeitpunkten. Frauen, die Theologie studierten, hatten allerdings zunächst keinerlei berufliche Chancen. Erst allmählich eröffneten sich Möglichkeiten für eine Tätigkeit als Religionslehrerinnen und anschließend im evangelischen Bereich auch Möglichkeiten für eine pfarramtliche Tätigkeit. Die volle Gleichberechtigung wurde in den evangelischen Kirchen Deutschlands erst lange nach 1945 in einem mühsamen, regional unterschiedlich verlaufenden Prozess erreicht, der erst 1991(!) seinen Abschluss fand. In der katholischen Kirche taten sich Chancen für Frauen im Gemeindedienst erst auf, nachdem als Folge des 2. Vatikanischen Konzils der Beruf des Laientheologen geschaffen worden war. Über die Frage eines Priesteramtes für Frauen wird in der katholischen Kirche zwar diskutiert und gestritten, doch ist mit einer Veränderung auf absehbare Zeit nicht zu rechnen. Übrigens ist auch für alle orthodoxen und orientalischen Kirchen ein Priesteramt für Frauen undenkbar.

4. Differenzierung der Fragen und Aufgaben

Die neuzeitliche Wissenschaftsgeschichte ist durch eine immer weiter ausgreifende Differenzierung gekennzeichnet. Sie führte zu einer Vermehrung der wissenschaftlichen Disziplinen und innerhalb der Theologie zu einer Aufspaltung des Fachs in viele Fächer. Diese werden weder durch gemeinsame Inhalte noch durch gemeinsame Methoden zusammengehalten, sondern nur dadurch, dass die Theologie für ganz konkrete Berufsziele ausbildet, für die man auf keines dieser Fächer verzichten kann. *(neuzeitliche Wissenschaftsgeschichte)*

Theologie war anfangs ein einheitliches Fach und ein einheitliches Studium. Man beschäftigte sich in der Theologie zwar schon im Mittelalter mit verschiedenen Fragestellungen, z. B. mit dem Alten Testament, mit dem Neuen Testament und mit übergreifenden systematisch-theologischen und ethischen Themen, aber es gab noch keine Ausdifferenzierung des Fachs in verschiedene Disziplinen und damit verbundene Lehrstühle. Im Verlauf seines Studiums konzentrierte sich der Student in einer festgelegten Reihenfolge auf die verschiedenen Themenaspekte. Man begann das Studium mit der Beschäftigung mit der Bibel, schritt dann zur Behandlung systematisch-theologischer Fragestellungen und gelangte am Schluss wieder zurück zur Bibel, bei deren Auslegung allerdings auf vielfache Weise – aus unserer heutigen Sicht oftmals gewaltsam – systematisch-theologische Fragestellungen integriert wurden. So blieb es auch noch nach der Reformation. *(Mittelalter)*

Erst im Laufe des 17. Jahrhunderts begann sich die Theologie in verschiedene Disziplinen aufzuteilen. Die katholische Theologie des Barockzeitalters untergliederte sich in die Kontroverstheologie, die sich auf die Auseinandersetzung mit dem verketzerten Protestantismus konzentrierte und in Robert Bellarmini einen prominenten Vertreter fand, und die so genannte Positive Theologie, die sich den Grundlagen des Glaubens in Schrift und Überlieferung widmete. Ferner bildeten sich unter Rückgriff auf humanistische Traditionen die Einzeldisziplinen Apologetik (Glaubensverteidigung), Schriftexegese, Patrologie (Beschäftigung mit den „Vätern" der Kirche, d h. mit den altkirchlichen Schriftstellern und ihren theologischen Lehren) und Kirchengeschichte heraus. Innerhalb der später so bezeichneten systematischen Theologie traten Dogmatik und Moraltheologie als eigene Disziplinen auseinander. Erstere bemühte sich um die Darstellung des kirchlichen Glaubens jenseits scholastischer Spitzfindigkeiten, Letztere entwickelte sich allmählich aus einer Kasuistik (Einzelfallbehandlung) für die Beichtpraxis zu einem eigenen theologischen Fach mit einem spezifischen Problemhorizont, das die Grundlagen humanchristlicher Ethik und die besonderen sittlichen Verbindlichkeiten des gläubigen Menschen reflektiert. *(Neuzeit)*

Die protestantische Theologie, die vielfach auf die Philosophie der katholischen Barockscholastik zurückgriff, ging bei der Herausbildung der theologischen Einzeldisziplinen ähnliche Wege, verwendete aber teilweise andere Disziplinbezeichnungen und setzte andere inhaltliche Akzente.

Bibelexegese und Dogmatik: Schwerpunkte der protestantischen Theologie

Ihre Schwerpunkte hatte die protestantische Theologie in den beiden Bereichen Bibelauslegung und Dogmatik. Zu den großen Bahnbrechern der evangelischen Dogmatik gehörte Johann Gerhard in Jena. Großes Gewicht wurde auf das Erlernen und die Anwendung der drei alten Sprachen (Latein, Griechisch, Hebräisch) gelegt. Jeder evangelische Theologe hatte die Bibel in den Originalsprachen zu lesen. Im Bereich der Praktischen Theologie gab es bereits die an die antike Rhetorik anknüpfende Homiletik (Predigtlehre). Die Kirchengeschichte wurde im Protestantismus im 18. Jahrhundert durch Johann Lorenz von Mosheim in Helmstedt als neue Disziplin profiliert.

Im 19. Jahrhundert wurde die Ausdifferenzierung der Disziplinen weiter fortgesetzt und fand einen vorläufigen Abschluss. Die damals erreichte Struktur der Theologie blieb bis heute erhalten (s. u. S. 29–38). Noch bis weit in das 20. Jahrhundert hinein waren die Theologieprofessoren allerdings nicht auf eine bestimmte Disziplin festgelegt. Häufig hatten sie sich in zwei verschiedenen Disziplinen wissenschaftlich ausgewiesen und wechselten gelegentlich von der einen in die andere oder vertraten beide gleichzeitig. Erst in den vergangenen Jahrzehnten hat sich eine definitive Festlegung jedes Lehrenden auf eine bestimmte Disziplin herausgebildet, die allerdings in der neuesten Zeit wieder dadurch aufgebrochen wird, dass im Zuge staatlicher Sparmaßnahmen Lehrende dazu verpflichtet werden, zwei theologische Disziplinen zugleich zu vertreten. Gern miteinander verbunden werden das Alte und das Neue Testament einerseits und die Systematische und die Historische Theologie andererseits.

III. Erscheinungsbild und Selbstverständnis der Theologie

Der Begriff Theologie wird im christlichen Kontext heute in unterschiedlicher Bedeutung gebraucht. Er dient 1. als Bezeichnung eines universitären Fachs, das Theologinnen und Theologen ausbildet. Als Theologie wird 2. die denkerische Anstrengung bezeichnet, die persönliche und fremde Erfahrungen des Glaubens reflektiert sowie die Gottesfrage stellt und beantwortet, also die Dogmatik als systematisch-theologische Teildisziplin der Theologie. 3. wird der Begriff auch verwendet, um eine bestimmte Richtung und inhaltliche Füllung der Theologie zu bezeichnen, eine bestimmte, mit einer konkreten Lösungsstrategie und häufig auch einer konkreten Person verbundene Antwort auf theologische Kernthemen. Wir betrachten im Folgenden zunächst noch einmal das universitäre Fach.

verschiedene Verwendungen des Begriffs Theologie

1. Die theologischen Disziplinen

Die Theologie ist ein Fach, das sich aus verschiedenen Fächern zusammensetzt. Wer Theologie studiert, kombiniert im Grunde verschiedene Fächer miteinander, aber nicht wie bei der Verbindung eines Hauptfachs mit einem oder mehreren Nebenfächern, sondern er kombiniert sie innerhalb seines Faches. Das Theologiestudium ist ein so genanntes Integralstudium.

a) Theologie – ein Fach aus vielen Fächern

Die Kombination verschiedener Fächer und damit verschiedener Inhalte und Perspektiven unterscheidet die Theologie von vielen anderen Fächern und macht das Studium der Theologie besonders vielseitig und abwechslungsreich. Ein Theologiestudierender kann aus Prinzip kein Fachidiot werden, sondern ihm wird eine unter inhaltlichen wie methodischen Gesichtspunkten außerordentlich breite Bildung vermittelt. Diese Vielseitigkeit stellt an die Studierenden allerdings auch hohe Ansprüche und führt mitunter dazu, dass sie am Ende des Studiums das Gefühl haben, gerade erst begonnen und auf dem weiten Feld der Theologie nur allererste Schritte unternommen zu haben. Theologie studieren ist – so könnte man folgern – eine lebenslange, nie abgeschlossene Aufgabe.

Die Theologie gliedert sich in die vier grundlegenden Teilfächer Biblische Theologie, Historische Theologie, Systematische Theologie und Praktische Theologie. Die Biblische Theologie wird an den Theologischen Fakultäten in der Regel weiter aufgeteilt in das Fach Altes Testament und das Fach Neues Testament, so dass man auch von den fünf grundlegenden Teilfächern der Theologie spricht. Die Systematische Theologie wird im evangelischen Bereich weiter aufgegliedert in Dogmatik und Ethik, im katholischen Bereich in Fundamentaltheologie, Dogmatik und Moraltheologie. In der Folge können dann sechs oder sieben Teilfächer gezählt werden. Ergänzend treten zu diesen vier, fünf, sechs oder sieben Teilfächern manchmal

vier Teilfächer der Theologie

weitere, teilweise untergeordnete und nicht überall gelehrte Teilfächer hinzu wie Philosophie, Ökumene- und Missionswissenschaft, Liturgik/Liturgiewissenschaft, Kirchenmusik, Diakonie- bzw. Caritaswissenschaft, Kirchen- und Konfessionskunde, Kirchenrecht/Kanonistik, Kirchenordnung, Kirchen- und Religionssoziologie, Ostkirchenkunde (Geschichte und Theologie des christlichen Ostens), Christliche Publizistik, Christliche Kunstgeschichte und die Biblische bzw. Christliche Archäologie. Auch die erst neu entstandene Theologische Frauen- und Geschlechterforschung kann als eine, verschiedene Teildisziplinen thematisch übergreifende, eigenständige Teildisziplin angesehen werden. Diese ergänzenden Teildisziplinen der Theologie sind bisweilen den Hauptdisziplinen auf allerdings uneinheitliche Weise zugeordnet, haben aber mitunter auch einen eigenen, selbstständigen Status.

b) Unterschiede der Perspektiven und Ziele

Die Teilfächer der Theologie haben jeweils ein eigenes Profil. Sie stehen in unterschiedlichen wissenschaftlichen Traditionen, haben verschiedene Forschungsschwerpunkte, verwenden unterschiedliche Methoden, arbeiten mit unterschiedlichen Quellen und verfolgen verschiedene Ziele. Dabei ergänzen sie sich jedoch gegenseitig. Es kommt bei der praktischen Arbeit auch zu Überschneidungen. Mit der Geschichte der Christenheit im späten ersten Jahrhundert beschäftigt sich sowohl die Biblische als auch die Historische Theologie. Die großen theologischen Denker des Mittelalters sind sowohl für die Historische als auch für die Systematische Theologie interessant. Predigten aus dem 19. Jahrhundert können gleichermaßen in der Historischen, Systematischen und der Praktischen Theologie behandelt werden und unter auslegungsgeschichtlichen Aspekten auch von der Biblischen Theologie. Von jedem Teilfach der Theologie aus kann ein Blick auf die anderen Disziplinen geworfen und das Ganze ins Auge gefasst werden.

Überschneidungen zwischen den Disziplinen

Biblische Theologie
Die Biblische Theologie (Bibelwissenschaften, exegetische Disziplinen) beschäftigt sich, wie der Name sagt, mit der Bibel. Diese wird auf der Grundlage des hebräischen bzw. des griechischen Textes historisch-kritisch und zugleich theologisch interpretiert.

Altes Testament
Das alttestamentliche Teilfach beschäftigt sich mit dem ersten Teil der Bibel des Christentums und der Heiligen Schrift des Judentums. Weil der Begriff „Altes Testament" abwertend, im Sinne von „veraltet", aufgefasst werden kann, hat sich vielfach die Rede von der Hebräischen Bibel oder vom Ersten Testament eingebürgert, oder auch die hebräische Bezeichnung ›Tanach‹ (hebr.: tanach = Thora, Propheten, Schriften). Das Teilfach bemüht sich um die Auslegung alttestamentlicher Texte und versucht, die Frage nach der Entstehung dieser Texte und der Geschichte ihrer Überlieferung zu beantworten. Dabei wird auch nach ihrem kulturellen Umfeld gefragt. Die Texte werden im Zusammenhang mit der vorderorientalischen Literatur der Antike betrachtet und hinsichtlich ihrer vielfältigen Auswirkungen auf die Theologie-, Geistes- und Kulturgeschichte untersucht. Weitere Themen sind die Geschichte Israels und die Geschichte und Religionen der benachbarten Völker. Die alttestamentliche Wissenschaft steht

deswegen der Altphilologie, der Orientalistik, der Altertumskunde und der Judaistik nahe. Neben der religionsgeschichtlichen Betrachtungsweise werden ferner Grundstrukturen der alttestamentlichen Theologie erhoben, und es wird nach der Auslegungs- und Wirkungsgeschichte des Alten Testaments bis hinein in die Gegenwart gefragt. Zu den bedeutenden Alttestamentlern der jüngeren Geschichte gehören Gerhard von Rad und Brevard S. Childs.

Zur Einführung in die alttestamentliche Disziplin der Theologie empfiehlt sich die Lektüre eines Buches, das mit den Fragestellungen, Themen und Methoden der Disziplin und den wesentlichen Inhalten des Alten Testaments bekannt macht, z. B. ›Das Alte Testament‹ (1993) von Hans Schmoldt, oder einer überblicksartigen Darstellung der Geschichte Israels, wie sie z. B. Sebastian Bock (›Kleine Geschichte Israels‹, 1998) verfasst hat.

Das Neue Testament bildet den zweiten Teil der Heiligen Schrift des Christentums. Seine Auslegung berücksichtigt den Kontext der antiken jüdischen und der griechisch-römischen Zeit-, Religions-, Sozial- und Literaturgeschichte und reflektiert hermeneutische Probleme ebenso wie die Auslegungs- und Wirkungsgeschichte der neutestamentlichen Schriften. Die Entstehung der neutestamentlichen Schriften wird geklärt, Grundstrukturen neutestamentlicher Theologie werden erhoben und die Geschichte des frühen Christentums dargestellt. Trotz erheblicher damit verbundener Schwierigkeiten wird von neutestamentlichen Forschern auch danach gefragt, was sich mit Anspruch auf geschichtliche Gültigkeit über das Leben und Wirken Jesu aussagen lässt. Bei der detaillierten Arbeit an neutestamentlichen Texten lernen Studierende, genau hinzuhören, den feinen Unterscheiden in den Akzentuierungen einzelner Autoren nachzuspüren und auch zwischen den Zeilen zu lesen. Einer der bedeutendsten Neutestamentler der Geschichte war Rudolf Bultmann (s. u. S. 85 f.).

Neues Testament

Zur Einführung in die neutestamentliche Disziplin der Theologie empfiehlt sich die Lektüre eines Jesusbuches, z. B. Jürgen Beckers ›Jesus von Nazaret‹ (1996), oder einer einschlägigen Geschichte des Urchristentums, z. B. François Vougas ›Geschichte des frühen Christentums‹ (1994).

Die Historische Theologie firmiert traditionell unter dem Begriff Kirchengeschichte. Sie beschäftigt sich jedoch keineswegs nur mit der Geschichte der Kirche bzw. der Kirchen, sondern mit der Geschichte des Christentums ganz allgemein und in jeder Hinsicht, also auch mit der Geschichte der Theologie und des Dogmas, mit der Geschichte der Frömmigkeit und der Liturgie, mit der Geschichte der Auslegung der Heiligen Schrift, mit der Geschichte der Kirchenordnung und des Kirchenrechts sowie mit den geschichtlichen Wechselwirkungen zwischen Christentum und Kultur und Christentum und anderen Religionen. Letztlich zielt die Historische Theologie auf eine umfassende Religionsgeschichte des Christentums. Sie bemüht sich zurzeit mit der Systematischen Theologie und vielen anderen Geisteswissenschaften um eine kulturgeschichtliche Neuorientierung. Sie steht ohnehin in großer Nähe zu den Geschichtswissenschaften und kann auch als deren Teilbereich aufgefasst werden, sogar hinsichtlich der spezifisch religiösen Fragestellungen. Die Arbeitsmethoden der Geschichtswissenschaften und der Historischen Theologie sind identisch, und inhaltlich gibt es Konvergenzen. Historikerinnen und Historiker haben sich in den

Historische Theologie

Kirchen- und Konfessionskunde

vergangenen Jahren sehr intensiv und fruchtbar mit Fragen der Religion, Frömmigkeit und Konfession auseinander gesetzt.

Die Historische Theologie ist die vielfältigste Disziplin der Theologie, in die sich unter historischen Aspekten fast alle Fragestellungen der anderen Disziplinen integrieren lassen. Was heute von einem Theologen gesagt oder geschrieben wird, ist morgen bereits ein Teil der Geschichte und damit ein Gegenstand der Historischen Theologie. Ein fast unübersehbarer Stoff- und Quellenreichtum zeichnet sie aus, so dass sie auch unbegrenzte Möglichkeiten für völlig neue Forschungsprojekte bietet. Das Studium der christlichen Geschichte leitet dazu an, Theologie nicht abstrakt ideengeschichtlich, sondern in biografischen und historischen Kontexten zu verstehen. Zu den bedeutendsten Repräsentanten der Disziplin gehörte Adolf von Harnack (s. u. S. 80–82).

Epochen der Kirchengeschichte

Die Geschichte der Kirchen bzw. des Christentums wird in mehrere Epochen untergliedert, in die Epoche der Alten Kirche, das Mittelalter, die Neuzeit und die Zeitgeschichte. Die Reformationszeit wird aufgrund ihrer tief greifenden Folgen in der Regel als eigenständige Epoche behandelt. Die katholische Theologie hebt manchmal als ein besonderes Teilgebiet der Alten Kirchengeschichte die Patrologie (Väterkunde; lat.: *pater* = Vater) hervor. Der Historischen Theologie zugeordnet ist im evangelischen Bereich häufig die Kirchen- und Konfessionskunde. In ihr geht es um die historische Entwicklung und die gegenwärtige Lage der verschiedenen christlichen Kirchen und Gemeinschaften und den Stand der Beziehungen zwischen den einzelnen Gruppierungen. Die katholische Theologie blickt eher auf die theologischen Unterschiede und behandelt die Kirchen- und Konfessionskunde deshalb im Rahmen der Systematik. An vielen Universitäten gibt es ferner Lehrstühle oder Lehraufträge für die Landes- oder Diözesankirchengeschichte, also die Untersuchung der regionalen Kirchengeschichte.

Wer sich einführend mit der Historischen Theologie beschäftigen möchte, sollte ein kurz gefasstes, aber verständlich geschriebenes Überblickswerk über die gesamte Kirchengeschichte oder über eine Epoche der Kirchengeschichte lesen, z. B. Bernd Moellers ›Geschichte des Christentums in Grundzügen‹ (⁷2000) oder Karl Suso Franks ›Grundzüge der Geschichte der Alten Kirche‹ (³1993). Als Einführung in die Kirchen- und Konfessionskunde empfiehlt sich Erwin Fahlbuschs ›Kirchenkunde der Gegenwart‹ (1979).

Systematische Theologie

Die Systematische Theologie unterteilt sich grundsätzlich und in beiden Konfessionen in einen dogmatischen und in einen ethischen Bereich, also in Glaubens- und Sittenlehre, und steht in großer Nähe zur Philosophie, von der sie sich auch anregen lässt, und zur Philosophiegeschichte. Theologie- und Dogmengeschichte sind allerdings Bereiche, die nur den Theologen vorbehalten sind, in die sich andere wissenschaftliche Disziplinen nicht oder wenig einmischen.

Aufgabe der Dogmatik ist es, den überlieferten christlichen Glauben denkend zu bewältigen und auf seine Gegenwartsbedeutung hin darzustellen. Seit dem frühen Mittelalter haben sich eine Reihe von Themen herausgebildet, denen sich die Dogmatik zuwendet, und sogar bestimmte Konventionen bei der Reihenfolge der Stoffdarbietung. An erster Stelle steht entweder die Gottes- oder die Schöpfungslehre und an letzter Stelle die Eschatologie (s. u. S. 61 f.), die Lehre von der Zukunft des Einzelnen und der Zukunft der Welt. Auf die Gotteslehre, zu der auch die Trinitätslehre gehört, folgt die Christologie (s. u. S. 52–54). Weitere Themen sind Gnade und Erlösung (s. u. S. 56 f.), die Kirche (s. u. S. 58–61) und die Sakramente und die Lehre von der Heiligen Schrift. Die Dogmatik rezipiert Erkenntnisse der alt- und neutestamentlichen Forschung.

In der Disziplinbezeichnung Dogmatik steckt das Wort Dogma. Ein Dogma ist eine verbindliche Glaubenslehre (griech.: *dogma* = Meinung, Glaubenssatz, Lehrsatz). In der katholischen Kirche spielen Dogmen als Glaubenssätze bis in die Gegenwart eine entscheidende Rolle. In den evangelischen Kirchen entsprechen ihnen die theologischen Grundaussagen, die in den altkirchlichen Bekenntnissen und den Bekenntnissen der Reformationszeit enthaltenen sind. Der gegenwärtige Protestantismus hat zu Bekenntnissen und Dogmen allerdings eine vergleichsweise große Distanz. Dennoch wird der Begriff Dogmatik auch in der evangelischen Theologie gebraucht. Die Dogmatik reflektiert die innere Logik des theologischen Denkens im Dialog mit der Bibel, mit kirchlichen Bekenntnissen und Traditionen und mit dem gesellschaftlich-kulturellen Leben. Es werden theologische Lehren formuliert, die Anspruch auf Geltung erheben, die in der evangelischen Kirche aber nur Geltung erlangen, indem sie die Einzelnen von ihrer Wahrheit überzeugen. Zu den bedeutendsten Dogmatikern des 20. Jahrhunderts gehören Karl Barth (s. u. S. 82–86) und Karl Rahner (s. u. S. 91–94).

Innerhalb der Dogmatik gibt es weitere Teildisziplinen. In der evangelischen Theologie wird häufig die Hermeneutik herausgestellt. Sie hat Relevanz für die Theologiegeschichte und für die Exegese. Die Hermeneutik ist die Lehre vom rechten Verstehen (griech.: *hermeneia* = Sprache, Auslegung). Es geht um das angemessene Verständnis religiöser Texte. Ein weiterer Teilbereich der Dogmatik ist die Symbolik, die Lehre von den Bekenntnissen (griech.: *symbolon* = Zeichen); sie wird teilweise aber auch mit der nicht normativ, sondern deskriptiv arbeitenden Konfessionskunde identifiziert (s. o. S. 32).

Als großer und eigenständiger Teilbereich der Systematik tritt im katholischen Bereich die Fundamentaltheologie auf. Sie beschäftigt sich, wie ihr Name ausdrückt, mit den grundlegenden Prinzipien der Theologie (lat.: *fundamentum* = Grund) und der Verantwortung des Glaubens als Ganzem vor dem Forum der Vernunft. Sie ist als eigenständige Disziplin im 19. Jahrhundert aus der älteren Apologetik heraus entstanden. Die Apologetik hatte seit der frühen Christenheit die Aufgabe, den christlichen Glauben gegenüber Nichtchristen zu begründen und zu verteidigen. Dieses Anliegen wirkt in der Fundamentaltheologie nach, wenn sie Grundsatzfragen des Glaubens im Horizont des modernen Denkens erörtert. Fundamentaltheologie hat nichts zu tun mit dem in der Alltagssprache der Gegenwart oft angesprochenen Phänomen des religiösen Fundamentalismus, den es nicht nur im Islam und im Judentum gibt, sondern auch im Christentum. Fundamentalismus ist eine an den Fundamenten starr festhaltende, sich Modernisierungen jeder Art verschließende religiöse Haltung. Die Fundamentaltheologie führt dagegen einen kritischen Diskurs über die Funda-

Marginalien:

Dogmatik

Lehre mit Anspruch auf Gültigkeit

Hermeneutik

Symbolik

Fundamentaltheologie

mente der Religion und beugt gerade dadurch einem religiösen Fundamentalismus vor.

Zu den Themenstellungen der Fundamentaltheologie gehören die Frage nach dem Verhältnis von Vernunft und Glaube, Natur und Gnade, die Offenbarung, das Theorie-Praxis-Problem, die Wahrheitsfrage, die Begründung der Wissenschaftlichkeit und der Methodologie der Theologie, die Zuordnung von Glaube, Erfahrung und Geschichte sowie ähnlich grundlegende Theoriezusammenhänge. Diese Themen wurden und werden natürlich von der evangelischen Theologie ebenfalls behandelt, aber sie hatte dafür keine eigenständige Disziplin herausgebildet und der Begriff Fundamentaltheologie war eigentlich nicht gebräuchlich. Seit den 60er-Jahren des vorigen Jahrhunderts wurde jedoch, u. a. von Gerhard Ebeling, die Abgrenzung einer Fundamentaltheologie von den übrigen Gegenstandsbereichen der Dogmatik verfolgt. Andere evangelische Theologen wie Wilfried Joest, Wolfhart Pannenberg und Horst Beintker sind ihm auf diesem Weg gefolgt und haben sich für die Ausdifferenzierung der Fundamentaltheologie als eigenständiger wissenschaftlicher Disziplin stark gemacht. Es gibt inzwischen sogar einzelne fundamentaltheologische Lehrstühle, z. B. in Zürich, Tübingen und Leipzig. Durchgesetzt hat sich der Begriff und die Abgrenzung im evangelischen Bereich jedoch nicht überall.

Eine neuere katholische Fundamentaltheologie hat der Münsteraner Theologe Jürgen Werbick vorgelegt. Umfassend werden die Fragestellungen der Disziplin im mehrbändigen, ebenfalls katholischen ›Handbuch der Fundamentaltheologie‹ behandelt.

Gegenwartsrelevanz des Glaubens

Der eigentliche Zielpunkt der dogmatischen Arbeit ist es, wie mehrfach gesagt, die Gegenwartsrelevanz des christlichen Glaubens herauszuarbeiten und theologische Lehraussagen für die Menschen der Gegenwart und in der Sprache der Gegenwart zu formulieren. Doch die Realität heutiger Dogmatik sieht, insbesondere in der evangelischen Theologie, anders aus. Vielfach hat sich die dogmatische Arbeit in die Geschichte zurückgezogen und beschäftigt sich nur noch mit Theologiegeschichte, also einem genuinen Arbeitsfeld der Historischen Theologie. Mit hohem theoretischen Aufwand werden Theologien der Geschichte analysiert und rekonstruiert, aber mit der Entwicklung einer eigenen Theologie für die Gegenwart halten sich die Dogmatiker zurück. In der Tat ist es heute schwerer denn je, theologische Aussagen mit dem Anspruch auf Gültigkeit, Wahrheit und Verbindlichkeit zu formulieren. Darauf verzichten kann die Theologie gleichwohl nicht. Studierende wollen mit gutem Recht von ihren Dogmatiklehrern etwas darüber hören, wie man beispielsweise den Gottesglauben heute begründen und wie man die in Christus geschehene Erlösung konkret denken kann. Jeder Pfarrer und jeder Religionslehrer wird ja von seinen Gemeindegliedern und Schülern in gleicher Weise gefordert.

Ethik

Die Ethik oder Moraltheologie ist der andere große Teilbereich der Systematischen Theologie neben der Dogmatik. In ihr geht es um das Verhältnis von Glauben und Handeln. Aufgabe des Faches ist es, die überlieferte christliche Ethik denkend zu bewältigen und auf ihre Gegenwartsbedeutung hin darzustellen. Im Hintergrund der Ethik steht der Wille zum Handeln nach moralischen Kriterien. Unter Abwägung aller voraussehbarer Handlungsfolgen bemüht sie sich um die Formulierung und Begründung konkreter sittlicher Urteile. Besonders schwierig ist dabei das Lösen auftretender Wertekonflikte. Die theologische Ethik sucht den Dialog mit der philosophischen Ethik. Sie ist eine ausgesprochen interdisziplinäre und diskursive Disziplin der Theologie.

In der evangelischen Theologie spricht man von Ethik, in der katholischen vorwiegend von Moraltheologie. Gemeint ist dasselbe. Der Begriff Moraltheologie kommt von der in der evangelischen Theologie früher auch gebrauchten lateinischen Bezeichnung *theologia moralis* (lat.: *mos* = Sitte*).* Mit der Verwendung des Begriffs Ethik (griech.: *ethos* = Sitte) knüpft die heutige evangelische Theologie an die Traditionen der philosophischen Ethik an und distanziert sich vom vulgären Verständnis des Begriffs Moral.

Moraltheologie

Über die unterschiedliche Begrifflichkeit hinaus gibt es weitere Unterschiede zwischen der katholischen und der evangelischen Behandlung der Disziplin. In der evangelischen Theologie der Gegenwart hat die Auseinandersetzung mit ethischen Fragen einen geringeren Stellenwert als in der katholischen, was sich an der Zahl der jeweiligen Lehrstühle spiegelt. Von der Dogmatik gesonderte Lehrstühle für Ethik sind im Bereich der evangelischen Theologie vergleichsweise selten. Dies hängt u.a. mit dem in der Reformation begründeten Grundansatz evangelischen Christentums zusammen, das Handeln („die Werke") dem Glauben nachzuordnen und die Heilsrelevanz des menschlichen Handelns zu bestreiten; es gab aber auch Zeiten, in denen der Protestantismus ein pointiert ethisches Selbstverständnis hatte. In der evangelischen Theologie ist man heute außerdem vergleichsweise zurückhaltend bei der Formulierung konkreter ethischer Urteile. Dadurch tut sich eine Kluft auf zwischen dem, was man gemeinhin unter Ethik versteht und von ihr erwartet, und dem, was diese Disziplin tatsächlich leistet. Gemeinhin versteht man unter Ethik eine Wissenschaft, die letztlich sagt, was richtig und was falsch ist. Eine theologische Ethik kann diese konkreten Handlungsanleitungen auf dem Hintergrund der Zehn Gebote und der Bergpredigt entfalten, und die Moraltheologie kennt als Argumentationsgrundlage außerdem das so genannte Naturrecht, die natürlichen Vorgegebenheiten der Schöpfung. Erwartet werden konkrete – wenn auch differenzierte – Antworten auf Fragen wie: Sind Kriege erlaubt? Darf ein Christ abtreiben? Muss ein Christ immer die Wahrheit sagen? Ist „Sterbehilfe" vertretbar? Während sich die katholische Moraltheologie wie auch die katholische Kirche als solche nicht scheuen, konkret zu sagen, was christlich betrachtet richtig und was falsch ist, kann man von der evangelischen Ethik der Gegenwart wie auch von den evangelischen Kirchen keine verbindlichen Antworten auf diese Fragen erwarten. Eine Moralbegründung aus Gottes Willen wird von der evangelischen Ethik überwiegend abgelehnt. Sie will keine biblisch-theologisch begründeten Normen des Handelns aufstellen, sondern postuliert nur noch die christliche Freiheit, verstanden als Freiheit von allen Geboten, auch den biblischen Geboten, und erklärt die Liebe zum einzigen Kriterium des christlichen Handelns. Die konkrete Normenfindung wird als Sache gesellschaftlicher Prozesse angesehen, in die sich die theologische Ethik freilich einbringe, indem sie das christliche Ethos heutigem Verstehen erschließe.

konkrete Antworten auf konkrete Fragen?

Ein Sonderbereich der Ethik ist die christliche Sozialethik oder christliche Gesellschaftslehre. Sie behandelt Fragen des gesellschaftlichen Lebens und

Sozialethik

der gesellschaftlichen Verantwortung des Christen. Im Hintergrund dieser neueren theologischen Disziplin steht die Erkenntnis, dass das Verhalten der Menschen auch von den Strukturen abhängt, in denen sie leben. Versucht wird eine ethische Grundlagenreflexion auf die Sittlichkeit der gesellschaftlichen Strukturen. Es stellt sich die Frage, welche gesellschaftlichen Normen, Verfahren und Institutionen sittliches Verhalten und eine gerechte Politik ermöglichen. Auch das Themenfeld Ökologie wird berücksichtigt. Die Sozialethik hat sich aus der Moraltheologie/Ethik heraus entwickelt und steht in großer Nähe zur Praktischen Philosophie einerseits und zu den Wirtschafts-, Rechts- und Sozialwissenschaften andererseits.

Zur Einführung in die systematische Disziplin der Theologie empfiehlt sich die Lektüre eines modernen, kurz gefassten Überblickswerkes zur Dogmatik, z. B. Wolfgang Beinerts ›Dogmatik studieren‹ (1985) oder Dietrich Korschs ›Dogmatik im Grundriss‹ (2000). Einführungen in die Ethik liegen u. a. von Wolfgang Erich Müller (›Evangelische Ethik‹, 2001) und Franz Böckle (›Fundamentalmoral‹, ⁶1994) vor.

Praktische Theologie · Die Praktische Theologie entwickelt eine Theorie der Praxis und reflektiert theoretisch über die Praxis und die Übergänge von theologischer Theorie und kirchlich-schulischer Praxis. Sie will das von der Biblischen, Historischen und Systematischen Theologie Erarbeitete auf kirchliche und gesellschaftliche Praxisfelder anwenden helfen und analysiert die vorhandene kirchliche Praxis in kritischer und produktiver Absicht, bereitet aber nicht direkt auf die kirchliche und schulische Praxis vor. Den kirchlichen Arbeitsfeldern Predigt, Unterricht und Seelsorge sind in der Praktischen Theologie verschiedene Unterdisziplinen zugeordnet. Mit dem Unterrichten beschäftigt sich die Religionspädagogik, mit dem Predigen die Homiletik und mit dem Umgang mit Kranken, Sterbenden und Trauernden die Seelsorgelehre. Homiletik und Seelsorgelehre spielen beim Studium für das schulische Lehramt keine Rolle. Ähnlich wie die Systematische Theologie hat sich in letzter Zeit auch die Praktische Theologie, insbesondere in evangelischen Fakultäten, stark auf theoretische und historische Fragestellungen zurückgezogen und wird den Erwartungen der Studierenden, etwas Konkretes zur praktischen Arbeit in Kirche und Schule zu erfahren, nicht immer gerecht.

Katechetik · Die Religionspädagogik beschäftigt sich mit der Vermittlung des theologischen Stoffes an Kinder und Jugendliche und entwickelt Handlungsanleitungen für den Religions- und Konfirmandenunterricht und für die Erwachsenenbildung. Für die unterrichtende Tätigkeit des Theologen gibt es auch noch den aus der alten christlichen Tradition kommenden Begriff der Katechetik (griech.: *katechein* = unterrichten). Er wird allerdings nur noch innerkirchlich verwendet und ist, bezogen auf den schulischen Religionsunterricht, überholt und nicht mehr gebräuchlich.

Homiletik · Die Homiletik (griech.: *homilein* = sich unterhalten) oder Predigtlehre befasst sich mit Theorie und Praxis der Homilie bzw. Predigt, die das Zentrum der evangelischen Gottesdienste bildet und in der heutigen katholischen Liturgie als integraler Bestandteil der Messe gesehen wird. Die Predigt hat die Aufgabe, die Glaubensbotschaft ausgehend vom biblischen Textabschnitt, der so genannten Perikope (griech.: *perikoptein* = abschneiden), unter Verarbeitung geschichtlicher und dogmatischer Traditionen in der Sprache von heute und für Menschen von heute anschaulich und lebendig zu entfalten. Nicht nur der biblisch-theologische Inhalt ist also wichtig, sondern auch die sprachliche Form, weshalb die Homiletik in einem engen Bezug zur Rhetorik steht.

Die Seelsorgelehre wird auch Poimenik (griech.: *poimen* = Hirte) oder Pastoralpsychologie (lat.: *pastor* = Hirte) genannt. Der letzte der drei Begriffe erschließt am besten, um was es geht. Jeder Pfarrer und jede Pfarrerin braucht psychologische Kenntnisse, um mit trauernden oder schuldbeladenen Menschen sprechen zu können oder auch mit Senioren anlässlich ihres Geburtstags oder mit Eltern anlässlich der Taufe ihrer Kinder. Eine einfühlsame, psychologische und religiöse Elemente verbindende Gesprächsführung ist notwendig. Traditionell nannte man dieses Bemühen um den Einzelnen und sein persönliches Ergehen Seelsorge. Der Begriff ist jedoch missverständlich und überholt, weil es ja nicht einfach um die Seele, sondern um den ganzen Menschen geht und weil die Unterscheidung von Leib und Seele mit der modernen Anthropologie nicht mehr im Einklang steht.

Neben den klassischen, überall unterrichteten Teildisziplinen der Praktischen Theologie gibt es auch speziellere, seltener behandelte wie Liturgie- und Diakoniewissenschaften. Die Liturgiewissenschaft oder Liturgik beschäftigt sich mit der Liturgie der Kirche, dem Gottesdienst durch Gesang und Musik (griech.: *leiturgein* = dienen). Für die liturgisch reiche katholische Kirche ist dieses Fach wichtiger als für die evangelischen Kirchen. Letztere haben dafür keine eigenen Lehrstühle. Doch auch hier hat die liturgiewissenschaftliche Reflexion, in der es keineswegs nur um die Praxis, sondern auch um die ihr zugrunde liegende Theologie geht, ihre Bedeutung. Die Diakonie bzw. die Caritas ist dagegen in beiden Kirchen wichtig, da beide spätestens seit dem 19. Jahrhundert ein breites Spektrum sozialer Aktivitäten entwickelt haben (griech.: *diakonia* = Dienst, lat.: *caritas* = Liebe). Das auch in der Gegenwart immer noch beträchtliche Ansehen, das die Kirchen genießen, hängt mit ihrem sozialen Engagement zusammen. Diakonie- und Caritaswissenschaften reflektieren über die theologische Begründung und die geschichtliche Realisierung dieses sozialen Handelns. An den theologischen Fakultäten haben diese Wissenschaften aber nur einen geringen Stellenwert.

Die Praktische Theologie steht in ihren einzelnen Unterdisziplinen in großer Nähe zur Pädagogik, zur Psychologie, zur Soziologie, zur Rechtswissenschaft, zur Rhetorik und rezipiert die Begrifflichkeit und Methodik dieser Wissenschaften. Zur Einführung empfiehlt sich u. a. Eberhard Winklers Lehr- und Arbeitsbuch ›Praktische Theologie elementar‹ (1997) oder der Sammelband ›Das Handeln der Kirche in der Welt von heute‹ (1994).

Unter den weiteren Teildisziplinen der Theologie sind die Ökumenische Theologie und die Missionswissenschaft, obwohl sie nicht überall gelehrt werden, von besonderer Bedeutung. Ökumenische Theologie (auch: Ökumenewissenschaft, Ökumenik) befasst sich theoretisch und praktisch mit der weltweiten Christenheit (griech.: *oikumene* = der ganze bewohnte Erdkreis). Die Präsenz des Christentums in verschiedenen Kulturen wirft die Frage nach dem Verhältnis von Einheit und Vielfalt der Kirche auf. Formen der Kooperation werden untersucht und Wege zur Einheit erörtert. Ein

Marginalien:

Seelsorgelehre

Liturgie- und Caritaswissenschaft

Ökumenik

Missionswissen-
schaft

wichtiges Thema ist dabei die Geschichte der Ökumenischen Bewegung im 19. und 20. Jahrhundert. Das Fach verbindet historische, systematische und praktische Perspektiven. Die Missionswissenschaft bietet nicht, wie der Begriff signalisieren könnte, eine theologische Begründung und praktische Anleitung zur Mission (lat.: *missio* = Sendung). Sie untersucht vielmehr die Weitergabe des christlichen Glaubens an andersgläubige Menschen sowie die Geschichte und Theologie organisierter Missionsgesellschaften und betreibt Studien zur Christenheit in Afrika, Asien und Lateinamerika. Dabei entfaltet sie geschichtliche, systematische und praktische Perspektiven und steht in einer engen Beziehung zur Ökumenewissenschaft. Als Einführung sind Christine Lienemann-Perrins Buch ›Mission und interreligiöser Dialog‹ (1999) und Peter Neuners und Birgitta Kleinschwärzer-Meisters ›Kleines Handbuch der Ökumene‹ (2002) geeignet.

Kirchenrecht

Zum Schluss soll noch die Disziplin Kirchenrecht Erwähnung finden. An katholischen Fakultäten ist das Kirchenrecht ein unverzichtbarer Bestandteil des Lehrangebots. An evangelischen wird es dagegen nur selten unterrichtet. In der katholischen Theologie wird das Fach als theologische Disziplin mit juristischer Methodik betrachtet, während die evangelische das Kirchenrecht ganz den Juristen überlässt.

Kooperation
und Konkurrenz
der Disziplinen

Die verschiedenen Disziplinen der Theologie kooperieren und konkurrieren miteinander. Eine Konkurrenz gibt es insbesondere zwischen den vier bzw. fünf Kerndisziplinen der Theologie. Konkurriert wird um die Gunst der Studierenden und um die jeweilige Stellung im Gesamtfach. Insbesondere die Systematische und die Praktische Theologie haben die Neigung, sich selbst die höchste Bedeutung zuzusprechen. Doch jede Disziplin der Theologie könnte mit einem gewissen Recht behaupten, die vornehmste unter allen zu sein. Die Biblische Theologie könnte darauf verweisen, dass die Bibel ja die Grundlage und den Ausgangspunkt der Theologie bildet und auch heute noch im Zentrum der christlichen Frömmigkeit steht. Die Historische Theologie könnte sich wegen ihres umfassenden und integrierenden Charakters als die wichtigste unter den Disziplinen ansehen. Die Systematische Theologie verweist auf ihr hohes theoretisches Niveau und die Praktische auf ihre unmittelbare Bezogenheit zum Gesamtzweck des Faches, und beide machen geltend, dass sie ja, die Arbeit der anderen theologischen Disziplinen verarbeitend und integrierend, die Gegenwartsrelevanz des christlichen Glaubens entfalten. Doch in Wirklichkeit tragen alle Disziplinen hierzu bei, und auch die Praktische und die Systematische Theologie haben darin nicht immer ihren Schwerpunkt.

c) Interdisziplinäre Arbeit innerhalb der Theologie

Die wissenschaftliche Arbeit in den einzelnen Fächern der Theologie hat sich in den vergangenen Jahrzehnten dem allgemeinen wissenschaftlichen Trend folgend immer mehr spezialisiert. Früher waren Forscherinnen und Forscher in verschiedenen Disziplinen zu Hause, heute kennen sie sich in der Regel nur noch in einer gut aus und auch dort häufig nur noch in einem oder einzelnen Schwerpunkten. Infolge der größer werdenden Spezialisierungen kommt es unausweichlich zu Perspektivenverengungen. Die Theologie als Ganze steht jedoch unter dem Anspruch, die Sichtweisen und Arbeitsergebnisse der einzelnen Fächer miteinander zu verbinden. Diese Integrationsleistung wird ansatzweise – spätestens beim Examen – auch von den Studierenden erwartet.

Integration der Perspektiven

Auf diesem Hintergrund kommt der interdisziplinären Arbeit innerhalb der Theologie eine große Bedeutung zu. Sie bereichert gleichermaßen die Forschung und die Lehre. Wenn sich Forschende und Dozierende verschiedener theologischer Teilfächer gemeinsam einer bestimmten Thematik zuwenden, spricht man von innertheologischer Interdisziplinarität. Sie wird in der längerfristigen, institutionalisierten Forschungsarbeit praktiziert oder im Rahmen einer Buchpublikation. Im Lehrbetrieb der Universität hat sie in Seminaren und Ringvorlesungen ihren Platz. Gelegentlich werden im Lehrangebot der Theologie Veranstaltungen angekündigt, in denen zwei Dozierende verschiedener Disziplinen ein Thema gemeinsam behandeln. Das ist sehr fruchtbar. In einem Seminar können sich z. B. Dozierende des Neuen Testaments und der Kirchengeschichte gemeinsam die Bergpredigt Jesu vornehmen. Der Blick wird dabei nicht nur auf die Exegese des Textes und seine Interpretation auf dem Hintergrund des Alten Testaments und zeitgenössischer jüdischer Texte gerichtet, sondern auch auf seine Auslegungs- und Wirkungsgeschichte in späteren Jahrhunderten. In Ringvorlesungen wird ein bestimmtes aktuelles oder allgemein interessantes Thema vor der universitären Öffentlichkeit von den Vertretern verschiedener theologischer Fächer in abwechselnd gehaltenen Einzelvorlesungen entfaltet. Bei einer Vorlesung zum Thema Bibel spricht der Alttestamentler beispielsweise über die Sammlung und Abgrenzung des Alten Testaments, die so genannte Kanonfrage, der Neutestamentler über neue Methoden der Auslegung, der Vertreter der Historischen Theologie über die Bedeutung der Bibel in den Auseinandersetzungen der Reformationszeit, der Dogmatiker über das Problem der göttlichen Inspiration der Heiligen Schrift, der Ethiker über die Relevanz der Zehn Gebote für heute, der Homiletiker über die Alternative von Text- oder Themapredigt, der Poimeniker über die Bedeutung der Bibel in der Seelsorge und der Religionspädagoge über moderne Bibeldidaktik.

Beispiele

2. Identität und Einheit der Theologie

Der Begriff Theologie wird, wie schon ausgeführt, mit verschiedenartigen Bedeutungen gebraucht. Er bezeichnet formal-äußerlich ein Fach, das an Universitäten studiert werden kann, gleichzeitig eine Wissenschaft, die ein bestimmtes methodisches und inhaltliches Profil hat, und ferner eine konkrete, in sich geschlossene theologische Lehre. Ganz wörtlich meint er die Rede von Gott.

a) Gegenstand und Aufgabe

Was ist der Gegenstand der Theologie, mit was beschäftigt sie sich und welche Ziele verfolgt und welche Aufgaben erfüllt sie? Wir versuchen zunächst eine ganz praktisch-pragmatische Antwort auf diese Fragen zu finden, indem wir in ein beliebiges Semesterprogramm einer beliebigen theologischen Fakultät blicken und das Lehrangebot betrachten. An der (katholischen) Theologischen Fakultät der Albert-Ludwigs-Universität Freiburg i. Br., einer großen Fakultät, wurden beispielsweise im Sommersemester 2003 neben Sprach- und Lektürekursen Lehrveranstaltungen zu folgenden Themen angeboten:

aus einem typischen Semesterprogramm

- Umwelt und Zentralthemen des Alten Testaments
- Einführung in die Methoden der alttestamentlichen Exegese
- Theorie und Praxis der Metapher in der alttestamentlichen Exegese
- Jesu Botschaft von der „Basileia Gottes" in seiner Zeit
- Die Diskussion um den historischen Jesus – mit „neuen Perspektiven"?
- Die Welt als Theater. Mensch und Gott im barocken Jesuitendrama
- Frühmittelalterliche und byzantinische Schatzkunst
- Der Kirchenbau der Gegenwart – Architektur und Liturgie
- Primal Religions and Contemporary Politics in Africa
- Grundzüge der philosophischen Theologie in der Antike
- Diachronie und messianische Zeit (Rosenzweig, Benjamin, Levinas)
- Wie verhalten sich Religion und Kunst zueinander?
- Die Gotteslehre in christlicher und islamischer Theologie. Parallelen und Differenzen
- Familienethik
- Ökonomik und Ethik. Wirtschaftsethische Konzepte im Vergleich
- Religiöse Erziehung – Religiöse Bildung: Grundlage einer Theologie des Christwerdens
- Religiöse Bildung als interpersonaler Vorgang (nach John Henry Newman)
- Die Pisa-Studie und der Standort des Religionsunterrichts
- Einführung in die Homiletik
- Am Puls der Zeit. Zeitbewusstsein und Zeitmanagement in der Seelsorge
- „Familie gründen" – Probleme, Grundlagen, Perspektiven, Kompetenzen
- Diakonische Begleitung suchender und leidender Menschen
- Aktuelle Entwicklungen in der angloamerikanischen Theologie

Das Beispiel, ein kurzer Auszug aus einem viel umfangreicheren Programm, vermittelt einen guten Eindruck von der Vielfalt und vom Reichtum der Theologie. Was also, so fragen wir noch einmal, ist der Gegenstand der Theologie, mit was beschäftigt sie sich? Theologie ist eine Wissenschaft, die sich multiperspektivisch mit der Geschichte und der Gegenwart des Christentums befasst. Forschungsgegenstand ist das Christentum. Seine geschichtliche und gegenwärtige Wirklichkeit wird erkundet. Die Theologie strebt dabei wie jede Wissenschaft nach Erkenntnisgewinn.

Gegenstand der Theologie

Konkret werden in der theologischen Forschung vor allem Texte betrachtet und ausgelegt. Die Geschichte und die Gegenwart des Christentums spiegelt sich in Texten. Sie sind folglich die hauptsächlichen Gegenstände der theologischen Arbeit. Daneben spielen bildliche und vereinzelt musi-

kalische Zeugnisse eine Rolle, ferner Sachen und Bauwerke, denn Geschichte und Gegenwart des Christentums spiegeln sich auch in Kunstwerken und in Gebäuden. Überdies werden manchmal empirische Untersuchungen durchgeführt, um die Geschichte und die Gegenwart des Christentums zu erkunden. Unter der Vielzahl von Texten, die für die Theologie von Bedeutung sind, kommt der Heiligen Schrift ein besonderer Rang zu. die Bibel als Norm
Mit keinem anderen Text beschäftigen sich Theologen, gleich welcher Konfession, so intensiv wie mit ihr. Sie bildet den Ausgangspunkt und das Zentrum der theologischen Arbeit und ist, in der Sprache der katholischen Theologie, „die Seele der ganzen Theologie" (II. Vatikanum, ›Optatam totius‹ 16). Ihr kommt für die Theologie nicht einfach eine hohe, sondern sogar eine normative Bedeutung zu. Sie ist, lateinisch gesprochen, die *norma normans*, also die normierende Norm, die Norm der Norm, die höchste Norm in der theologischen Arbeit.

Aufgabe der Theologie ist es, 1. die Vergangenheit und die Gegenwart Aufgabe
des Christentums darzustellen, 2. die Vergangenheit und die Gegenwart der Theologie
des Christentums zu verstehen und 3. die Gegenwart und die Zukunft des Christentums mitzugestalten. Diese Aufgabenbestimmung der Theologie lässt sich pragmatisch und zugleich konkret aus dem vorgestellten und auch aus allen anderen katholischen und evangelischen Semesterprogrammen ablesen. Die Darstellung der Vergangenheit und der Gegenwart des Christentums ist eine deskriptive Aufgabe, an die sich allerdings das interpretierende Verstehen unmittelbar anschließt. Ein Theologe will wie ein Historiker wissen, was wirklich war, was wirklich geschehen ist. Dies gilt gerade für die Kernfrage des Christentums, die Frage nach Jesus und seiner geschichtlichen Wirklichkeit. Ob Jesus wirklich gelebt hat, ist nicht gleich- nach der geschicht-
gültig. Wäre er nur eine Idee, also die Erfindung von Menschen, würde lichen Wirklichkeit
dem Christentum der Boden unter den Füßen weggezogen. Der Theologe fragen
fragt also nach dem historischen Geschehen, und bei den Texten, die er liest, ist ihm deshalb der Ursprungssinn wichtig. Ziel ist es, einen Text so zu verstehen, wie er sich selbst verstanden hat, in seiner ursprünglichen Intention. Die Gedanken des Verfassers sollen möglichst getreu erfasst werden. Was Paulus zwanzig Jahre nach Jesu Tod konkret gedacht und gewollt hat, als er seine Briefe an die christlichen Gemeinden von Rom, Korinth und Ephesus schrieb, ist für die Theologie von erheblicher Bedeutung.

Dabei ist jedem Theologen allerdings klar, dass das wirklich Geschehene und das wirklich Gemeinte immer nur annäherungsweise erkundet werden können und dass verschiedene Forscher bei diesen Rückfragen nach dem Wirklichen möglicherweise zu unterschiedlichen Ergebnissen kommen. Infolge dieser unbestreitbaren Schwierigkeiten wird von einer postmodernen, von der Diskursanalyse Foucaults und vom Konstruktivismus inspirierten Hermeneutik, die zurzeit in allen Kulturwissenschaften und auch in Teilen postmoderne
der Theologie auf Resonanz stößt, die Frage nach dem historischen Ur- Hermeneutik
sprungssinn eines Textes für sinnlos erklärt. Kein Ausleger vermöge zu ihm vorzustoßen, sondern er könne lediglich für sich und seine Gegenwart einen Sinn konstituieren. Doch die Theologie kann auf die Frage nach dem Ursprungssinn ihrer Texte nicht verzichten, weil sie vom Ursprung her lebt. Schwierigkeiten sind kein Grund, dieses Bemühen aufzugeben.

Mit der Klärung des Ursprungssinns kommt das interpretierende Verstehen des Theologen allerdings noch nicht an sein Ziel. Die Theologie wollte immer die Texte der Vergangenheit letztlich für die Gegenwart auslegen und nach der Relevanz und Bedeutung der christlichen Überlieferung für das individuelle und gesellschaftliche Leben der Gegenwart sowie nach Möglichkeiten zur praktischen Umsetzung fragen. Auch bei der Interpretation für die Gegenwart schieden und scheiden sich allerdings die Geister, denn verschiedene Interpreten kamen und kommen zu verschiedenen Ergebnissen. Ein Text kann unterschiedlich ausgelegt werden, und alle Interpretationen haben deshalb einen subjektiven Charakter. Die postmoderne Hermeneutik postuliert auf diesem Hintergrund die Beliebigkeit der Interpretation. Grundsätzlich gebe es so viele Auslegungen wie Ausleger. Auch hier kann die Theologie allerdings nicht zustimmen. Um des Ernstes der Sache willen, um die es geht, kann die Theologie nicht umhin, nach einem Konsens zumindest zu suchen. Damit nimmt die von der Deskription ausgehende interpretatorische Arbeit einen normativen Charakter an. Die Theologie hat die Aufgabe, Schrift und Tradition in einer bestimmten historischen Situation für die Gemeinschaft der Glaubenden verbindlich zu inter-

nach der Wahrheit fragen

pretieren. Theologie strebt nach Wahrheit und nach Verbindlichkeit, und dieses Anliegen verbindet sich mit der oben erwähnten dritten Aufgabe: der Aufgabe, Gegenwart und Zukunft des Christentums mitzugestalten.

Das Interesse an der Mitgestaltung des Christentums unterscheidet den Theologen vom Geschichts- und Religionswissenschaftler und vom Philosophen, die sich demselben Gegenstand und möglicherweise sogar denselben Themen zuwenden. Der Gegenstand ist gleich, aber die Aufgaben sind verschieden. Theologie ist nicht einfach eine christliche Religionskunde, sondern sie hat den Zielpunkt, den christlichen Glauben in der Gegenwart und für die Gegenwart zu verantworten. Theologinnen und Theologen be-

Innenperspektive

schäftigen sich mit der Geschichte und der Gegenwart des Christentums aus einer Innenperspektive heraus. Sie verstehen sich selbst als Christen und sind vom Christentum nicht nur wissenschaftlich tangiert, sondern auch religiös in dasselbe involviert.

Gestaltung des Christentums

Die Mitgestaltung des gegenwärtigen und des zukünftigen Christentums ist eine wesentliche Aufgabe der Theologie, und sie erfolgt auf doppelte Weise: einerseits durch inhaltliche Analysen und normierende Vorschläge, andererseits durch die Ausbildung von Menschen, die im Kontext der christlichen Religion konstruktiv mitarbeiten wollen und werden.

Aus der Beschäftigung mit der Geschichte und der Gegenwart des Christentums leitet die Theologie Folgerungen für Gegenwart und Zukunft ab und bringt sie in den theologischen und kirchlichen Diskurs ein. Sie verfolgt ihr normatives Anliegen nicht auf absolutistische und diktatorische Weise. Die Theologie hat in dieser Hinsicht Teil am geistigen Pluralisierungsprozess der Postmoderne, in der wir leben. Theologie ist eine dialogische Wissenschaft. Wahrheit kann nur im Dialog gefunden werden. Bücher ermöglichen dabei das Gespräch mit Menschen, die nicht oder nicht mehr anwesend sind.

Die Zeit der großen, in sich geschlossenen dogmatischen Lehrgebäude scheint ein für alle Mal vorbei zu sein und damit weitgehend auch die integralistische und fundamentalistische Versuchung, die für die Theologie immer besteht: zu meinen, für alle Fragen und Probleme der Welt probate

Antworten parat zu haben. Die Postmoderne ist gekennzeichnet durch eine so zuvor nie gekannte Subjektivität, einen so zuvor nie gekannten Pluralismus und einen so zuvor nie gekannten, ständigen schnellen Wechsel. Zur Postmoderne gehört, mit Jean-François Lyotard gesprochen, das Ende der „großen Erzählungen" oder „Meta-Erzählungen" (›Das postmoderne Wissen‹, 1986, franz. 1979), das heißt aller Theoriegebäude, welche die Welt gültig und umfassend erklären und damit verbunden das menschliche Handeln normieren wollten. Diese Großtheorien, wie sie vom Christentum, aber auch auf der Basis säkularer Weltanschauungen wie des Marxismus-Leninismus entwickelt worden waren, haben in der Postmoderne ihre Glaubwürdigkeit verloren. Theologie gibt es folglich nicht mehr als geschlossene, feststehende Lehre, sondern nur noch als permanenten Diskurs. Jede Position wird heute sofort mit nicht nur einer, sondern mehreren Gegenpositionen konfrontiert. Eine Dogmatik ist, kaum dass ihre Niederschrift begonnen wurde, bereits wieder überholt.

Ende der Meta-Erzählungen

Die zweite Weise, in der sich die Theologie in die Gestaltung von kirchlicher Gegenwart und Zukunft einbringt, ist die Ausbildung von Theologinnen und Theologen, die in Kirche und Schule ihren Dienst tun und damit das Christentum mitgestalten werden. Theologisch interessierte Menschen werden für theologische Berufe ausgebildet. In ihren Berufen werden diese Menschen, wie sie es im Studium gelernt haben, ihrerseits die Geschichte und die Gegenwart des Christentums darzustellen und zu verstehen suchen und daraus Folgerungen für Gegenwart und Zukunft ableiten. Sie werden Texte lesen und auslegen und ihrerseits normative Aussagen folgern. Auch in Schule und Gemeinde ist es allerdings nicht Aufgabe der Theologin und des Theologen, fertige Antworten zu geben, sondern vielmehr Menschen zum eigenständigen Dialog mit der Bibel und der kirchlichen Tradition anzuleiten, ihnen bei der Suche nach eigenen Antworten zu helfen. Theologen haben nicht ewige Wahrheiten zu vertreten, sondern müssen gemeinsam mit den Menschen, die ihnen anvertraut sind, ständig neu nach der Wahrheit fragen.

Ausbildung von Theologinnen und Theologen

ständig neu nach der Wahrheit fragen

Die Theologie bildet für kirchliche Berufe aus, und der Theologe ist als Christ ein Glied der Kirche und nimmt bei der theologisch-wissenschaftlichen Arbeit eine Innenperspektive ein. Auf diesem Hintergrund stellt sich nun noch die Frage nach dem Verhältnis zwischen Theologie und Kirche. Steht die Theologie über, neben oder unter der Kirche? Klar ist: Nur weil es Kirchen gibt, gibt es Theologie. Die Theologie ist also pragmatisch betrachtet etwas Sekundäres, etwas Nachgeordnetes. Gleichwohl gab und gibt es in der Theologie Tendenzen, sich über die Kirche zu stellen. Die protestantische Theologie nimmt für sich gern eine Beratungs- oder sogar Wächteraufgabe gegenüber der institutionalisierten Kirche in Anspruch und will diese an ihr Wesen und ihre Aufgabe erinnern. Diese Haltung schlägt sich manchmal leider sogar in einer gewissen Arroganz der mit akademischen Aufgaben betrauten gegenüber den in den Gemeinden tätigen Theologen nieder. In der katholischen Kirche herrscht die umgekehrte Perspektive vor. Die Kirche setzt der Theologie Rahmenbedingungen, innerhalb derer sie sich zu bewegen hat. Das Lehramt und damit die höchste theologische Entscheidungskompetenz liegt bei den Bischöfen und dem Papst, nicht bei den akademischen Theologen. Nicht der einzelne Theologe kann bestim-

Theologie und Kirche

men, was katholisch ist; das ist ihm vielmehr vorgegeben. Die Kirche legt ihm das Glaubensgut vor, auf das er sich zu beziehen hat.

Gleichwohl nimmt in der Praxis auch die katholische Theologie gegenüber ihrer Kirche eine konstruktiv-kritische, anregende Funktion wahr. Und auch für die evangelische Theologie gibt es gewisse von den Kirchen gesetzte Rahmenbedingungen, die nicht einfach ignoriert werden können.

Bekenntnisbindung der Theologie

Die evangelischen Landeskirchen in Deutschland sind an Bekenntnisse gebunden, die indirekt auch den Raum markieren, innerhalb dessen sich die Theologie zu bewegen hat, sofern sie in den Kirchen und von den Kirchen als Ratgeber akzeptiert werden will.

Die christliche Theologie der Gegenwart ist weitgehend in sich abgeschlossen, d.h. Theologie wird für Theologen produziert. Außerhalb des eigenen Faches werden theologische Forschungsergebnisse kaum wahrgenommen. Biblisch-theologische Arbeiten sind nur vereinzelt für Orientalisten, Altertumskundler und Altphilologen interessant. Systematisch-theologische Arbeiten werden in der Philosophie oder in den Religionswissenschaften nur selten beachtet. Eine begrenzte Resonanz außerhalb ihrer eigenen Disziplin hat die Praktische Theologie, weil zumindest religionspädagogische Arbeiten auch für die Pädagogik von Interesse sind. Am besten steht noch die Kirchengeschichte da. Kirchengeschichtliche Arbeiten werden, sofern sie nicht einseitig theologiegeschichtlich ausgerichtet sind, auch von Historikern, Sprach- und Literaturgeschichtlern sowie Religionswissenschaftlern rezipiert.

b) Selbstverständnis

Definitionsversuche von Theologie

Die Theologie hat kein einheitliches Selbstverständnis. Jede Formulierung eines solchen, jede Definition der Theologie ist abhängig von konfessionellen Voraussetzungen und persönlichen Überzeugungen. Im vorigen Abschnitt wurden Gegenstand und Aufgabe der Theologie pragmatisch, ausgehend von der praktizierten, der gelehrten und gelernten Theologie, beschrieben. Es gibt natürlich auch theologisch reflektierte Definitionsversuche, die allerdings meist aus der Perspektive der Systematischen Theologie formuliert wurden und sich mit dem, was die Theologie tatsächlich macht, nur partiell decken.

Rede von Gott

Klassisch sind die Vorschläge, ausgehend von der Wortbedeutung des Begriffs Theologie (s.o. S. 14), diese als „Rede von Gott" oder „Wissenschaft von Gott" zu beschreiben. In der katholischen Theologie wird dagegen nicht Gott, sondern der Glaube fokussiert und Theologie als „Glaubenswissenschaft" definiert. Verbreitet ist ferner die Bezeichnung der Theologie als „Funktion der Kirche": ein Versuch der Theologie, ihr Selbstverständnis nicht begrifflich, sondern funktional zu bestimmen.

Barths Sicht der Theologie

Die Definition der Theologie als Rede von Gott oder Wissenschaft von Gott geht vom Begriff der Theologie aus und bestimmt Gott als ihr vornehmstes Objekt. Karl Barth (s.u. S. 82–85) hat eine solche Definition der Theologie vorgelegt und für alle Disziplinen des Faches konkretisiert. Theologie als Rede von Gott hat nach ihm eine dreifache Aufgabe, die drei verschiedenen Disziplinen der Theologie zugeordnet wird. Die Biblische

Theologie frage, ob die christliche Rede von Gott von ihm herkomme, also seiner Offenbarung in der Heiligen Schrift entspreche. Die Dogmatik frage, ob die christliche Rede von Gott ihm gemäß, also wirklich wahr sei. Damit kommt ihr für die Theologie eine Schlüsselfunktion zu. Die Praktische Theologie frage, ob die christliche Rede von Gott zu ihm hinführe. Die Kirchengeschichte, so Barth, antworte dagegen auf keine Frage hinsichtlich der christlichen Rede von Gott. Deswegen komme ihr im Rahmen der Theologie nur der Status einer Hilfswissenschaft zu, freilich einer unentbehrlichen Hilfswissenschaft, da die drei anderen Disziplinen der Theologie zur Erledigung ihrer Aufgaben auf kirchengeschichtliche Erkenntnisse angewiesen seien. Die Frage nach der angemessenen Rede von Gott verbindet also nach Barth alle Disziplinen der Theologie außer der Kirchengeschichte und gibt der Theologie ihre Einheit.

Schlüsselfunktion der Dogmatik?

Wenn man wie Barth die Theologie wortwörtlich als Rede von Gott versteht, stellt sich unmittelbar die Frage, wie man denn eigentlich von Gott reden könne. Kann Gott wirklich zum Gegenstand des Denkens und Redens gemacht werden? Entzieht er sich nicht vielmehr dem menschlichen Denken und Reden? Die Antwort Barths und anderer Theologen lautet: Von Gott kann man sprechen, weil er selbst gesprochen hat. Gott hat sich – in seiner Offenbarung – selbst zur Sprache gebracht, und deshalb kann er auch von den Theologen zur Sprache gebracht werden. Im Anschluss an Barth und diesen zuspitzend hat deshalb Gerhard Ebeling Theologie als das Zur-Sprache-Kommen Gottes definiert. Diese Formulierung signalisiert, dass Gott nicht Objekt, Gegenstand der Theologie ist, sondern ihr eigentliches Subjekt. Gott selbst spricht in der Theologie.

Zur-Sprache-Kommen Gottes

Mit der Barth'schen Definition verwandt ist eine andere, von einem weiteren Theologen des 20. Jahrhunderts in den Raum gestellte. Der evangelische Theologieprofessor Wolfhart Pannenberg, der in München lehrte, hat die Theologie als „Wissenschaft von Gott" definiert. Gott sei ihr eigentlicher Gegenstand, und indem sie Gott in den Blick nehme, betrachte sie zugleich die gesamte, von Gott geschaffene Wirklichkeit. Pannenberg will die Theologie mit dieser Definition anderen, von ihrem Gegenstand her definierten, Wissenschaften gleichstellen. Anders als Barth kommen bei ihm alle Teildisziplinen zu ihrem Recht. Die Kirchengeschichte hat nach Pannenberg Anteil an der Gotteswissenschaft, indem sie Gottes Handeln in der Geschichte ergründet.

Wissenschaft von Gott

Eine innere Logik wird man diesen Definitionen nicht absprechen können. Gleichwohl stellt sich die Frage, ob die Theologie es wirklich vor allem und im Wesentlichen mit Gott zu tun hat. Wer sich die tagtägliche theologische Praxis vor Augen stellt, wird dies bestreiten. Ferner ist bedenklich, dass Barth eine Teildisziplin, die Kirchengeschichte, gegenüber den anderen Teildisziplinen ins zweite Glied rückt. Eine Definition der Theologie, die ein wesentliches Aufgabenfeld derselben explizit ausgrenzt, ist keine gute, in der Praxis brauchbare Definition. Ebelings Definition ist noch praxisferner, denn das Zur-Sprache-Kommen Gottes in der Theologie ist ein theoretisches Postulat, das an der Wirklichkeit keinen Anhalt hat.

Andere Versuche, das Selbstverständnis der Theologie zu klären, setzen nicht bei Gott, sondern beim Glauben und damit beim Entstehungshintergrund der Theologie ein. Theologie gibt es ja nur, weil Menschen glauben. Der zuvor schon vorhandene Glaube von Menschen bringt, als sozusagen höhere Reflexionsstufe, die Theologie hervor. Das war geschichtlich betrachtet, wie oben gezeigt wurde (s. o. S. 16), ein Anlass theologischer Reflexion in der Anfangszeit des Christentums. Aber auch in der Gegenwart vollzieht sich dieser Entstehungsprozess immer wieder neu. Aktuelle Glaubenserfahrungen drängen zur theologischen Reflexion. Theologie ist dann die wissenschaftliche Reflexion von Glaubenserfahrungen. Diese Sichtweise von Theologie findet sich schon im Mittelalter, z. B. bei Anselm von

Glaube, der nach Erkenntnis strebt

Canterbury, der von dem Glauben gesprochen hat, der nach Erkenntnis strebe („fides quaerens intellectum"). Der Glaube als solcher reflektiert allerdings nicht, er ist unmittelbar. Subjekt der Reflexion ist der Glaubende, der dazu seine Vernunft gebraucht.

Im Anschluss an diese und andere Definitionen von Wesen und Aufgabe der Theologie hat sich in der katholischen Kirche das Verständnis der Theologie als Glaubenswissenschaft durchgesetzt. Es findet sich u. a. in der ›Apostolischen Konstitution Sapientia Christiana‹ von 1979, die Rahmen-

Glaubenswissenschaft

bedingungen der theologischen Arbeit festlegte. Die Glaubenswissenschaft – lat.: *scientia fidei* – ist eine Wissenschaft, die sich dem Glauben zuwendet. Sie beschäftigt sich mit dem Glauben, und zwar nicht nur mit dem Glaubensakt und der Glaubenshaltung, sondern auch mit dem, was geglaubt wird, also mit den Themen und Gegenständen des Glaubens, an erster Stelle also mit Gott. Der Begriff Glaubenswissenschaft hat in der katholischen Kirche den Theologiebegriff nicht verdrängt, sondern übernimmt es zu erklären, worum es in der Theologie geht. Theologie will und soll dem Verstehen dienen, einem Verstehen aber nicht nur im wissenschaftlich-abstrakten Sinne, sondern auch in konkreter Bedeutung für die eigene Existenz im Glauben. Joseph Ratzinger hat darin die tiefe Beziehung von Glaube und Theologie gesehen. Verstehen bedeutet für ihn, in der Begegnung mit der Wahrheit Grund zu finden und als Sinn zu ergreifen: „Verstehen wächst nur aus Glauben", daher ist Theologie als vernünftig-verstehende Rede von Gott eine „Uraufgabe christlichen Glaubens" (›Einführung in das Christentum‹, 1968, Neuausg. 2000, 51).

In der evangelischen Theologie wird der Begriff Glaubenswissenschaft nicht verwendet. Versuche, das Selbstverständnis der Theologie ausgehend vom Glaubensbegriff zu klären, finden sich allerdings auch hier. Friedrich Schleiermacher, der größte protestantische Theologe des frühen 19. Jahrhunderts, hat die Vorrangstellung des Glaubens vor der Theologie so stark betont, dass er die Dogmatik als historische Disziplin wie die Kirchenge-

Dogmatik als Glaubenslehre

schichte aufgefasst und seine eigene Dogmatik als „Glaubenslehre" (›Der christliche Glaube‹, 1821/22, ²1830/31, Studienausg. 1984) entfaltet hat. Die Dogmatik erfasst, beschreibt und reflektiert nach ihm den Glauben der Christen.

Vom Glauben der Christen geht bei der Bestimmung des Selbstverständnisses der Theologie auch der Tübinger evangelische Theologe Jürgen Moltmann aus. In Anlehnung an Luthers Rede vom allgemeinen Priestertum

allgemeines Theologentum

spricht er vom „allgemeine[n] Theologentum aller Glaubenden" und führt aus: „Alle Christen, ob jung oder alt, ob Frau oder Mann, die glauben und sich etwas dabei denken, sind Theologen." (›Erfahrungen theologischen

Denkens‹, 1999, 25) Die christliche Theologie ist folglich eine Gemeinschaftsaufgabe, die dem gemeinsamen Theologentum aller Gläubigen aufgetragen ist. Die „akademische Theologie" ist nur eine besondere Beauftragung innerhalb des gemeinsamen Theologentums, sie „ist nichts anderes als die wissenschaftliche, d. h. methodisch nachprüfbare und nachvollziehbare, geistige Durchdringung und Erhellung dessen, was Christen in den Gemeinden sich dabei denken, wenn sie an Gott glauben und in der Gemeinschaft Christi leben" (ebd., 27).

Mit der Auffassung der Theologie als Glaubenswissenschaft verwandt ist ferner die in der evangelischen Theologie verbreitete Definition der Theologie als Funktion der Kirche, die sich beispielsweise bei Barth und bei Paul Tillich (s. u. S. 90 f.) findet. Glaubende gibt es nie als Einzelne, sondern wenn Menschen glauben, bilden sie Gemeinden. Die Kirche ist die Gemeinschaft der Glaubenden. In ihr wird nicht nur an Gott geglaubt, sondern Gott wird auch bekannt und von Gott wird Zeugnis abgelegt. In der Kirche wird von, mit und über Gott gesprochen. Daraus entsteht Theologie. Die Kirche bringt Theologie hervor, und damit lässt sich Theologie als Funktion der Kirche begreifen. Die Theologie wird von der Kirche hervorgebracht und sie dient der Kirche. Dabei sind die Theologen allerdings keine Funktionäre der Kirche, keine einfachen Interessenvertreter der Kirche, sondern deren kritisches Gegenüber. Auch dieses Verständnis der Theologie hat allerdings seine Probleme. Der Kirchenbegriff dieser Definition ist ein dogmatischer, kein soziologisch-empirischer. „Die Kirche" gibt es in der Praxis nicht; es gibt Kirche nur im Plural, es gibt nur Kirchen, und damit ist die Geradlinigkeit des Zusammenhangs hinfällig, den der Begriff „Funktion" suggeriert. Außerdem gibt es Christentum und Theologie auch außerhalb dieser empirischen Kirchen.

Kehren wir zum Schluss noch einmal zu Schleiermacher zurück. Neben seiner schon behandelten Definition der Dogmatik als Glaubenslehre hat er auch das Selbstverständnis der Theologie insgesamt zu klären versucht und in seiner ›Kurzen Darstellung des theologischen Studiums‹ (1811, ²1830) eine einflussreiche, bis heute viel diskutierte funktionale Bestimmung der Theologie vorgelegt. Ausgehend vom Ziel der theologischen Ausbildung hat er eine Bestimmung des Wesens und des Selbstverständnisses vorgeschlagen, die zugleich die Interessen aller theologischen Disziplinen zur Geltung kommen lässt. Für Schleiermacher ist, wie schon die Bezeichnung der Dogmatik als Glaubenslehre und ihre Charakterisierung als historische Disziplin deutlich machte, die Theologie entgegen der Tradition keine normative, sondern eine positive Wissenschaft. Das heißt: Sie bezieht sich auf eine bestimmte, vorgefundene Religion und setzt sich aus einer Vielzahl eigentlich selbstständiger Wissenschaften zusammen. Die Einheit der Theologie wird für Schleiermacher nicht durch einen bestimmten Gegenstand oder eine bestimmte Idee und auch nicht durch gemeinsame Methoden, sondern nur funktionell durch die Bezogenheit auf die Lösung einer praktischen Aufgabe konstituiert. Diese praktische Aufgabe war für ihn die Kirchenleitung. Heute könnte man sie weniger autoritär als die Zurüstung von Menschen für ihren Dienst als Pastoren und Pastorinnen, als Religionslehrer und Religionslehrerinnen bestimmen. Das Verbindende ist das gemeinsame Interesse an Geschichte, Gegenwart und Zukunft

Theologie als Funktion der Kirche

Schleiermachers Sicht der Theologie

des Christentums. Die Praktische Theologie, nicht die Dogmatik, war für Schleiermacher daher Zielpunkt und Krone der Theologie.

Durch den Zweck, dem sie dient, gewinnt die in sich so vielfältige Theologie also ihre Einheit und grenzt sich von anderen Wissenschaften ab. Man könnte aber auch sagen: Sie gewinnt ihre Einheit durch den Standpunkt, den die Theologinnen und Theologen einnehmen. Dieser Standpunkt ist die persönliche Entscheidung für die christliche Religion, verbunden mit dem Interesse, durch die eigene Arbeit Gegenwart und Zukunft des Christentums mitzugestalten.

c) Die Frage nach Gott

Definitionen Gottes

Die Bio-logie, die Philo-logie, die Sozio-logie usw. sind Wissenschaften, die mit ihrem Begriff den Gegenstand klar bezeichnen, mit dem sie sich beschäftigen: das Leben, die Sprache, die Gesellschaft. Auch in der Theologie gibt es, wie gezeigt wurde, Vorschläge, sie von ihrem Gegenstand her zu fassen und dabei Gott als ihren Gegenstand zu bestimmen. Doch Gott kann niemals in gleicher Weise Gegenstand der Theologie sein, wie das Leben Gegenstand der Biologie und die Sprache Gegenstand der Philologie ist. Zum einen wurde bereits gezeigt, dass sich die Theologie nicht nur mit Gott beschäftigt, ja dass Gott nicht einmal die Hauptsache in der theologischen Arbeit darstellt. Die Theologie hat es mehr mit den Gottesvorstellungen von Menschen zu tun als mit Gott selbst und darüber hinaus mit vielen, vielen Themen, die nur indirekt in einer Beziehung zur Gottesfrage stehen. Zum andern lässt sich Gott niemals in gleicher Weise gegenständlich behandeln wie das Leben, die Sprache und die Gesellschaft. Gott ist kein Gegenstand, sondern eine Person, und Gott ist nicht Objekt, sondern selbst Subjekt (s. u. S. 45).

Trotz dieser Einschränkungen ist die Frage nach Gott natürlich auch ein Thema der Theologie, und natürlich ein wichtiges. Die Theologie hat sich immer mit Gott beschäftigt, mit seiner Existenz, mit seinem Wesen und mit seinen Eigenschaften. Dies war und ist Aufgabe der Gotteslehre im Rahmen der Dogmatik. Viele Theologen haben versucht, Gott zu definieren oder zu umschreiben, was mit dem Wort Gott gemeint ist: Gott ist das höchste Gut (Thomas von Aquin), Gott ist das, woran man sein Herz hängt (Martin Luther), Gott ist der ganz Andere (Karl Barth), Gott ist das, was uns unbedingt angeht (Paul Tillich), Gott ist die alles bestimmende Wirklichkeit (Rudolf Bultmann), Gott ist das unumfassbare Woraufhin und Wovonher der menschlichen Transzendenz (Karl Rahner).

biblische Gottesnamen

Zu erinnern ist auch an Gottesumschreibungen, die schon die Bibel anbietet: Gott ist der Vater Jesu Christi. Auch durch die Erinnerung an seine Taten wird Gott in der Bibel beschrieben: Gott ist der Befreier aus Ägypten, der Befreier des Volkes Israel aus der Knechtschaft. Im 2. Buch Mose (Ex 3,14) präsentiert sich Gott selbst als der „Ich bin da" (›Einheitsübersetzung‹) oder „Ich werde sein, der ich sein werde" (Luther-Übersetzung 1984). Die historisch-kritische Erforschung des Alten Testaments hat hypothetisch den Namen „Jahwe" als den ursprünglichen hebräischen Gottesnamen rekonstruiert, den schon die Israeliten hatten, allerdings aus Ehrfurcht nicht aussprachen, sondern mit „Adonai" umschrieben, was „mein Herr" bedeutet. „Jehowa" war dagegen nie gebräuchlich. Das Wort ist durch falsche Vokalisierung infolge eines Missverständnisses entstanden.

Eine besondere Bedeutung beim Verständnis Gottes kommt der so genannten Trinitätslehre zu, der Lehre von der Dreieinigkeit Gottes. Dieser für die christliche Religion charakteristische, schon in der Anfangszeit der Christenheit aufgekommene theologische Grundgedanke besagt, dass Gott einer ist und zugleich dreigeteilt: Vater, Sohn und Geist sind jeder für sich und in Gemeinschaft Gott. Pluralität und Monotheismus werden auf eine der menschlichen Vernunft nur schwer nachvollziehbare und für Juden und Moslems sogar anstößige Weise miteinander verbunden. Das lateinische Wort *trinitas* ist ein von Christen extra für diesen Zweck geschaffenes Kunstwort, das die lateinischen Wörter für drei (*tres*) und Einheit (*unitas*) verbindet.

Trinitätslehre

Eine weitere wichtige Frage der Gotteslehre ist, ob und wie man die Existenz Gottes beweisen kann. Die Theologie des Mittelalters und noch die Theologie der Neuzeit bis zum Ende des 18. Jahrhunderts hat das bejaht und sich mit großem Eifer und auf verschiedenen Wegen darum bemüht. Es gab ontologische, kosmologische, teleologische und moralische Gottesbeweise. Beim ontologischen Beweis wird vom Begriff eines höchsten oder notwendigen Seins (griech.: *on* = sein) auf dessen Existenz geschlossen. Gott ist der, über dem nichts Größeres gedacht werden kann, er ist die höchste, unüberbietbare Stufe der Wirklichkeit. Kosmologische Beweise schließen aus den Geschöpfen auf ihren Schöpfer. Konkret wird folgendermaßen argumentiert: In der Welt (griech.: *kosmos*) beobachtet man Bewegung und Wandel. Jede Bewegung hat eine Ursache, die man zurückverfolgen kann. Ganz am Anfang der Kette der Ursachen müsse – als unbewegter Beweger – etwas stehen, das man Gott nennen könne. Auch die Ordnung, die in der Welt beobachtet wird, und Werte wie Wahrheit und Güte ließen sich nur erklären, wenn man einen Gott als ihren Ursprung annehme. Auch der teleologische Beweis nimmt als Ausgangspunkt die in der Welt zu beobachtende Ordnung. Die planvoll auf ein Ziel (griech.: *telos*) hin geordnete Welt zwinge zur Annahme eines absichtsvollen, intelligenten Urhebers. Der moralische Gottesbeweis geht von der Beobachtung aus, dass in dieser Welt der Böse oft über den Guten siegt. Obwohl es sittliche Regeln (lat.: *mos* = Sitte) gibt, die von den Menschen mit ihrer Vernunft auch eingesehen und begriffen werden, erntet der sittlich Handelnde in dieser Welt nicht unbedingt den verdienten Lohn. Deswegen müsse es einen Gott geben, der jenseits der Todesgrenze für einen Ausgleich und für Gerechtigkeit sorge und dem Guten die Glückseligkeit bereite. Neben diesen vier klassischen Beweisstrategien für Gott wurde auch aus der Tatsache, dass die meisten Völker einen Gott kennen und verehren, auf dessen tatsächliche Existenz geschlossen. In der Theologie des 20. Jahrhunderts findet sich der Gedanke, dass die fortwährende Existenz des Volkes Israel, nach bald zweitausend Jahren Verbannung und Zerstreuung und nach der Katastrophe von Auschwitz, die Existenz Gottes und als sein Wesen die Treue bezeuge.

Gottesbeweise

Israel als Zeuge Gottes

Die traditionellen Gottesbeweise sind nicht ohne Rationalität und Plausibilität. Aber seit sich naturwissenschaftliche Beweisverfahren durchgesetzt haben, büßten sie ihre Beweiskraft zunehmend ein. Gottes Existenz, so ist sich die Theologie heute weitgehend einig, kann man nicht beweisen. Und es stellt sich die Frage: Wenn man sie beweisen könnte, würde ein solcher rationaler Beweis einen Nichtglaubenden zum Glauben bewegen? Wahrscheinlich nicht. Gottes Existenz lässt sich nicht beweisen, aber auch nicht widerlegen, und der Glaube an diesen nicht beweis-, aber auch nicht widerlegbaren Gott ist nicht vernunftwidrig. Jenseits der Gottesbeweise im engeren Sinn gibt es für den Glaubenden gute, durchaus vernünftige Gründe, an Gott zu glauben. Das Leben wird durch den Gottesglauben reicher an Möglichkeiten. In Lebenskrisen gibt es durch den Glauben an Gott mehr Erklärungsmöglichkeiten und Bewältigungsstrategien. Ein an Gott glaubender Mensch ist niemals allein, und er hat eine Hoffnung über den Tod hinaus. Auch das gelungene Leben eines gläubigen Menschen kann ein Anlass sein, sich für den Glauben zu entscheiden. Und nicht zuletzt hat folgende banale Überlegung ihr Recht: Wenn Gott schon nicht beweis-, aber auch nicht widerlegbar ist, dann ist es für den Fall, dass es diesen Gott tatsächlich gibt, besser, an ihn geglaubt und mit ihm gerechnet zu haben. Der Glaubende hat, falls es einen Gott gibt, viel zu gewinnen, der Ungläubige aber viel zu verlieren. Es ist also durchaus rational, die Wirklichkeit Gottes anzuerkennen.

Gründe, an Gott zu glauben

Geschichtlich betrachtet, hatte die Gotteslehre immer einen hohen Stellenwert im Rahmen der Dogmatik. Es gab und gibt jedoch auch theologische Richtungen, die gerade in der Gotteslehre eher zurückhaltend waren. Sie betonen die Unbegreiflichkeit Gottes und die Distanz zwischen Gott und Mensch. „Wir sollen als Theologen von Gott reden. Wir sind aber Menschen und können als solche nicht von Gott reden." So hat Karl Barth im Jahre 1924 das Problem formuliert (›Das Wort Gottes als Aufgabe der Theologie‹, 158). Aus der Unfassbarkeit Gottes kann gefolgert werden, von Gott ganz zu schweigen, wie manche Mystiker (s. o. S. 19), oder von ihm nur zu sagen, was er nicht ist. Letzteres wird als „Negative Theologie" bezeichnet. Barths Lösung sieht folgendermaßen aus: „Wir sollen Beides, unser Sollen und unser Nicht-Können, wissen und eben damit Gott die Ehre geben" (158). Barth bietet keine einfache Lösung des Problems, sondern fordert den Theologen dazu auf, die Spannung und Bedrängnis, in der er steht, wahrzunehmen und auszuhalten.

von Gott schweigen?

Über Gott reden kann die Theologie, wie schon oben gesagt, tatsächlich nur, weil Gott selbst gesprochen hat. Jede andere Rede von Gott, die nicht auf seinem eigenen Wort basieren würde, wäre bloße Spekulation. Das Sprechen des Theologen ist ein Nachsprechen dessen, was Gott gesprochen hat. Es basiert auf genauem Hören. Dabei bedient er sich der menschlichen Sprache und spricht von Gott notgedrungen unter Zuhilfenahme menschlicher Vorstellungen und Begriffe. Gott hat gesprochen, verbindlich und endgültig gesprochen, durch Jesus Christus, so, wie er in der Heiligen Schrift bezeugt wird. Von Jesus Christus her erschließt sich das Wesen Gottes. Streng genommen steht also nicht Gott, sondern Christus im Zentrum der christlichen Theologie. Christliche Theo-logie ist zwangsläufig Christo-logie (s. u. S. 52–54).

von Gott reden

Im Lebensgefühl früherer Generationen war Gott eine selbstverständliche und vertraute Größe. Heute gibt es bei vielen Menschen höchstens noch die diffuse Vorstellung von einer höheren Macht, die irgendwie da, aber eigentlich folgenlos ist für das alltägliche Leben. Auch in der Theologie ist Gott verglichen mit früheren Zeiten deutlich in den Hintergrund getreten. Die heutige Theologie setzt die Gotteshypothese nicht ein, um damit vordergründig natürliche oder geschichtliche Zusammenhänge zu erklären (*Deus ex machina*). Gott wird vielmehr als eine diese Zusammenhänge nicht außer Kraft setzende, sondern in, hinter und jenseits ihnen bestehende Tiefendimension von Wirklichkeit begriffen. In weiten Bereichen der Theologie wird die Gottesfrage nicht gestellt, zumindest nicht auf persönlich-existenzielle Weise. Mit vielen Fragen und Problemstellungen befasst man sich im Studium nüchtern-distanziert, eben wissenschaftlich.

theologische Arbeit ohne Gott

Die Neutestamentler beschäftigen sich mit der Bibel und bemühen sich mit großer Intensität um die in ihr enthaltenen, historisch und literarisch vergleichsweise unbedeutenden Schriften, weil die Kirche diese als Gottes Offenbarung ansieht und ihnen deshalb in der Religion eine hohe Bedeutung zugemessen wird. Aber die Neutestamentler können nicht beweisen, dass es sich um Gottes Offenbarung handelt. Der Kirchengeschichtler kann ebenso wenig Gottes Handeln in der Geschichte aufweisen. Er untersucht die Geschichte der Christenheit, ihre innere Entwicklungen und ihre Einflüsse auf die nichtchristliche Welt. Er untersucht das Handeln von Menschen nach seinen Motiven, Begründungszusammenhängen und äußerlichen Bedingungskontexten. Nicht „Gott in der Geschichte" ist sein Thema, sondern, wie es der katholische Kirchengeschichtler Andreas Holzem in einer treffenden Kurzformel gesagt hat: „die Geschichte des geglaubten Gottes" (in: Leinhäupl-Wilke: Katholische Theologie studieren, 73 f.). Gott wird nicht unmittelbar, sondern mittelbar thematisiert, indem von Menschen gesprochen wird, die an Gott geglaubt haben, die ihn geliebt oder gefürchtet haben, die ihn erlitten haben oder negiert und zurückgewiesen. Die Kirche, mit all ihren Erscheinungsformen und Wirkungen, lässt sich als die soziale Gestaltwerdung dieses Gottesglaubens begreifen. Dass im Handeln der Menschen Gott selbst am Werk ist, kann geglaubt, aber nicht bewiesen werden. Das Handeln Gottes lässt sich mit Mitteln der Wissenschaft nicht erfassen. Nur das Handeln von Menschen lässt sich beobachten und analysieren. Ein bestimmtes geschichtliches Ereignis als Handeln Gottes zu qualifizieren, ist immer ein Glaubensurteil, eine vom eigenen Standpunkt aus vorgenommene Bewertung. Die Kenntnis weltimmanenter geschichtlicher Zusammenhänge bewahrt den an Gottes Handeln in der Geschichte Glaubenden vor kurzschlüssigen Aussagen, die Gott instrumentalisieren könnten. Eher wäre es möglich, ein bestimmtes geschichtliches Verhalten der Kirche oder einzelner Christen als christlich oder unchristlich zu qualifizieren, also den ethischen Maßstab des Neuen Testaments anzulegen und beispielsweise die Inquisition als unchristlich zu verurteilen und das diakonische Engagement als christlich zu loben. Doch bei vielen Geschehnissen, z. B. der Reformation, würden selbst solche Qualifizierungen schwer fallen, weil die Geschehnisse in sich widersprüchlich und weil die Wertmaßstäbe des Neuen Testaments nicht eindeutig sind. Die christlichen Grundwerte sind Sache der Interpretation, und in der Geschichte und Gegenwart des Christentums wurden und werden sie höchst different beurteilt.

Gott in der Geschichte?

das Neue Testament als Maßstab?

Selbst in der Systematischen Theologie herrscht nüchtern-distanzierte, eben wissenschaftliche Betrachtungsweise vor, wenn theologische Entwürfe der Vergangenheit kritisch untersucht werden. Erst wenn sie die Frage stellt, wie christlicher Glaube heute verantwortet werden kann und soll, betritt sie die persönlich-existenzielle Ebene und kommt nicht umhin, auch die Frage nach Gott neu zu stellen und zu beantworten.

die Frage nach Gott neu stellen

3. Themen der Theologie

Im Folgenden werden wichtige Themen der Theologie im Umriss dargestellt und damit zusammenhängende Begriffe erläutert. Solche Themenkomplexe heißen in der katholischen Dogmatik Traktate (lat.: *tractatus* = Abhandlung), in der evangelischen Dogmatik Loci (lat.: *locus* = Ort; hier: Kernpunkt; ein etwas veralteter Fachbegriff).

Obwohl sich die folgende Auswahl an Themenstellungen der Dogmatik orientiert, wurden bei der Darstellung auch Perspektiven anderer Disziplinen einbezogen. Natürlich muss dieser Versuch einer Minidogmatik unvollkommen bleiben. Wichtige Stichworte fehlen, z. B. die Schöpfungslehre, die Sakramentenlehre und die für die katholische Theologie unverzichtbare Lehre von Maria (Mariologie). Für die weitere Orientierung wird deshalb das Handbuch des ehemaligen Baseler Dogmatikprofessors Heinrich Ott ›Antwort des Glaubens‹ (³1999) empfohlen. Verstehbar und aktuell, unter Einbeziehung der Tradition und ohne Scheu vor dem Wagnis, eigene Positionen zu formulieren, behandelt er Grundfragen des christlichen Glaubens aus evangelisch-reformierter Perspektive.

a) Christus – Christologie

Die Kernfrage der Theologie ist eigentlich nicht die Gottes-, sondern die Christusfrage. Ohne Jesus, der Christus genannt wurde, gäbe es kein Christentum. Wer war Jesus Christus, und was bedeutet er uns heute? Diese Frage steht, wie gezeigt, im Zentrum der Theologie. Sie wird entfaltet in der Lehre von Christus oder der Christologie (hebr.: *maschiach* = griech.: *christos* = Messias/Christus = Gesalbter; griech.: *logos* = Wort, Rede, Lehre). Es geht um das Verständnis seiner Person und seiner Anliegen sowie um das, was er im Verhältnis zwischen Mensch und Gott und im Verhältnis der Menschen untereinander verändert hat. Seit den Anfängen haben die Christen um diese Fragen gerungen. Antworten, die darauf gegeben wurden, schlugen sich in unterschiedlichen Namen und Titeln nieder, die man Jesus beigelegt hat: Rabbi, Prophet, Meister, Herr, Menschensohn, Gottessohn, Heiland, Erlöser, Gott. Immer hat man dabei versucht, Jesus und den Gott, den Jesus seinen Vater nannte, nämlich den Gott Israels, im Zusammenhang zu sehen. Auf diesem Hintergrund entstand die Lehre von der Dreieinigkeit Gottes, die Trinitätslehre. Sie besagt, dass in Jesus Gott selbst gehandelt hat und neben Jesus auch der Heilige Geist, als dritte göttliche „Person", das Wesen Gottes verkörpert.

Wer war Jesus?

die Christusfrage

Alle theologischen Disziplinen bemühen sich um die Christusfrage und tragen zu ihrer Klärung bei. Das Fach Neues Testament untersucht die neutestamentlichen Christuszeugnisse und versucht die schwierige Frage zu beantworten, wie Jesus sich selbst verstanden hat und wie ihn seine ersten Anhängerinnen und Anhänger gesehen haben. Umstritten ist dabei besonders das „Messiasproblem": Hat sich Jesus selbst als der im Alten Testament verheißene Messias verstanden oder nicht? Die alttestamentliche Disziplin hilft dabei, die neutestamentlichen Vorstellungen und Begriffe zu klären, die einen jüdischen Hintergrund haben, insbesondere natürlich die Messiaserwartung. Die Historische Theologie untersucht Christusdeutungen in der Geschichte. Warum haben sich die frühen Christen gescheut, das Kreuz, geschweige denn Christus selbst abzubilden? Warum haben die Menschen im Mittelalter plötzlich den leidenden Christus verehrt, nachdem man zuvor vor allem seinen Sieg über den Tod herausgestellt hatte? Was bedeutete Nachfolge Christi für Franz von Assisi und die mittelalterliche Armutsbewegung? Wie konnte es dazu kommen, dass in der Zeit des Nationalsozialismus selbst akademisch gebildete deutsche Protestanten glaubten, Jesus sei nicht Jude, sondern Arier gewesen? Die Systematische Theologie sucht auf der Grundlage der Bibel und der Geschichte und in kritischer Auseinandersetzung mit diversen Modellen der Christusdeutung aus der Vergangenheit die Frage zu beantworten, wie man Christus heute verstehen und deuten kann. Wie sollen wir ihn benennen? Christus und Herr, oder besser: Bruder? Gilt noch immer der Satz: „Christus hat mich von meinen Sünden erlöst", oder kann man den Erlöser heute nur noch als Lehrer und Vorbild begreifen? In welcher Weise können wir heute von Christi Gegenwart, von der Gegenwart des Auferstandenen sprechen, und wo wird sie erfahren? Die Praktische Theologie reflektiert, wie heute in der Schule über Jesus Christus unterrichtet werden kann, wie über ihn in der Kirche gepredigt werden soll und welche Bedeutung seine Person und seine Worte in der Seelsorge haben. *Christus heute*

Betrachten wir skizzenhaft einige neuere christologische Entwürfe. Traditionell hatte die Christologie einen ausgesprochen lehrhaften Charakter und machte über Jesus Christus vergegenständlichende Aussagen. Nach Rudolf Bultmann (s. u. S. 85 f.) muss man aber, um Jesus Christus recht zu verstehen, gerade dies überwinden. Die existenzielle Bedeutsamkeit Jesu müsse neu Ereignis werden, indem ihm der Glaubende heute begegne. Dies finde statt, wenn die Christusbotschaft – verstanden als die Botschaft von Christus, nicht die Botschaft Christi – im Wort begegne. Der evangelische Theologe Herbert Braun sieht in Jesus dagegen in erster Linie einen Lehrer, der dem Menschen, auch dem heutigen Menschen, ein neues Selbstverständnis vermittle, das sich in gelebter Mitmenschlichkeit konkretisiere. Gerhard Ebeling fasst Jesus vor allem als Lehrer und Vermittler von Glauben auf, eines Glaubens, der in der vertrauensvollen Hinwendung zu Gott dem Vater seinen Zielpunkt habe. Der katholische Theologe Karl Rahner (s. u. S. 91–94) versteht Jesus Christus mit der theologischen Tradition als den menschgewordenen Gott und fragt nach den Möglichkeitsbedingungen und Konsequenzen dieser Menschwerdung für Gott und den Menschen. Seine Hauptthese lautet: Christologie ist vollendete Anthropologie. In Jesus Christus trat nach Rahner in Erscheinung, was als innerste Möglichkeit in jedem Menschen angelegt ist, aber nur in Jesus verwirklicht *Christologien* wurde: die Einheit von Gott und Mensch, die von Gott her gesehen in der definitiven Zuwendung zur Welt und zum Menschen, vom Menschen her gesehen in der definitiven Annahme dieser Zuwendung Gottes durch freien Gehorsam und völlige Übergabe besteht. Hans Urs von Balthasar sieht in Jesus den „Ausleger Gottes" (›Kennt uns Jesus – kennen wir ihn?‹, ³1995, 86). In seiner Gehorsamsexistenz, die im Kreuzestod gipfele, zeige sich die unbegreifliche Herablassung der absoluten göttlichen Liebe, auf die der Christ mit Hingabe antworte im glaubenden Einsatz des ganzen Lebens, der konkret werde in der Liebe zum Nächsten, eingebettet in die Gemeinschaft der Kirche.

Jesus als "Ausleger Gottes"

Eine Einführung in Grundfragen der Christologie und alternative Konzeptionen derselben geben die katholischen Theologen Arno Schilson und Walter Kasper. Aus dem evangelischen Bereich ist besonders der gelungene Versuch einer narrativen Darstellung des Lebens Jesu zu empfehlen, den der Heidelberger Neutestamentler Gerd Theißen unter dem Titel ›Der Schatten des Galiläers‹ (¹⁶2004) vorgelegt hat. Die klassische Übersicht über die ›Geschichte der Leben-Jesu-Forschung‹ (⁹1984) und die mit ihr zusammenhängenden Probleme hat bereits vor hundert Jahren Albert Schweitzer, der spätere Urwalddoktor, vorgelegt.

b) Mensch – Anthropologie

Auch der Mensch (griech.: *anthropos*) ist Thema der Theologie, denn nicht um Gott an und für sich, sondern um Gott in seiner Beziehung zum Menschen geht es ihr. Der Mensch wird mit seinen Stärken und Schwächen in den Blick genommen: wie er sein sollte und wie er ist. Die theologische Lehre vom Menschen (Anthropologie) versucht diesen im Lichte des biblischen Menschenbildes zu begreifen. Das Alte und das Neue Testament machen zahlreiche Aussagen über den Menschen. Er wird als Geschöpf Gottes begriffen, aber als eines, das eine hervorgehobene Stellung gegenüber der übrigen Schöpfung hat und Macht über sie besitzt. Gleichzeitig zeigt die Bibel den Menschen oder vielmehr einzelne, auserwählte Menschen als Partner und Werkzeuge Gottes. Der Mensch wird ferner als ein Wesen begriffen, das zur Gemeinschaft bestimmt ist und den Auftrag zur Fortpflanzung hat. Und nicht zuletzt: Der Mensch wird schwach und versuchbar dargestellt, als Opfer des Teufels, als Handlanger des Bösen.

Bezug zur Christologie

Alle diese Punkte verlangen nach Klärung und nach Beantwortung der Frage, ob und wie diese Aussagen heute noch aktuell sein können. Eine wichtige Querverbindung gibt es dabei zur Christologie. Jesus Christus wurde seit den Zeiten der frühen Christenheit nicht nur als „wahrer Gott" angesehen, sondern auch als „wahrer Mensch". Der Gedanke liegt nahe, in Jesus Christus den Menschen zu sehen, wie ihn Gott gewollt hat, also den idealen, den vorbildlichen Menschen. Alle anderen Menschen lassen sich dann als Brüder und Schwestern Christi begreifen, denen aufgetragen ist, ihm nachzufolgen, und die gerade in der Hinordnung auf Christus wahre Freiheit erfahren.

Ebenbild Gottes

Eine zentrale Fragestellung der Anthropologie ist die Gottebenbildlichkeit (lat.: *imago Dei*), mit der Gott den Menschen nach Gen 1,27 ausgestattet hat. Worin besteht sie? Ist es die Ausstattung des Menschen mit Vernunft und Willen? Ist es sein aufrechter Gang, der ihn von den Tieren unterscheidet, und sein Herrschaftsauftrag über die übrige Schöpfung? Die heutigen Ausleger meinen: Es ist die Existenz im Gegenüber zu Gott (lat.: *coram Deo*) und in Beziehung zu Gott insgesamt, die seine Erschaffung und Bestimmung zum Bilde Gottes ausmacht. Und da Gott ein Wesen der Liebe ist, besteht auch die Bestimmung des Menschen darin, ein Wesen der Liebe zu sein. Für viele Theologen der Geschichte gehörte zur Gottebenbildlichkeit auch die Unsterblichkeit. Diese ging dem Menschen jedoch durch den Sündenfall verloren. Durch Christus wurde sie wiederhergestellt. Adam und Christus sind die beiden zentralen biblischen Gestalten, mit denen sich die theologische Anthropologie zu beschäftigen hat.

Die Anthropologie führt in interessante, aber auch schwierige ethische Fragen der Gegenwart. Von unserem Menschenbild hängt es ab, was im Umgang mit Menschen erlaubt ist und was nicht, was wir zulassen und was nicht. Es geht um Eingriffe in Erbanlagen, das Klonen von Menschen, künstliche Befruchtung, Abtreibung und auch um die Frage der so genannten Euthanasie: Unter welchen Umständen ist es erlaubt oder sogar geboten, einen Menschen zu töten? Obwohl in einer pluralistischen Gesellschaft die christlichen Wertmaßstäbe nicht mehr zur Norm erhoben werden können, ist es für die theologische Anthropologie und die auf ihr aufbauende Ethik wichtig, solche Fragen zu klären, denn auch der einzelne Christ wird vor Entscheidungssituationen gestellt und muss wissen, wie er handeln soll oder was er zulassen kann. {.margin-note}ethische Fragen

Die theologische Anthropologie kann dabei nicht umhin, auch das Gespräch mit der philosophischen Anthropologie zu suchen und den Dialog mit den Humanwissenschaften, d. h. mit den aus der Biologie entstandenen wissenschaftlichen Disziplinen, die sich ebenfalls auf grundsätzliche Weise mit dem Menschen befassen. Dazu gehören die Paläo-Anthropologie (Wissenschaft von der Evolution des Menschen), die Humangenetik (Wissenschaft vom menschlichen Genom) und die Humanethologie (Wissenschaft vom menschlichen Verhalten). Auch eine Nähe zur Ethnologie (Wissenschaft von den schriftlosen außereuropäischen Kulturen) ist gegeben, denn ein heutiges Menschenbild kann nicht einseitig weiß und europäisch gefärbt sein. {.margin-note}Dialog mit den Humanwissenschaften

Als einführende Lektüre in die Anthropologie empfehlen sich zwei gleichzeitig erschienene Werke eines evangelischen und eines katholischen Theologen. 1983 veröffentlichte Wolfhart Pannenberg, der in München Systematische Theologie lehrte, seine ›Anthropologie in theologischer Perspektive‹, und Otto Hermann Pesch, der in Hamburg als Katholik am Fachbereich Evangelische Theologie Systematik und Kontroverstheologie vertrat, seine ›Theologische Anthropologie‹. Eine Besonderheit bei Pesch ist die konsequente Einbeziehung und positive Rezeption der Theologie Luthers und – damit zusammenhängend – die Entfaltung der Anthropologie als Freiheits- und Gnadenlehre. Der Haupttitel von Peschs Buch lautet: ›Frei sein aus Gnade‹.

c) Erlösung – Soteriologie

Der von der Sünde geplagte Mensch und die von der Sünde in Mitleidenschaft gezogene Schöpfung sehnen sich nach Befreiung – nach Erlösung (griech.: *soteria*). Der christliche Glaube bekennt, Jesus Christus habe diese Erlösung bereits gebracht, und die Theologie sucht dies in der Lehre von der Erlösung (Soteriologie) zu explizieren. Die zentrale Frage war und ist dabei: Was hat Gott getan, und was muss der Mensch – noch – tun, damit die Erlösung für den einzelnen Menschen Wirklichkeit wird? Die Kooperation von Gott und Mensch war eine in der Christentumsgeschichte immer wieder umstrittene Frage. Ist der Mensch ganz passiv, ein Empfangender, oder muss er aktiv handeln? Muss er fromme Taten und gute Werke vollbringen? Oder hat er einzig und allein das Erlösungsgeschenk Gottes, das Heil, im Glauben zu ergreifen?

reformatorische und katholische Soteriologie

Diese Fragen bildeten zu Beginn des 16. Jahrhunderts den Ausgangspunkt der Reformation. Der Erfurter, später Wittenberger Augustinermönch Martin Luther quälte sich mit diesem Problem, das er in die populäre Frage „Wie bekomme ich einen gnädigen Gott?" kleidete. Als Theologieprofessor entfaltete er infolge einer 1514 erfolgten exegetischen Entdeckung an Röm 1,17, die ihn Gottes Gerechtigkeit nicht als richtende, verurteilende und strafende, sondern als dem Menschen Gerechtigkeit schenkend verstehen ließ, eine neue Lehre von der Rechtfertigung. Der Begriff Rechtfertigung meint, dass aus einem Sünder ein vor Gott gerechter, rechtschaffener, guter, frommer, wohlgefälliger Mensch wird. Luthers Soteriologie lehrte, dass Gott aus Gnade rechtfertigt, nämlich von den Sünden frei spricht um Christi willen, und von Seiten des Menschen allein der Glaube notwendig sei, aber keinerlei gute Werke. Die mittelalterliche Theologie hatte zwar ebenfalls Gottes Gnade betont und an den Anfang gestellt, aber vom Menschen doch zugleich – nach seinen jeweiligen Kräften – gute Taten verlangt. Die katholische Theologie der Neuzeit blieb dieser Grundposition, die Gott und Mensch als Kooperationspartner sieht, treu. Lutherische Theologen widersetzten sich aber dem Gedanken, der Mensch müsse und könne bei der Erlangung seines eigenen Heils mitwirken, und sprachen verächtlich vom Synergismus (griech.: *synergein* = mitwirken). Allerdings gab es auch im evangelischen Lager immer wieder Denker, die sich der katholischen Lehre annäherten und die Notwendigkeit guter Werke, ja sogar ihre Heilsnotwendigkeit, einschärften.

In den achtziger und neunziger Jahren des vergangenen Jahrhunderts haben evangelische und katholische Theologen in harter Kommissionsarbeit das Problem der Rechtfertigungslehre diskutiert und schließlich 1997 eine Konsenserklärung vorgelegt, die Übereinstimmung in wesentlichen Fragen behauptete. Während in den Kirchen diese ›Gemeinsame Erklärung zur Rechtfertigungslehre‹ teilweise als bedeutender Fortschritt der Ökumene gewertet wurde, erhob sich unter evangelischen Theologieprofessoren ein großer Proteststurm. Gegen die Konsenserklärung wurde eingewandt, dass sie in zentralen Fragen unklar sei und elementare evangelische Positionen aufgebe. Trotz dieser Proteste wurde die Erklärung unter Beifügung einer erläuternden ›Gemeinsamen Offiziellen Feststellung‹ im Jahre 1999 von Vertretern beider Kirchen formell unterzeichnet. In der

›Gemeinsame Erklärung zur Rechtfertigungslehre‹

Rechtfertigung geht es nach dieser Erklärung um die Sündenvergebung, um die Befreiung von der Macht der Sünde und des Todes und um die Aufnahme in die Gemeinschaft mit Gott. Die Rechtfertigung erfolge „allein aus Gnade und im Glauben an die Heilstat Christi", nicht aufgrund eines Verdienstes. Mit der Rechtfertigung einher gehe der Empfang des Heiligen Geistes, der die Herzen erneuere und die Glaubenden zu guten Werken befähige und aufrufe. Die Gerechtfertigten lebten aus dem Glauben, der in der Liebe wirksam sei, und erbrächten Früchte des Geistes. Katholische und evangelische Theologie betonen also gleichermaßen, dass der Mensch seine Rechtfertigung und Erlösung letztlich der Gnade Gottes verdankt. Statt von der Soteriologie spricht man deshalb in der katholischen Dogmatik auch gern von der Gnadenlehre.

> Rechtfertigung „allein aus Gnade"

Es gibt eine ›Einführung in die Lehre von Gnade und Rechtfertigung‹ (³1994), gemeinsam verfasst von Otto Hermann Pesch und Albrecht Peters, einem katholischen und einem evangelischen Theologen. Über den Streit um die Konsenserklärung zur Rechtfertigung informiert, allerdings einseitig aus evangelischer Perspektive, das im Dezember 1998 erschienene 10. Beiheft der ›Zeitschrift für Theologie und Kirche‹.

d) Geist – Pneumatologie

Der Geist (griech.: *pneuma*) spielt in der abendländischen Theologie traditionell eine vergleichsweise geringe Rolle. Im Zentrum der christlichen Frömmigkeit und der theologischen Reflexion stehen im Katholizismus wie im Protestantismus Gott und Jesus Christus. In der akademischen Theologie wie in der kirchlichen Frömmigkeitspraxis war und ist der Heilige Geist zweitrangig. Es gibt kaum Bücher über die Lehre vom Heiligen Geist (Pneumatologie), und nur selten wird er angebetet und angerufen. Ganz anders ist das im östlichen Christentum. Eine damit vergleichbare größere Stellung gewinnt er gegenwärtig als Folge der Zunahme von Pfingstgemeinden und charismatischen Bewegungen auch in der abendländischen christlichen Frömmigkeit, was sich bald auf die Theologie auswirken dürfte. Schon oft in der Geschichte der Theologie wirkten Frömmigkeitsbewegungen anregend und verändernd auf das theologische Denken.

> der Heilige Geist in Theologie und Frömmigkeit

Bereits das Alte Testament redet vom göttlichen Geist. Er war an der Schöpfung beteiligt, er wurde mit der göttlichen Weisheit identifiziert und er sollte am Ende der Zeiten den Menschen verliehen werden. Im Neuen Testament nimmt der Geist die Züge eines eigenständigen göttlichen Wesens an, Züge einer selbstständigen göttlichen Kraft. Trinitarische, neben Vater und Sohn auch den Geist einbeziehende Formeln begegnen uns im Neuen Testament im Zusammenhang mit der Taufe. Getauft wird „auf den Namen des Vaters und des Sohnes und des Heiligen Geistes" (Mt 28,19). Eine theologische Reflexion über den Heiligen Geist als göttliche „Person" neben Vater und Sohn beginnt im 4. Jahrhundert als Folge des zunächst wegen der Stellung des Sohnes zum Vater geführten trinitarischen Streits. Den drei verschiedenen und doch gleichrangigen und „wesensgleichen" – wie 325 und 381 durch Konzilien in Nizäa und Konstantinopel verbindlich definiert wurde – göttlichen Personen wurden verschiedene göttliche

> Bibel und Bekenntnisse

Werke zugeordnet: dem Vater die Schöpfung, dem Sohn die Erlösung. Vom Heiligen Geist wird gesagt, dass er lebendig macht, Hoffnung weckt und die Kirche sammelt. Streit entstand später zwischen den westlichen und den östlichen Kirchen wegen der Frage, ob der Geist vom Vater ausgehe oder gemeinsam vom Vater „und vom Sohn" (lat.: *filioque*). Die erstere Position wurde und wird bis heute von den östlichen Kirchen vertreten, während sich im Abendland die zweite Position und damit die konsequentere, strengere Trinitätslehre durchsetzte.

Das Wort Geist ist im Deutschen maskulin (der Geist), im Griechischen aber ein Neutrum (das *pneuma*) und im Hebräischen ein Femininum (die *ruach*). Der Heilige Geist kann daher als weibliches Element der Gottheit angesehen werden. Gedanken über die Weiblichkeit des Geistes, über „die Geistin", machten sich einzelne Theologen – z. B. der Pietist Zinzendorf – und Theologinnen – z. B. die Pietistin Petersen – schon in der Frühen Neuzeit. In der zweiten Hälfte des 20. Jahrhunderts wurde die Weiblichkeit des Geistes für die feministische Theologie (s. u. S. 98–100) interessant. Eine Geistin als Gott, gleichrangig neben Vater und Sohn, würde das Gottesbild und die Gottesanrede aus einseitig maskulinen Kategorien lösen. Auch an-

Spiritualisten und
Charismatiker dere interessieren sich in besonderer Weise für den Geist: Spiritualisten (lat.: *spiritus* = Geist) und Charismatiker (griech.: charisma = *Gnadengabe*) glauben an unmittelbare Erfahrungsmöglichkeiten des göttlichen Geistes und halten Eingebungen des Geistes für möglich, die ihre Grundlage nicht im Wort der Heiligen Schrift haben. Mehrheitlich wurde und wird von Theologen allerdings die Position vertreten, dass Offenbarungen und Wirkungen des Geistes – um menschliche Willkür zu vermeiden – immer an der Heiligen Schrift gemessen und beurteilt werden müssen.

Die Pneumatologie wird nur selten in Lehrveranstaltungen behandelt. Eine ausformulierte Theologie des Heiligen Geistes hat unter den evangelischen Theologen in der jüngeren Zeit der Heidelberger Systematiker Michael Welker vorgelegt (›Gottes Geist‹, [2]1993). Von katholischer Seite hat der Tübinger Dogmatikprofessor Bernd Jochen Hilberath eine ›Pneumatologie‹ (1994) veröffentlicht, und als Standardwerk gilt Yves Congars Buch ›Der Heilige Geist‹ ([3]1991).

e) Kirche – Ekklesiologie

Glaube und
Gemeinschaft Der christliche Glaube drängt zur Gemeinschaft. Glaube und Gemeinde sind im Neuen Testament gleichermaßen ursprünglich. Jesus hat seine Kirche auf die Apostel als einem Kollegium gegründet. Er hat Einzelne berufen, aber in die Gemeinschaft gestellt. Der Glaube begründet die Gemeinschaft, und die Gemeinschaft ist von Anfang an dessen Träger. Von wenigen Ausnahmen abgesehen, haben Christen später immer danach getrachtet, unter anderen Christen zu leben, sich über ihren Glauben auszutauschen und gemeinsam Gott zu bekennen und zu bezeugen. Die christliche Gemeinschaft, die Kirche (griech.: *ekklesia*), ist folglich auch ein Gegenstand theologischer Reflexion. Der Begriff Kirche wird heute in der Umgangssprache unterschiedlich verwendet: Wir gebrauchen ihn für das Kirchengebäude, wir gebrauchen ihn für die soziale, rechtlich verfasste

Institution, wir gebrauchen ihn als Synonym für Gottesdienst. Die Lehre von der Kirche (Ekklesiologie) behandelt u. a. folgende Fragen: Wie entsteht Kirche – als Zusammenschluss von Glaubenden oder als Stiftung Gottes? Wer ist der Herr der Kirche – ein menschlicher Amtsträger oder der göttliche Christus selbst? Welche Ämter gibt es in der Kirche? Stehen sie Männern und Frauen oder – teilweise – nur Männern offen? Gehören zur Kirche nur Menschen, die wirklich glauben, oder ist die Kirche eine „gemischte Gesellschaft" (lat.: *corpus permixtum*) von Frommen und Gottlosen, Guten und Bösen, Heiligen und Sündern? Gibt es auch außerhalb der Kirche Menschen, die glauben oder von Gott erwählt sind? Woran kann man eine christliche Kirche erkennen? Braucht sie Kultgebäude und Rituale, oder ist sie letztlich eine unsichtbare Größe? Welche Bedeutung hat die Predigt, und welche Bedeutung haben die Sakramente?

Traditionell begreift die Theologie die Kirche als Geschöpf des Geistes und als Leib Christi. Beides geht auf das Neue Testament zurück. Aus dem Alten Testament stammt der Juden und Christen verbindende Begriff „Volk Gottes". Das Bild vom Leib Christi (1. Kor 12) ist dazu geeignet, Gemeinsamkeiten und Unterschiede unter den Christen zu beschreiben. Alle Christen sind Glieder am Leib Christi, aber sie haben verschiedene Funktionen und Aufgaben. Sie dienen sich gegenseitig, und gemeinsam wirken sie nach außen. In und durch die Kirche ist Christus heute präsent, wird sein Werk fortgesetzt. Zu den Aufgaben der Kirche gehören die Diakonie (der Dienst am Nächsten) und die Mission (die Sendung in die Welt). Während Ersteres ein auch heute unbestrittener Auftrag ist, ist das Verständnis der Mission in der Theologie der Gegenwart stark umkämpft. Vielfach wird die klassische Mission, das heißt das Vorhaben, Nichtchristen zu Christen zu machen, abgelehnt bzw. durch die Leitgedanken der Kooperation und des Dialogs inhaltlich neu gefüllt. *(Randnotiz: Leib Christi, Volk Gottes)*

Kirche hat in unserer Gegenwart auf unterschiedliche Weise Gestalt. Es gibt die römisch-katholische Weltkirche mit dem Papst an der Spitze, es gibt die Vielzahl evangelischer Einzelkirchen, die nur locker miteinander verbunden sind, und es gibt weitere konfessionelle Kirchentümer. Es gibt den Ökumenischen Rat der Kirchen mit Sitz in Genf, in dem fast alle Kirchen miteinander kooperieren, der aber als solcher keine Kirche darstellt. Kirche begegnet uns ferner in konkreten örtlichen Gemeinden, geleitet von Pfarrern, sie begegnet uns in der Form von Hauskreisen, in denen sich Christinnen und Christen innerhalb ihrer Ortsgemeinde zu kleinen Gemeinschaften versammeln, sie begegnet uns in der Form von bunten und fröhlichen Kirchentagen. Es gibt Staatskirchen, Volkskirchen und Freikirchen, und in manchen Ländern unterdrückte oder sogar verfolgte Minderheitenkirchen. Die katholische Kirche in Deutschland, Österreich und der Schweiz untergliedert sich in Bistümer, auch Diözesen (griech.: *dioikesis* = Verwaltung) genannt. Die evangelische Kirche besteht aus zahlreichen Landes- und Freikirchen. In den evangelischen Kirchen gibt es teilweise auch Bischöfe („Landesbischöfe"), aber keine Bistümer. *(Randnotiz: kirchliche Vielfalt)*

Die Ekklesiologie thematisiert auch die Einheit der Kirche, also Fragen der Ökumene. Was sind Voraussetzungen der Einheit, und wie kann sie konkret gestaltet werden? Bei der Ekklesiologie sind die Unterschiede zwischen den evangelischen Kirchen und der römisch-katholischen immer *(Randnotiz: Einheit der Kirche?)*

noch groß. Deshalb gibt es, obwohl dies viele Christinnen und Christen sich wünschen, noch keine offiziellen gemeinsamen Abendmahlsfeiern beider Kirchen. Unterschiedlich ist schon das jeweilige Selbstverständnis der Kirchen: Die katholische Kirche versteht sich als Verwirklichung der Kirche Jesu Christi, der „einen, heiligen, katholischen und apostolischen Kirche" wie es im Glaubensbekenntnis heißt. Die Einheit dieser Kirche findet ihren Ausdruck in der Gemeinschaft der Bischöfe mit dem Papst. Wo diese fehlt, spricht die katholische Kirche von unvollkommener Gemeinschaft und wünscht sich, diese vollständig wiederherstellen zu können. In den evangelischen Kirchen gilt dagegen die Vormachtstellung (der Primat; lat.: *primus* = der Erste) des Papstes als nicht evangeliumsgemäß und die universale Einheit der Kirche als im gemeinsamen Glauben auf unsichtbare Weise gegeben. Im Protestantismus herrscht heute ein pluralistisches Kirchenverständnis. Die Auffassung, dass die eigene Konfessionskirche bzw. ihre Lehre wahrer und gültiger Ausdruck der einen Kirche sei, bestimmt freilich das Selbstverständnis aller Kirchen und ihrer Theologen.

Sukzession
In den evangelischen Kirchen werden viele Dinge für unwichtig gehalten, die in der katholischen Kirche wesentlich sind, z. B. die so genannte apostolische Sukzession. Ein katholischer Bischof weiß sich in der Nachfolge (lat.: *successio*) der Apostel. Bei seiner Weihe zum Bischof erfolgte eine Handauflegung durch andere Bischöfe. Ein körperlich vermittelter Kontakt, Symbol für geistige Kontinuität, verbindet den Bischof mit der großen Schar seiner Vorgänger, und die Linie lässt sich – theoretisch zumindest – zurückverfolgen bis zur ersten Generation der Christen. Diese Sukzession wurde in den meisten reformatorischen Kirchen unterbrochen, weil bei ihnen Bischöfe, wenn es überhaupt welche gab, willkürlich durch weltliche Obrigkeiten berufen und eingesetzt wurden. Ein evangelischer Bischof in Deutschland oder Österreich steht also nicht in der apostolischen Sukzession.

19. Jahrhundert
Die Kirche war ein großes Thema des 19. Jahrhunderts, und zwar im Protestantismus ebenso wie im Katholizismus, allerdings auf je unterschiedliche Weise. Im evangelischen Bereich gab es damals Verfassungsreformen, die den evangelischen Staatskirchen erstmals größere Selbstständigkeit und Freiheit gaben und das Mitwirken von Pfarrerschaft und Gemeindegliedern bei der Leitung ermöglichten. Zwischen lutherischen und reformierten Kirchen wurden Unionen geschlossen, die es erstmals ermöglichten, dass die beiden getrennten evangelischen Konfessionen gemeinsam das Abendmahl feierten. In der Schweiz wurde sogar die Bekenntnisbindung der evangelischen Kirchen aufgehoben. Die katholische Kirche dagegen hat seit dem Mittelalter
Papsttum
die Position des Papstes kontinuierlich ausgebaut und seine Macht gesteigert. 1870 wurde vom Konzil dem Amt des Papstes (*ex cathedra*) die Fähigkeit zugesprochen, in Zweifelsfragen der Glaubens- und Sittenlehre unfehlbare Lehraussagen zu treffen (Infallibilität). In so genannten Kulturkämpfen wurde die katholische Kirche in heftige Konflikte mit protestantischen Regierungen verwickelt. Heftig diskutiert und umstritten war auch das Problem der zunehmenden Mischehen. Der Eheschluss zwischen evangelischen und katholischen Christen wurde in beiden Konfessionen nicht gern gesehen, und die katholische Kirche versuchte in diesen Fällen mit aller Kraft, wenigstens die katholische Taufe und Erziehung der Kinder durchzusetzen.

Fragen der Ekklesiologie werden auch in der Gegenwart in Theologie und kirchlich gebundener Öffentlichkeit lebhaft diskutiert. Es gibt zahlreiche Veröffentlichungen zu diesen Themen. Der Tübinger Systematiker Jürgen Moltmann hat unter dem Titel ›Kirche in der Kraft des Geistes‹ (²1989) eine moderne Ekklesiologie verfasst. Unter praktisch-theologischen Aspekten und mit Mut machendem Blick in die Zukunft stellt der Baseler Theologe Albrecht Grözinger die provozierende Frage: ›Die Kirche – ist sie noch zu retten?‹ (³2000). In der Reihe der zahlreichen katholischen Veröffentlichungen zum Thema ragen die Bücher von Medard Kehl (1992, ⁴2001) und Hans Küng (1967, Nachdr. 2004) hervor. Beide tragen den Titel ›Die Kirche‹.

f) Zukunft – Eschatologie

Die Theologie beschäftigt sich auch mit den „letzten Dingen" (griech.: *eschata*), mit dem Tod des Einzelnen und dem, was danach folgt oder folgen könnte (personale Eschatologie), und mit der Zukunft der Welt (weltgeschichtliche und kosmische Eschatologie). In der Eschatologie, der Lehre von den Letzten Dingen (gesprochen: Es'chatologie) geht es nicht um das Ende, sondern um die Vollendung. Hierbei stellen sich folgende Fragen: Geschieht die Vollendung erst in der Zukunft oder bereits in der Gegenwart? Ist sie eine Sache des Jenseits oder des Diesseits? Gilt sie nur dem Einzelnen oder auch der Welt? Wichtige Stichworte in diesem Zusammenhang sind: Tod, Auferstehung, Tausendjähriges Reich (Millennium, Chiliasmus), Wiederkehr Christi (Parusie), Weltende, Gericht, ewiges Leben, Seligkeit, Verdammnis.

Lehre von den Letzten Dingen

Die Hoffnung auf eine Existenz jenseits des Todes wird in unterschiedlichen Religionen unterschiedlich beschrieben. Verbreitet sind die Vorstellungen einer Wiedergeburt (Reinkarnation) oder eines Weiterlebens der Seele, entweder unsichtbar im Diesseits oder in einer jenseitigen Wirklichkeit. Viele Menschen der Gegenwart gehen davon aus, dass mit dem Tod einfach alles aus ist. Für den christlichen Glauben aber ist der Gedanke wesentlich, dass dem nicht so ist. Ähnlich wie viele Menschen das Danach als ein Weiterleben in den Gedanken ihrer Angehörigen und Freunde zu begreifen suchen, so fasst es die Theologie als ein Weiterleben in den Gedanken Gottes. Aufgrund der Schöpferkraft des ewigen, unsterblichen Gottes gibt es eine Zukunft des Einzelnen jenseits des Todes. Mit dem Leib stirbt auch die Seele. Der verbreitete und populäre Gedanke einer Unsterblichkeit der Seele, der die Kontinuität zwischen dem Diesseits und dem Jenseits anschaulich macht, entspricht nicht der biblischen Tradition. Der ganze Mensch stirbt und der ganze Mensch wird auferweckt. Ein Beispiel dafür ist Jesus Christus selbst, den die Bibel deswegen als den Ersten der Auferstandenen bezeichnet (1. Kor 15,20). Mit einem himmlischen Leib und einer himmlischen Seele ausgestattet lebt auch der auferstandene Mensch auf neue, andere Weise in der Wirklichkeit Gottes. Doch zuvor kommt es zum Gericht. Der Gerichtsgedanke ist biblisch-theologisch unaufgebbar. Jeder Mensch muss noch einmal seinen Taten, vor allem seinen Untaten, auch den unbewusst begangenen, ins Auge sehen. Der Böse darf

menschliche Existenz jenseits des Todes

nicht endgültig über den Guten triumphieren, sondern Gottes Gerechtigkeit verlangt, dass er bestraft wird. Diese Strafe kann man sich unterschiedlich vorstellen, nicht nur in den traditionellen Bildern des Brennens im Feuer oder des Ertrinkens im Wasser. Die Strafe könnte auch darin bestehen, dass der Mensch angesichts seiner Verbrechen beschämt vor Gott steht und schmerzerfüllt bereut, was er getan und wie er Gott missachtet hat.

Zukunft für die Welt: Reich Gottes

Der christliche Glaube rechnet mit einer positiven Zukunft auch für die Welt. Im Neuen Testament ist vom Reich Gottes die Rede, und im Alten Testament wird von den Propheten das Bild einer neuen Welt gezeichnet, in der Frieden und Gerechtigkeit herrschen. Die Auslegung dieser Stellen ist freilich strittig. Man kann das Reich Gottes mit der Kirche identifizieren oder als geistliche und innerliche Größe interpretieren: Jeder Mensch, der an Christus glaubt, lebt dann im Reich Gottes. Schon die Bibel zeigt die Möglichkeit, mit Zukunftsaussagen umzugehen, ohne sie real auf die Zukunft zu beziehen. Das Johannesevangelium kennt eine so genannte präsentische Eschatologie: Die Zukunftshoffnungen sind bereits erfüllt, haben sich bereits realisiert; wenn von der Zukunft geredet wird, ist in Wirklichkeit eine andere Existenzform hier und heute gemeint.

Man kann unter dem Reich Gottes auch einen jenseitigen, außerweltlichen Zustand verstehen: Das Reich Gottes ist dann die himmlische Seligkeit in ewiger Gottesgemeinschaft, jenseits der Todesgrenze. Viele protestantische Theologen des 18. und des 19. Jahrhunderts und bestimmte theologische Richtungen der Gegenwart wie die Befreiungstheologie (s. u. S. 96–98) interpretieren das Reich Gottes jedoch als eine zukünftig-innerweltliche Größe, als einen neuen Zustand, den Welt und Menschheit nach Gottes Willen erreichen soll und wird. Geschichtlich betrachtet hat die innerweltliche Reich-Gottes-Erwartung in der Christenheit Handlungsimpulse freigesetzt zugunsten der Armen und Bedrängten und zugunsten der Schöpfung. Selbst das Aufkommen des Tierschutzgedankens im 19. Jahrhundert und die Entstehung einer Tierschutzbewegung sind mit dieser Reich-Gottes-Idee verknüpft.

Zukunfts-vergessenheit

Die Zukunftsthematik hat die Theologie zu unterschiedlichen Zeiten unterschiedlich stark beschäftigt. In der Gegenwart findet eschatologisches Gedankengut geringe Resonanz. Dies entspricht dem geringen Widerhall, den säkulare Visionen und Utopien in der Gegenwart haben. Selten gibt heute ein Dogmatiker seiner Theologie einen ausgesprochen eschatologischen Anstrich. Zukunftsvergessenheit ist ein beherrschendes mentales Phänomen der Postmoderne und letztlich wohl Folge einer alle anderen Perspektiven verdrängenden Diesseits- und Konsumorientierung.

Einen Überblick über eschatologisches Denken im evangelischen Bereich, bei den Reformatoren des 16. und großen Theologen des 20. Jahrhunderts, gibt Friedrich Beißer und behandelt gleichzeitig Hauptfragen einer gegenwärtigen Eschatologie (›Hoffnung und Vollendung‹, 1993). Unter den katholischen Dogmatikern hat sich Medard Kehl mit Zukunftsfragen beschäftigt (›Und was kommt nach dem Ende?‹, 42002).

4. Evangelische und katholische Theologie

Theologie gibt es nur in konfessioneller (lat.: *confessio* = Bekenntnis) Prägung. Jede Theologie steht in Verbindung mit einer bestimmten Kirche oder zumindest in einer mit einer Kirche mehr oder weniger eng verbundenen theologischen Tradition. Auch Fakultäten, die keine ausdrückliche Konfessionsbezeichnung im Namen tragen (z. B. die Theologische Fakultät der Universität Basel), sind faktisch konfessionell gebunden oder zumindest geprägt. In den deutschsprachigen Ländern stehen zwei konfessionelle Prägungen im Vordergrund: die evangelische und die katholische. Es existieren jedoch so viele konfessionelle Varianten der Theologie, wie es Kirchen gibt. Dies folgt auch aus dem Verständnis der Theologie als Funktion der Kirche, sofern man einen empirischen und nicht einen dogmatischen Begriff von Kirche anwendet.

konfessionelle Prägungen

a) Evangelische, katholische und andere Christen

Mit den Begriffen evangelisch und katholisch werden heute im allgemeinen Sprachgebrauch die beiden großen Konfessionen bezeichnet und unterschieden. Der Begriffsgebrauch ist jedoch nicht so unkompliziert, wie es auf den ersten Blick erscheint. Für Studienanfängerinnen und -anfänger sogar oftmals verwirrend ist der Umgang mit weiteren konfessionellen Termini.

Begriffe

Das Problem beginnt damit, dass die evangelischen Kirchen eigentlich – früher deutlicher als heute – ebenfalls den Anspruch erheben, „katholisch" zu sein. Und umgekehrt will auch die katholische Kirche „evangelisch" sein. Das Adjektiv „evangelisch" meint ja nichts anderes als die grundlegende Ausrichtung am Evangelium, also an Jesus Christus, seiner Botschaft und seiner Person, und am Neuen Testament. „Katholisch" bedeutet so viel wie „allgemein" oder „universal", und jede Kirche, die sich nicht dezidiert als Sekte, d. h. als kleine Gruppe Auserwählter, versteht, erhebt selbstverständlich den Anspruch auf Katholizität. Dennoch sind „evangelisch" und „katholisch" seit dem 19. Jahrhundert entgegen ihrer eigentlichen inhaltlichen Füllung zu Konfessionsbezeichnungen geworden.

evangelisch

katholisch

Für evangelische Kirchen sind ferner die Bezeichnungen „reformiert", „calvinistisch", „lutherisch" und „protestantisch" gebräuchlich. Auch sie sind nicht eindeutig und bedürfen der Erläuterung. „Reformiert" bedeutet in der Schweiz so viel wie „evangelisch" und wird an dessen Stelle gebraucht. In Deutschland jedoch spricht man von „reformierten" Gemeinden oder Kirchen mit Blick auf evangelische Kirchen, die nicht in der Tradition des Luthertums stehen, sondern z. B. den Heidelberger Katechismus von 1563 als Bekenntnisgrundlage haben. „Calvinistisch" war ursprünglich eine von Lutheranern gebrauchtes Schimpfwort, gerichtet gegen die Genfer Reformation. Heute wird der Begriff – ohne negative Konnotation – weltweit für Kirchen verwendet, die sich auf Calvin berufen und ein von seiner Theologie geprägtes Bekenntnis als Grundlage haben. Als „lutherisch" bezeichnen sich evangelische Kirchen, die sich exklusiv auf Luther und der lutherischen Reformation entstammende Bekenntnisse beziehen. Der Be-

reformiert

calvinistisch

lutherisch

griff, der ebenfalls im polemischen Sinn schon im frühen 16. Jahrhundert gebraucht wurde, setzte sich im 19. Jahrhundert durch, um eine Position zu markieren, die sich von den aus lutherischen und reformierten Gemeinden bestehenden Unionskirchen abgrenzte. Seit dem 19. Jahrhundert ist

protestantisch ferner der Begriff „protestantisch" als Bezeichnung für evangelische Kirchen weit verbreitet. Das Wort ist bereits in der Reformationszeit von Katholiken als Schimpfwort gegen die Evangelischen gebraucht worden. Es geht zurück auf einen Protest, den im Jahre 1529 auf dem Speyrer Reichstag evangelische Reichsstände gegen die Politik des Kaisers und der katholischen Stände erhoben, welche die Rücknahme reformatorischer Erneuerungen angeordnet hatten. Seit dem 19. Jahrhundert entsprach es dem Selbstverständnis moderner, liberaler evangelischer Kreise, „protestantisch" zu sein. Man identifizierte sich plötzlich mit einem früheren Schimpfwort, ein in der Geschichte häufig anzutreffender Vorgang.

katholisch Die katholische Kirche wird von Evangelischen häufig als „römisch-katholisch" bezeichnet. Damit wird ihr Anspruch auf „Katholizität" relativiert und ihre Bindung an den Papst herausgestellt. Mit „Rom" ist der Papst ge-

römisch meint, und „römisch" ist somit ein Synonym für „päpstlich". Trotz seines polemischen Hintergrunds hat sich „römisch-katholisch" als Konfessionsbezeichnung etabliert und wird von Protestanten und von Konfessionskundlern heute ohne diffamierenden Unterton gebraucht. Angehörige der katholischen Kirche verwenden den Begriff jedoch nur selten. Aus ihrer Perspektive ist „römisch-katholisch" nicht als Kirchen- oder Konfessions-, sondern nur als Ritusbezeichnung sinnvoll; es gibt einen römisch-katholischen Ritus neben einem – beispielsweise – byzantinisch-katholischen Ritus.

In der Reformationszeit, als sich die Wege trennten, war eine andere Begrifflichkeit im Gebrauch als heute. Die Katholiken bezeichneten die Anhängerinnen und Anhänger der Reformation als „neue Christen" oder „Neugläubige", als Vertreterinnen und Vertreter eines neuen Glaubens. Das klingt heute positiv, war aber damals ein Vorwurf, der die Evangelischen im Grunde als Ketzer brandmarkte, denn Neuerungen anzustreben war nicht opportun. Die Evangelischen wollten gemäß ihrem Selbstverständnis auch gar keine neuen Dinge schaffen, sondern zum wahren Alten zurückkehren.

alt- und neugläubig Als Gegenbegriff zu „neugläubig" kam der Begriff „altgläubig" auf und wird in der heutigen Historiografie gebraucht, um die Position der Katholiken im 16. Jahrhundert zu kennzeichnen. Im gegenwärtigen Sprachempfinden hat der Begriff eine negative Konnotation, aber er wird in der theologischen Arbeit wertneutral gebraucht. Für die Menschen des 16. Jahrhunderts war es etwas durch und durch Positives, den „alten Glauben" zu repräsentieren.

orthodox Verwirrend ist auch der Gebrauch des Begriffes „orthodox". Er meint eigentlich so viel wie „rechtgläubig" (griech.: *orthos* = richtig, griech.: *doxa* = Meinung). Den Anspruch, die richtige Meinung zu haben, also den rechten, wahren Glauben zu vertreten, erheben im Prinzip alle Kirchen. Der Gegenbegriff zu „Orthodoxie" ist „Heterodoxie" (griech.: *heteros* = anders) oder zu deutsch „Ketzerei", „Irrlehre". Als Konfessions- oder Richtungsbezeichnung wird der Begriff Orthodoxie heute für Kirchen Osteuropas, Russlands und des Orients gebraucht, die seit dem frühen Mittelalter, teilweise bereits seit der Spätantike eine vom Abendland getrennte Entwicklung genommen haben. Diese Kirchen beanspruchen Orthodoxie allerdings weniger im dogmatischen als im liturgischen Sinn. Ihr Anliegen ist es, in der „Göttlichen Liturgie", wie sie die Eucharistiefeier (Abendmahl) nennen, die alte, rechte Weise der Gottesverehrung zu bewahren. Man spricht ferner auch innerhalb des Protestantismus von „Orthodoxie" mit Blick auf die Theologie des späten 16. und des 17. Jahrhunderts (s. o. S. 22).

b) Ursachen der Trennung und Wege zum Miteinander

Die Aufspaltung der universitären Theologie war eine Konsequenz der kirchlichen Spaltung und somit eine automatische Folge der Reformation des 16. Jahrhunderts. Obwohl Luther, Zwingli, Calvin und die anderen Reformatoren keine Spaltung intendierten, sondern die ganze Kirche durch die Rückorientierung an den Grundlagen und Ursprüngen erneuern wollten, führte ihr Wirken zur Trennung, da sich nicht alle politischen Obrigkeiten ihren Reformvorstellungen anschlossen. Die Reformation siegte, wo die Regierungen sich für die Reformation entschieden, und die an Rom orientierte Kirche blieb erhalten, wo die Fürsten und Magistrate es so wollten. Nur vereinzelt, insbesondere in der Schweiz, hatten die einzelnen Gemeinden infolge althergebrachter dörflicher Freiheiten das Recht, sich für oder gegen die Reformation zu entscheiden.

Gegeneinander der Konfessionen

Die Universitäten in reformatorisch umgeprägten Territorien, z. B. in Württemberg, lehrten fortan evangelische Theologie. Die Professoren wurden förmlich auf die Bekenntnisse der Reformation verpflichtet. In den altgläubigen Staaten und Städten, z. B. in Bayern, wurde katholische Theologie gelehrt. Alles war streng getrennt. Nur in Erfurt, einer teilweise evangelischen Stadt unter katholischer Regentschaft, gab es im 17. Jahrhundert zeitweise evangelische und katholische Theologieprofessoren gleichzeitig. Die durch strikte Trennung geprägten Verhältnisse änderten sich in Deutschland im 19. Jahrhundert, als infolge der territorialen Umstrukturierungen und der damit einhergehenden Bevölkerungsdurchmischung fast alle Einzelstaaten einen paritätischen Charakter bekamen und deswegen neben evangelischen auch katholische Fakultäten einrichten mussten und umgekehrt. Aus diesem Grunde gibt es heute Universitäten mit einer katholischen und einer evangelischen Fakultät (z. B. Münster und Tübingen). An eine überkonfessionelle Einheitsfakultät für Theologie war und ist aufgrund des Getrenntseins der Kirchen nicht zu denken. Evangelische und katholische Fakultäten kooperieren heute in einem begrenzten Maß. Ein Nebeneinander herrscht vor, nur selten und nur punktuell kommt es zu einem wirklichen Miteinander. Aber die Zeit des Gegeneinanders, des Konfessionalismus, scheint im Zuge der Ökumenischen Bewegung endgültig überwunden zu sein.

Nebeneinander der Konfessionen

Miteinander der Konfessionen

Die strenge äußerliche Trennung hatte nie zur Konsequenz, dass evangelische und katholische Theologen einander ignorierten. Im Gegenteil: Man hat die andere Seite wahrgenommen, beobachtet, und hin und wieder fühlte man sich von der anderen Konfession herausgefordert. Es kam zu literarischen Auseinandersetzungen zwischen Theologen beider Konfessionen, und sogar dazu, dass sich die beiden Theologien gegenseitig angeregt und befruchtet haben. Grundlegend geändert haben sich die Beziehungen im 19. Jahrhundert als Folge der Aufklärung. Schon der Pietismus hatte im evangelischen Bereich dazu geführt, dass die „wahre Lehre" in Abgrenzung von anderen Kirchen nicht mehr so stark betont wurde wie zuvor. Für die moderne, wissenschaftliche Theologie, die sich nach Anfängen im 18. Jahrhundert im 19. herausbildete und allmählich durchsetzte, wurden in weiten Bereichen ihres Forschens, insbesondere in der Biblischen und Historischen Theologie, konfessionelle Bindungen obsolet.

c) Gemeinsamkeiten und Unterschiede

dieselben wissenschaftlichen Methoden

Katholische und evangelische Theologinnen und Theologen bedienen sich derselben wissenschaftlichen Methoden. In weiten Arbeitsfeldern gibt es keine Unterschiede mehr. Dies gilt insbesondere für die biblischen Fächer. Alt- und neutestamentliche Exegesen katholischer Provenienz unterscheiden sich nicht von evangelischen. Allenfalls in thematischen Schwerpunktsetzungen der Forschung mag es Unterschiede geben. Für die evangelische Theologie war und ist der Römerbrief von hervorgehobener Bedeutung und wird aus dogmatischen, nicht exegetischen Gründen geradezu als Schlüssel zum ganzen Neuen Testament angesehen. In der katholischen Theologie stoßen andere neutestamentliche Briefe, die relativ spät entstandenen Pastoralbriefe, auf größeres Interesse als in der evangelischen, weil sie Fragen der kirchlichen Ordnung reflektieren, die für die katholische Kirche wichtig sind. Im alttestamentlichen Forschungsbereich spielt am Rande eine Rolle, dass das katholische Alte Testament größer ist als das evangelische. Die katholische Tradition rechnet auch Bücher zur Heiligen Schrift, die in der hebräischen Bibel nicht enthalten sind, und bezeichnet diese als „deutero-kanonisch", also als anerkannte Schriften zweiten Rangs (griech.: *kanon* = Norm, griech.: *deuteros* = zweiter). In den evangelischen Kirchen werden diese Schriften „Apokryphen", d.h. „verborgene" (griech.: *apokryphos* = verborgen), in der Kirche nicht öffentlich benutzte Schriften, genannt und erscheinen im Bibeldruck, wenn überhaupt, nur als Anhang, von den übrigen Schriften klar geschieden. Konkret handelt es sich um die Makkabäerbücher, Jesus Sirach, Tobit, Judit, Baruch, die Weisheit Salomos und Zusätze zu Ester und Daniel. Von der evangelischen Theologie werden sie im Grunde ignoriert. In der katholischen Theologie werden sie behandelt, stehen dort aber ebenfalls nicht im Zentrum des Interesses.

unterschiedliche Bibeln

Kirchengeschichte

In der Kirchengeschichte gibt es bei der Erforschung der ersten Periode, der Alten Kirche, keine Unterschiede zwischen der katholischen und der evangelischen Theologie. Im Mittelalter können jedoch bereits unterschiedliche Schwerpunkte beobachtet werden, die mit unterschiedlichen Interessen zusammenhängen. Die katholische Theologie interessiert sich stärker als die evangelische für die Geschichte des Papsttums. Die evangelische blickt dagegen mit besonderem Interesse auf verketzerte Bewegungen wie Waldenser und Katharer. Auch die scholastische Theologie des Hochmittelalters, allen voran Thomas von Aquin, wird in der katholischen Theologie stärker beachtet als in der evangelischen. In der Kirchengeschichte der Neuzeit trennen sich infolge verschiedener aktueller Interessen der beiden Konfessionen die Wege endgültig. Die evangelische Theologie hebt die nur fünfzigjährige Reformationsepoche hervor und wendet ihr in Forschung und Lehre größte Aufmerksamkeit zu. Gleichzeitig konzentriert sie sich auf die Kirchengeschichte des deutschen Sprachraums und die spätere Entwicklung der eigenen Kirchentümer, während die katholische Theologie den Blick auch auf andere Regionen der Welt richtet. Aber die katholische konzentriert sich in Forschungen und Darstellungen zur Neuzeit ebenfalls auf die eigene Geschichte und behandelt kaum spezifisch protestantische Themen. Diese Auseinanderentwicklung im Bereich der Kirchengeschichte geht nicht mit Gegensätzen und Kontroversen einher, sondern ist forschungspragmatisch begründet. Aus der Fülle der Themenmöglichkeiten, welche die neuere Kirchengeschichte bietet, muss ausgewählt werden, und die Auswahl erfolgt aufgrund aktueller Fragestellungen und Interessen in den Kirchen.

Erheblich sind die Unterschiede im Bereich der Systematischen Theologie, da hier auf unterschiedliche Traditionen rekurriert wird, selbst dann, wenn sich die inhaltlichen Positionen nicht oder nur wenig unterscheiden. Die katholische Theologie argumentiert verständlicherweise nur selten mit Luther, und die evangelische verwendet zur Begründung ihrer Positionen natürlich nicht die dogmatischen Beschlüsse und Argumente des Trienter Konzils (16. Jh.) oder des 2. Vatikanischen Konzils (20. Jh.). Gemeinsam ist beiden jedoch der Rückgriff auf biblische Traditionen, auf die Kirchenväter der Alten Kirche, auf – einzelne – mittelalterliche Theologen und auf theologische Denker des 20. Jahrhunderts aus beiden Konfessionen sowie die Bezugnahme auf Positionen der Philosophie.

Systematik

Am größten sind die Differenzen wegen der faktischen Verschiedenheit der beiden Kirchen natürlich in der Praktischen Theologie. Die gelebte Frömmigkeit – das gottesdienstliche Leben, die persönliche Spiritualität, die Gestaltung der alltäglichen kirchlichen Aufgabenfelder – unterscheidet sich stark. Das wirkt sich auf fast alle Arbeitsbereiche der Praktischen Theologie aus, auf die Pastoraltheologie, die Seelsorge, die Homiletik. Die katholische Theologie akzentuiert auch Teilgebiete der Praktischen Theologie wie z. B. die Liturgik und der Praktischen Theologie nahe stehende Disziplinen wie etwa Kirchenrecht, die in der evangelischen Theologie kaum eine Rolle spielen. In der Religionspädagogik gibt es dagegen kaum Unterschiede.

Praktische Theologie

Hinsichtlich des Forschungsniveaus sind evangelische und katholische Theologie heute in allen Hauptdisziplinen gleichauf. Das war freilich nicht immer so. Blickt man auf die zweihundert Jahre moderner theologischer Forschung zurück und bewertet die erbrachten Gesamtleistungen, so dominiert im Bereich der alt- und neutestamentlichen Forschung eindeutig die evangelische. Die großen Alt- und Neutestamentler waren evangelisch, die großen Entwürfe alt- und neutestamentlicher Exegese stammen von evangelischen Theologen. Dies hängt damit zusammen, dass von Seiten Roms die historisch-kritische Arbeit an der Bibel formell erst 1943, durch die so genannte Befreiungsenzyklika ›Divino afflante Spiritu‹ von Papst Pius XII., erlaubt wurde. Groß sind dagegen die katholischen Leistungen, schon im

Niveau der Forschung

19. Jahrhundert, im Bereich der Theologiegeschichte, insbesondere bei der Erforschung der altkirchlichen und mittelalterlichen Theologie und damit verbundenen Quelleneditionen.

Rahmen-
bedingungen

Zum Schluss noch ein Wort zu den unterschiedlichen Rahmenbedingungen der wissenschaftlichen Arbeit. Die evangelische Theologie kann ihre Ideen heute in beinahe grenzenloser Freiheit entfalten. Es gibt in den evangelischen Kirchen keine Instanz, die eine verbindliche Lehre festlegen könnte. Im äußersten Fall sind die Theologen auf die Bibel und die gültigen Bekenntnisse verpflichtet, aber für deren Interpretation sind sie selbst zuständig. In den reformierten Landeskirchen der Schweiz gibt es schon seit dem 19. Jahrhundert keine Bekenntnisbindung mehr.

kirchliches Lehramt

In der katholischen Kirche existiert dagegen ein Lehramt. Die Bischöfe und der Papst bekommen das Recht und die Kompetenz zugebilligt, über Fragen der Lehre zu urteilen. Außerdem wurden seit dem 16. Jahrhundert viele Dinge lehrmäßig festgelegt. Katholische Theologen müssen sich, offiziell zumindest, in diesem vergleichsweise engeren Rahmen bewegen. Doch auch hierbei kommt es letztlich auf die Interpretationen an. Ein vergleichender Blick auf die Publikationen evangelischer und katholischer Theologen zeigt, dass beiderseits großer Pluralismus herrscht. Die innovativen theologischen Neuansätze der vergangenen Jahre und Jahrzehnte waren in der katholischen Kirche genauso verankert wie in der evangelischen, ja sind sogar häufig in der katholischen entstanden. Allerdings hatten die katholischen Theologen dabei mit größeren Widerständen ihrer eigenen Kirche zu kämpfen, und manche von ihnen wurden sogar gemaßregelt.

d) Chancen der Zusammenarbeit

„Die Zeit ist reif geworden für eine systematische Bereinigung der theologischen Differenzen zwischen den christlichen Kirchen", formulierte Joseph Ratzinger, damals Professor für Dogmatik und Dogmengeschichte in Tübingen, heute Kardinal und bis vor kurzem Präfekt der römischen Glaubenskongregation, im Jahre 1967 gemeinsam mit Hans Küng als Herausgeber der neuen Buchreihe ›Ökumenische Forschungen‹, und der Bischof von Rottenburg gab dazu sein „Imprimatur". Ratzinger und Küng forderten das Ausräumen der „theologischen Blöcke", die zwischen den Kirchen lägen, und der „Sandbänke", ja sogar das „Abwerfen unnötigen theologischen Ballastes", „neue Wege der Begegnung" und einen „Austausch" der beiderseitigen „Gaben". Liest man diese Sätze heute, bald vierzig Jahre später, und blickt auf die aktuelle Lage der evangelisch-katholischen Beziehungen, so wird man unschwer feststellen, dass die Hoffnungen der sechziger Jahre des vergangenen Jahrhunderts nur partiell erfüllt wurden. Trotz einiger in ökumenischen Studienkommissionen erarbeiteter substanzieller Fortschritte ist der ökumenische Elan, der in der Zeit nach dem 2. Vatikanischen Konzil in den akademischen Theologie geherrscht hatte, abgeklungen. Ratzinger nahm als hoher Funktionär der römischen Kurie mehr die Rolle eines Bewahrers als eines Reformers ein, und Küng erhielt von seiner Kirche ein Lehrverbot (s. u. S. 106).

ökumenische
Aufbrüche

Die Kooperation der beiden Konfessionen hat im wissenschaftlichen Bereich in den vergangenen Jahrzehnten Fortschritte gemacht. Es gibt ökumenische Kommentarreihen, ökumenische Darstellungen der Kirchengeschichte und zahlreiche weitere ökumenische Buchveröffentlichungen. In Forschungsprojekten arbeiten Forscher und Forscherinnen beider Konfessionen selbstverständlich zusammen. Auch außerhalb konkreter Projekte kommt es an vielen Universitäten zu regelmäßigen Begegnungen der Dozierenden beider Fächer. Der eigentliche Lehrbetrieb ist aber getrennt und muss aus rechtlichen Gründen auch getrennt bleiben. Es liegt in der Regel nicht an einer ökumenischen Unbeweglichkeit der Theologiedozierenden, wenn es kein gemeinsames Lehrangebot gibt und wenn die Scheine des anderen Fachs im eigenen nicht anerkannt werden, sondern an den rechtlichen Rahmenbedingungen. Sie definieren den Status der Theologie an staatlichen Universitäten als konfessionell gebunden, und die Kirchen haben ein Interesse an der Beibehaltung dieses Zustandes. Die Johann Wolfgang Goethe-Universität in Frankfurt a. M. hatte 1971 einen Fachbereich „Religionswissenschaften" eingerichtet, der aus den beiden „Wissenschaftlichen Betriebseinheiten" Evangelische Theologie und Katholische Theologie bestand. Aus rechtlichen Gründen und auf Betreiben der Kirchen musste er nach einigen Jahren wieder in zwei getrennte Fachbereiche umgewandelt werden.

Forschungskooperation

gemeinsame Lehrveranstaltungen

Nun könnte man diesen Zustand der Trennung für überholt erklären und zu durchbrechen suchen, doch dagegen sprechen auch praktische Gründe: Wenn die Theologie selbst ihre konfessionelle Gebundenheit aufheben und sich eine Fakultät für die andere öffnen würde, dann würde der Staat in der gegenwärtigen ökonomischen Situation sofort Sparpotentiale entdecken und nutzen, und die Folge wäre über kurz oder lang nicht die erwünschte Erweiterung des Lehrangebots, sondern dessen Reduzierung infolge Stellenstreichung. So paradox das auch klingen mag: Das überkonfessionelle Selbsterhaltungsinteresse der Theologie spricht für den Erhalt der konfessionellen Prägung und Trennung. Die Dozierenden und die Studierenden können dennoch versuchen, das Beste aus dieser Situation zu machen.

Die Zusammenarbeit der Kirchen und ihrer Theologen ist ein Gebot der Stunde. Evangelische Theologiestudierende sollten sich deshalb Kenntnisse über die katholische Kirche erwerben und umgekehrt, denn in der Berufspraxis in Gemeinde und Schule ist das kooperative Miteinander Realität; da spielt die Frage „Wie ist das bei den Katholiken?" bzw. „Wie ist das bei den Evangelischen?" immer eine wichtige Rolle.

Kooperation in Gemeinde und Schule

Vielerorts werden überkonfessionelle oder besser konfessionsverbindende Einzellehrveranstaltungen angeboten, vereinzelt wird ihr Besuch in Studienordnungen sogar vorgeschrieben oder wenigstens empfohlen. Von Anfängerinnen und Anfängern werden sie ebenso als bereichernd erlebt wie von Promovierenden. An manchen Universitäten gibt es ökumenische Studientage. Ohne weiteres ist es daneben möglich, Lehrveranstaltungen der anderen Fakultät zu besuchen. An einer solchen Lehrveranstaltung der anderen Konfession teilzunehmen, ist fruchtbar und gibt einen Einblick in Dinge, die einem infolge des eigenen Hintergrunds besonders fremd sind. Katholische Studierende könnten bei einem evangelischen Dozierenden z. B. eine Lehrveranstaltung zur Reformation, zu einem reformatorischen

Theologen oder zu einem prominenten evangelischen Theologen der jüngeren Geschichte besuchen. Evangelische Studierende könnten bei einem katholischen Dozierenden an einer Lehrveranstaltung zur Mariologie oder Sakramentenlehre teilnehmen oder zu einem prominenten katholischen Theologen der neueren oder älteren Theologiegeschichte.

Kontakt und Kooperation

Studierende sollten auch außerhalb der Lehrveranstaltungen Möglichkeiten schaffen und nutzen, um zueinander Kontakt zu finden. Die gesellschaftliche Realität der kirchlichen und der schulischen Arbeit steht heute unter dem Vorzeichen ökumenischer Kooperation. Darauf muss das Studium vorbereiten. Wenn die Universitäten und die Fakultäten oder die einzelnen Dozierenden dafür nichts oder zu wenig tun, sollten die Studierenden in eigener Initiative nach Gelegenheiten suchen. Häufig machen die Evangelischen und Katholischen Studierendengemeinden (ESG, KHG) geeignete Angebote.

5. Bezugswissenschaften der Theologie

Jede Wissenschaft hat so genannte Bezugswissenschaften. Das sind andere Wissenschaften, zu denen Bezüge bestehen, entweder in der Form eines wechselseitigen Austauschs oder in der Form einer einseitigen Bezugnahme und Rezeption. Dabei geht es sowohl um Inhalte als auch um Methoden. Wichtige Bezugswissenschaften der Theologie sind die Philosophie, die Altphilologien, die Geschichtswissenschaften, die Judaistik, die Pädagogik und die Germanistik. Für die wissenschaftliche Arbeit in der Theologie ist der Kontakt zu diesen Wissenschaften von hoher Relevanz, für die Studierenden dagegen weniger. Ganz grundsätzlich gilt aber auch für sie: Bei den Bezugswissenschaften kann man Dinge lernen, die für das Studium wichtig sind. Besonders fruchtbar ist es, eventuell vorhandene interdisziplinäre Lehrangebote zu nutzen, z. B. die gemeinsame Lehrveranstaltung eines Dogmatikers mit einem Philosophen oder eines Neutestamentlers mit einem Judaisten.

Altphilologien

Die grundlegenden Bezugswissenschaften der Theologie sind aus evangelischer Sicht die Sprachwissenschaften oder Philologien (griech.: *philologia* = Liebe zum Sprechen), die sich mit den alten Sprachen beschäftigen, die für das Christentum und seine Umwelt wichtig waren. Viele Theologiestudierende bekommen es am Anfang ihres Studiums mit diesen Bezugswissenschaften zu tun, wenn sie Latein, Griechisch und Hebräisch lernen. Diese drei großen alten Sprachen sind freilich für die gehobene wissenschaftliche Arbeit bei weitem nicht ausreichend. Forschende, die sich mit dem Alten Testament in seiner Umwelt beschäftigen, müssen weitere semitische und orientalische Sprachen beherrschen, z. B. Akkadisch, Sumerisch, Ugaritisch, Ägyptisch und Hethitisch. Die neutestamentliche Wissenschaft braucht neben dem Griechischen auch noch das Aramäische und das Syrische, und die Kirchengeschichte benötigt für manche Fragestellungen Kenntnisse slawischer und arabischer Sprachen.

Obwohl die Altphilologien wichtige Bezugswissenschaften der Theologie sind, gleichen die gegenseitigen Beziehungen, abgesehen von der Hebraistik, einer Einbahnstraße. Das heißt: Die Theologen profitieren von den

Altphilologen, aber diese haben nur wenig von der Theologie. Ein Gräzist wird sich kaum für das Neue Testament interessieren, und auch die griechischen Kirchenväter sind für ihn nur am Rande von Bedeutung. Ein Latinist wird sich nur selten mit lateinischen Texten aus der Christentumsgeschichte beschäftigen, es sei denn sein Schwerpunkt läge im Mittellateinischen, der lateinischen Sprache des Mittelalters, was eher selten der Fall ist.

Die Philosophie ist die grundlegende Bezugswissenschaft der katholischen Theologie. In der evangelischen kommt ihr dagegen eine geringere Bedeutung zu. Philosophie beschäftigt sich mit den Grundlagen des Erkennens, Denkens und Handelns und fragt nach den Bedingungen der Wirklichkeit und dem Zusammenhang der Dinge und der Welt (griech.: *philosophia* = Liebe zur Weisheit).

Philosophie

Im Mittelalter und auch noch in der Frühen Neuzeit hatte jeder Student, bevor er Theologie studieren konnte, ein Philosophiestudium erfolgreich abzuschließen. Von der Philosophie lernte er die Begriffe zur Weltdeutung und die Kriterien logischer Argumentation. Die Hauptautorität war Aristoteles. Jeder Theologe war auch Philosoph. Die Theologie war abhängig von der Philosophie, begriff sich aber als herrschend. Die Theologie hat die ursprünglich heidnische Philosophie christlich umgeprägt und benannte die Grenzen dessen, was die Philosophie denken durfte. Mit der Aufklärung trat eine radikale Veränderung ein. Die Philosophie emanzipierte sich völlig von der Theologie, und umgekehrt verlor die Philosophie zumindest für die evangelische Theologie an Bedeutung. Die katholische Theologie sieht die Theologie weiterhin als auf die Philosophie angewiesen an. In Hintergrund steht der Gedanke, dass sich Vernunft und Glaube in der einen Wahrheit treffen. Der Theologe soll befähigt werden, menschliche Probleme und Fragen auch in profanen Kategorien zu reflektieren. Gerade um ihrer Funktion willen wird der Philosophie dabei heute Freiheit zugebilligt.

Viele theologische Texte aus der Christentumsgeschichte sind ohne philosophische Grundkenntnisse nicht zu verstehen. Neben Aristoteles sind Platon und der Neuplatonismus wichtig, ferner natürlich Kant und Hegel, Heidegger und Sartre. Aktuelle philosophische Entwürfe werden von der Systematischen Theologie rezipiert. Beim Studium der katholischen Theologie gehört der Besuch philosophischer, insbesondere religionsphilosophischer Lehrveranstaltungen, in denen es um die philosophische Begründung der Religion und um die philosophische Gotteslehre geht, zum obligatorischen Studienprogramm. Sie werden in der Regel von der theologischen Fakultät selbst angeboten. Auch evangelische Studierende müssen vielfach Philosophiekenntnisse erwerben und in einer kleinen Prüfung (Philosophicum) nachweisen. Lesenswerte, für Theologiestudierende geeignete ›Einführung[en] in die Philosophie‹ stammen von Arno Anzenbacher (2003) und Christofer Frey (1999).

die Bedeutung philosophischer Grundkenntnisse

6. Theologie in einer multireligiösen Kultur

Wenige Dinge haben die Arbeit der Theologen so sehr verändert wie die Säkularisierung und die damit einhergehende religiöse Pluralisierung der westlichen Gesellschaften. Entstanden ist die christliche Theologie vor

Säkularisierungs- und Pluralisierungs- prozesse

zwei Jahrtausenden in einer multireligiösen Kultur, doch ihre Entfaltung und Blüte fand in einer religiösen Einheitskultur statt, in der durch und durch christlich geprägten abendländischen Gesellschaft des Mittelalters und der Frühen Neuzeit. Vor zwei Jahrhunderten begannen jedoch Säkularisierungs- und Pluralisierungsprozesse, die unaufhörlich fortschritten und eine multireligiöse Kultur neuer Form schufen. Es ist gerade für Theologen nicht unwichtig zu bedenken, dass damit nicht ein völlig neuer, noch nie da gewesener Zustand geschaffen wurde, sondern ein kultureller Kontext, wie er vor zweitausend Jahren, in der Anfangszeit des Christentums, schon einmal in ähnlicher Weise bestanden hatte. Die römisch-hellenistische Antike war eine hoch entwickelte multikulturelle und multireligiöse Gesellschaft. Die Herausforderungen, vor denen das Christentum heute steht, ähneln denen von damals: die Auseinandersetzung mit anderen religiösen Wahrheitsansprüchen, die Diskussion mit säkularen Weltanschauungen und Weltdeutungen, die Begründung und Verteidigung der eigenen Positionen und Aktivitäten gegenüber einer distanziert, kritisch, mitunter ablehnend eingestellten Umwelt.

Herausforderungen

a) Theologie innerhalb und außerhalb des Christentums

Theologie gab und gibt es auch in anderen Religionen. Das Christentum hat sie nicht erfunden, sondern es gab sie schon in vorchristlicher Zeit (s. o. S. 14 f.). Das Christentum gab aber anderen Religionen einen Anstoß, ihre Theologien weiterzuentwickeln oder überhaupt erst eigene zu begründen. Keine andere Religion hat bislang Theologie in gleicher Intensität und Qualität entfaltet wie das Christentum. Besonders bemerkenswert an der christlichen ist die Tatsache, dass sie nicht einfach eine apologetische Funktion wahrnimmt, sondern in eine kritische Auseinandersetzung mit der eigenen Religion, mit deren Quellen und deren Geschichte und Gegenwart eingetreten ist und einen ausgesprochen selbstreflexiven Charakter entwickelt hat, d. h. sich selbst kritisch thematisiert.

selbstreflexiver Charakter christlicher Theologie

Warum besitzt das Christentum eine Theologie, und warum hat ausgerechnet das Christentum eine so hoch stehende Theologie entwickelt? Andere Religionen kamen und kommen ohne Theologie, zumindest ohne Theologen aus (s. o. S. 24). Das Christentum geht aus von der geschehenen Verbindung der göttlichen und der menschlichen Wirklichkeit im Wort: „Das Wort ist Fleisch geworden" (Joh 1,41). Wegen der Fleischwerdung (Inkarnation; lat.: *incarnatio*) des göttlichen Wortes in Jesus Christus kommt dem gesprochenen und geschriebenen Wort eine unübertreffliche Bedeutung zu. Von Anfang an hatte das Christentum deshalb einen intellektualistischen Grundzug. Schon in der Frühzeit kam es ihm nicht in erster Linie auf eine bestimmte ethische oder kultische Praxis an, sondern auf bestimmte Überzeugungen, Einstellungen und Bekenntnisse, die natürlich zu einer weiteren rationalen Explikation drängten. Außerdem entfaltete sich das Christentum in einer durch rationales Denken geprägten Kultur und kam infolge seines missionarischen Anspruchs in Kontakt und Konflikt mit gebildeten, rational argumentierenden Gegnern. Es musste sich folglich mit rationalen Argumentationsstrategien legitimieren und verteidigen. Aus all diesen Gründen wurde das Christentum zu einer Religion mit einer ausgeprägten Theologie, der heute freilich ausgeprägte Theologien anderer Religionen und Philosophien und Weltanschauungen mit religiösen oder quasireligiösen Implikationen gegenüber stehen.

b) Religionen als Thema der christlichen Theologie

Das Christentum hat zwar von Anfang an und bis in die allerjüngste Geschichte Elemente anderer Religionen integriert und sich an religiöse Bedürfnisse nichtchristlicher Menschen, um die es geworben hat, bewusst oder unbewusst angepasst, den fremden Religionen begegnete es aber konsequent und kategorisch beinahe ausschließlich im Modus der Verwerfung oder der Überhebung. Das Christentum hielt sich für die einzig wahre oder die höchste Religion und diffamierte andere Formen der Religiosität als Abgötterei oder stellte sie mit innerchristlichen Abweichungen, so genannten Irrlehren, auf eine Stufe. Nach zaghaften Anfängen bei einzelnen, wenig rezipierten christlichen Denkern schon des späten Mittelalters und der frühen Neuzeit sind erst in allerjüngster Zeit nichtchristliche Religionen zu einem eigentlichen, respektvoll behandelten Gegenstand der christlichen Theologie geworden. Wie in der Ekklesiologie heutzutage andere Kirchen ohne Aufgabe des eigenen Wahrheits- und Gültigkeitsanspruchs anerkannt werden (s. o. S. 59 f.), so auch andere Religionen.

(Marginalie: Verwerfung und Überhebung)

Die „Theologie der Religionen" ist heute ein besonders in der katholischen Theologie im Rahmen der Fundamentaltheologie viel bearbeitetes Thema. Dies hängt mit der positiven Aufnahme der nichtchristlichen Religionen durch die Konzilserklärung ›Nostra aetate‹ (1965) zusammen. Die Theologie beschäftigt sich heute mit dem Thema der Religion allgemein, aber auch mit konkreten alternativen Religionen. Sie versucht sie in ihrer Eigenart und ihrem Selbstverständnis zu fassen und ihnen einen nicht von vornherein diskriminierenden Platz im eigenen theologischen System zuzuweisen. Dabei hat sich in der Theologie eine Bewegung vollzogen vom Exklusivismus über den Inklusivismus zum Pluralismus. Die exklusivistische Theologie stritt allen anderen Religionen außer der christlichen ab, einen Weg zu Gott und zum Heil zu bieten (lat.: *excludere* = ausschließen). Das inklusivistische Denken versuchte, die nichtchristlichen Religionen ernst zu nehmen und sie in der christlichen Theologie zu berücksichtigen, ja in das christliche System zu integrieren, doch billigte man ihnen nur eine niedere, unvollkommene Stellung zu (lat.: *includere* = einschließen). Nur der pluralistische Denkansatz sieht die Religionen als wirklich gleichberechtigt an und das Christentum als Religion unter Religionen (lat.: *plures* = mehrere). In jüngster Zeit hat sich eine eigene Richtung der Theologie etabliert, die sich auf die Entwicklung theologischer Modelle zur Lösung der interreligiösen Fragen konzentriert, die Religionstheologie (s. u. S. 104–106). Der evangelische Theologe Hans-Martin Barth hat eine umfassende ›Dogmatik‹ (²2002) vorgelegt, in der die klassischen theologischen Themen in ständigem Dialog mit den Weltreligionen entfaltet werden.

(Marginalie: Anerkennung fremder Religionen)

(Marginalie: Pluralismus)

c) Interreligiöser Dialog

Mission
oder Dialog?

Mission, nicht Dialog war die biblisch legitimierte Grundhaltung, mit der das Christentum Nichtchristen gegenübertrat. Erst im 20. Jahrhundert ist der Gedanke des Dialogs aufgekommen. Ein solcher kann nur stattfinden zwischen gleichberechtigten Partnern, die sich respektieren. Im Dialog werden sich die Partner gegenseitig zu Zeugen der Wahrheit ihrer Religion (griech.: *dialogos* = Unterredung, Gespräch). Der Dialog ist also mit dem Missionsgedanken vereinbar, sofern man ihn neu interpretiert. Einen Dialog vollziehen kann nur, wer selbst einen Standpunkt hat. Ein profilloser Mensch kann kein Gespräch führen und eine profillose Religion keinen Dialog beginnen. Ein Dialog hat also das Aufgeben des eigenen Standpunkts weder zur Voraussetzung noch zwingend zur Folge. Nur die Art und Weise, wie der eigene Standpunkt begründet und vertreten wird, unterscheidet den Dialogfähigen und -willigen vom Dialogunfähigen und -unwilligen.

sprechen

Ein Dialog ist ein mehrstufiger Prozess. Zunächst geht es darum, sich gegenseitig wahrzunehmen und zu erkennen. Dem folgt zweitens das Aufeinanderhören. Erst in einem dritten Schritt wird der eigentliche Dialog erreicht, und man beginnt miteinander zu reden. Ein religiöser Dialog kann allerdings auf der Sprachebene nicht stehen bleiben, sondern zielt, dem Anliegen der Religionen gemäß, auf die Praxis. Und so steht an vierter und letzter Stelle, als erhoffte Folge und eigentliches Ziel, das gemeinsame Handeln. Man kann zwischen einem direkten und einem indirekten Dialog unterscheiden. Im direkten sind religiöse Fragen selbst das Thema, im indirekten geht es um soziale, ökologische und politische Herausforderungen, in denen die Weltreligionen zum gemeinsamen Handeln aufgerufen sind.

handeln

Sowohl die evangelische Kirche und ihre Dachorganisationen als auch die katholische Kirche und der Ökumenische Rat der Kirchen besitzen spezielle Sekretariate, Gremien, Kommissionen und Einrichtungen für den Dialog zwischen den Religionen. Einen großen Stellenwert hat der interreligiöse Dialog auf den Kirchentagen und in den kirchlichen Akademien.

7. Theologie als Wissenschaft

kein einheitliches
Verständnis von
Wissenschaft

Ist die Theologie eine Wissenschaft, und wenn ja, in welchem Sinne? Die Wissenschaftlichkeit der Theologie steht für die einen außer Frage, für andere jedoch überhaupt nicht zur Diskussion. Daran kann man erkennen: Das Wissenschaftsverständnis ist nicht eindeutig. Es gibt kein einheitliches, allgemein akzeptiertes Verständnis von Wissenschaft. Und daraus folgt: Die Theologie kann ihre Sicht in den Diskurs um das Wissenschaftsverständnis einbringen und ihre eigene Wissenschaftlichkeit begründen und verteidigen.

a) Zur Definition von Wissenschaft

Wissenschaft (lat.: *scientia*) gibt es seit langem, aber das Verständnis von Wissenschaft hat sich im Laufe der Zeit erheblich gewandelt. Als eine Wissenschaft bezeichnen wir eine Gesamtheit von gesicherten Erkenntnissen, die sich auf einen Gegenstandsbereich beziehen und in einem Begründungszusammenhang stehen. In einer Wissenschaft geht es um den Erwerb von Wissen und die Ermittlung von Wahrheit. Dabei wird überlegt und planmäßig vorgegangen, damit der Erkenntnisprozess intersubjektiv kommunizierbar, nachvollziehbar und überprüfbar ist. Wissenschaften basieren auf der Erfahrung von Wirklichkeit und sind deshalb ihrem Wesen nach artikulierte und hoch formalisierte Erfahrungen. Am Ende der Verwissenschaftlichung von Wirklichkeit steht mitunter ein konditionales, hypothetisch-deduktives System von Sätzen, dessen Ordnungsstruktur dem logischen Prinzip der Ableitung folgt.

System

Die konkreten wissenschaftlichen Methoden sind nicht einheitlich, sondern richten sich nach den jeweiligen Gegenständen. Zu allen Wissenschaften gehören Planmäßigkeit, Rationalität und Methodenreflexion, Offenheit für Kritik und Fähigkeit zur Selbstkritik, ferner die Überprüfung des Erreichten und die ständige Erweiterung des Erkenntnisstandes, die Bereitschaft zur Diskussion, die Teilnahme an der wissenschaftlichen Kommunikation und die Auseinandersetzung mit anderen Wissenschaften. Erworbenes Wissen wird systematisch gesammelt, aufbewahrt, gelehrt und tradiert. Auch diese Institutionalisierung des Wissensbestandes und alle darauf bezogenen Aktivitäten im Rahmen einer Gesellschaft gehören zur Wissenschaft.

Methoden

Der Wissenserwerb kann in zweckfreier Neugier und reinem Forscherdrang wurzeln. Das Forschen und Erkennen folgt dann dem Interesse, die Wirklichkeit der Natur, der Gesellschaft oder des menschlichen Geistes zu erschließen. In der Regel suchten und suchen die Menschen jedoch Wissen zu erwerben, um konkrete Zwecke zu erreichen und konkreten Zielen näher zu kommen. Heute ist der Wissenschaftsbetrieb zweckorientierter denn je. Die Gesellschaft oder die Institutionen, die Forschung finanzieren, wollen einen Nutzen, einen Vorteil, einen Gewinn haben, und zwar bereits nach kurzer Zeit. Deshalb genießen Naturwissenschaften momentan ein höheres Ansehen und eine stärkere Förderung als Geisteswissenschaften.

Ziele

Das Grundprinzip wissenschaftlicher Vernunft ist es, so zu denken, zu forschen und zu experimentierten, als gäbe es keinen Gott, der Einfluss auf die Wirklichkeit hätte: „etsi Deus non daretur", wie eine im Gefolge Bonhoeffers (s. u. S. 87–90) viel zitierte, eigentlich auf Hugo Grotius zurückgehende Formel lautet. Wissenschaften tendieren zu einem Fundamentalismus, der dem religiösen Fundamentalismus strukturell ähnlich ist. Der strenge methodische Atheismus der Wissenschaften hat in der Gegenwart jedoch nicht eine atheistische Weltanschauung der Wissenschaftler und Wissenschaftlerinnen als Voraussetzung oder zur Folge. Es gibt vielmehr prominente Naturwissenschaftler, die öffentlich als Fürsprecher von Religion auftreten und sich zum christlichen Glauben bekennen. Naturwissenschaft und Religion gelten heute nicht mehr als unvereinbar. Das geschlossene mechanistische Weltbild der klassischen Physik wurde schon im frühen 20. Jahrhundert durch die Einbeziehung der perspektivischen Dimension des Forschers aufgegeben. Das Ende der Kausalmechanik ermöglichte aus naturwissenschaftlicher Sicht ein neues Ja zur Religion, auch zu Christentum und Kirche. Schon die Physiker Max Planck, der Vater der Quantentheorie, und Werner Heisenberg, Begründer der Quantenmecha-

Wissenschaft und Religion

Kausalitätsdenken
durchbrochen

nik, stellten sich positiv zur Religion und versuchten, wie Kant den Gottesglauben von der Ethik her zu begründen. Inzwischen hat die so genannte Chaosforschung in den Naturwissenschaften eine hohe Bedeutung erlangt. In weiten Bereichen der Wirklichkeit, so hat man festgestellt, gibt es dynamische Systeme, die sich nicht vorhersagbar verhalten, obwohl man es vernünftigerweise erwarten könnte. Das traditionelle strenge Kausalitätsdenken ist damit endgültig durchbrochen, und der Gottesglaube steht folglich nicht mehr vor der Alternative, Gottes Handeln entweder nur im Rahmen von Kausalgesetzen zu denken oder sich Gott als der Wirklichkeit gänzlich enthoben vorzustellen.

b) Gattungen von Wissenschaft

erklären
und verstehen

Unter den Wissenschaften unserer Gegenwart gibt es zwei grundsätzlich unterschiedene Gattungen, nämlich die Naturwissenschaften und die Geisteswissenschaften. Sie unterscheiden sich nicht nur in ihren Themen und Inhalten, sondern auch und sogar fundamental in ihren Methoden. Naturwissenschaften arbeiten mit Beobachtung und Hypothesenaufstellung, mit Experiment und Theoriebildung. Sie suchen die Wirklichkeit zu erklären. Geisteswissenschaften zielen auf das Verstehen der Wirklichkeit. Sie deuten individuelle Phänomene, weisen Bedeutungen zu und bemühen sich, Sinn im Rahmen historisch-kultureller Zusammenhänge zu begreifen. Letzteres wird in der Wissenschaftssprache Hermeneutik genannt (griech.: *hermeneia* = Sprache, Auslegung). Die Hermeneutik oder Verstehenslehre ist ein wichtiger, zentraler Teilaspekt der geisteswissenschaftlichen Arbeit, auch der theologischen.

Kultur-
wissenschaften

Neben der Einteilung in Natur- und Geisteswissenschaften gibt es weitere, die verschiedene Wissenschaften zu Gruppen zusammenfassen. Vielerorts haben solche übergeordneten Begriffe Eingang gefunden in die Benennung der Fakultäten oder Fachbereiche an den Universitäten. Z.B. gibt es für Germanistik, Anglistik, Romanistik usw. den schon lange gebräuchlichen und einleuchtenden Überbegriff Sprachwissenschaften. Modisch im Bereich der Geisteswissenschaften ist der Gebrauch des Begriffs Kulturwissenschaften für die Geschichtswissenschaft, die Anthropologie, die Soziologie, die Politologie und weitere Wissenschaften, die sich mit der Geschichte und der Gegenwart der menschlichen Kultur allgemein oder einer bestimmten Kultur beschäftigen. Auch manche Theologen wollen sich heute in diesen Kanon einordnen und ihre Arbeit kulturgeschichtlich begreifen. Mit dem Begriff Humanwissenschaften lassen sich Wissenschaften zusammenfassen, die sich aus geisteswissenschaftlicher Perspektive mit dem Menschen befassen.

c) Theologie – eine Wissenschaft?

Die Wissenschaftlichkeit der Theologie wird in Frage gestellt. Das erlebt jeder Theologiestudierende, wenn er mit Studierenden anderer Fächer in Kontakt und ins Gespräch kommt, an den Reaktionen, die schon allein die

Nennung seines Studienfachs auslöst. Theologie wird als etwas Besonderes im Kanon der Fächer angesehen, manchmal als ein Relikt vergangener Zeiten, nicht als ein universitäres Fach wie jedes andere.

Die Theologie hat im Kreis der wissenschaftlichen Disziplinen tatsächlich und schon immer eine Sonderstellung, allerdings haben sich die Verhältnisse im Laufe der Geschichte umgekehrt. Noch in der Frühen Neuzeit sah sich die Theologie als die führende Wissenschaft, als die „Herrin" und Mutter aller Wissenschaften und degradierte die anderen zu „Mägden". Bis in das 18. Jahrhundert hinein wurde diese Rolle der Theologie allgemein anerkannt. Doch dann emanzipierten sich die anderen Wissenschaften, gewannen an Selbstbewusstsein und machten die Theologie zu einer Wissenschaft unter vielen oder stellten sogar deren Wissenschaftlichkeit in Frage. Als Folge der Aufklärung wurde ein an der Mathematik und an den Naturwissenschaften orientierter Wissenschaftsbegriff popularisiert, der sich mit der Theologie schlecht verträgt. Allerdings kann von diesem aus auch die Wissenschaftlichkeit vieler anderer akademischer Disziplinen in Frage gestellt werden, allen voran die der Philosophie, sofern sie sich nicht nur mit Philosophiegeschichte befasst.

geschichtliche Entwicklung

In einer Wissenschaft wird Wissen erworben. Auch die Theologie verfolgt dieses Anliegen. Allerdings ist es eine besondere Form von Wissen, um das es der Theologie geht. Was ist der Gegenstand des theologischen Wissenserwerbs? Von der Wortbedeutung des Begriffs Theologie her müsste es in erster Linie und vor allem Gott selbst sein. Theologie müsste sich dann darum bemühen, Wissen über Gott, über sein Wesen, seine Eigenschaften, sein Handeln in Natur und Geschichte, zu erwerben. So hat man Theologie mitunter verstanden und hat sie als „Gottesgelehrsamkeit" bezeichnet. Doch das wäre ein sehr enges, ein – so könnte man sagen – dezidiert theologisches Verständnis von Theologie. Der Theologie geht es aber weniger um Gottes Wesen, Eigenschaften und Handeln als um die Vorstellungen, die Menschen über Gott entwickelt haben und entwickeln, und um die Erfahrungen, die sie mit Gott gemacht haben und noch machen. Das Gottesbild der Glaubenden ist Gegenstand der Theologie und alles, was daraus folgt: das Denken und Handeln der einzelnen Christen und der Kirche in ihrer Gesamtheit in Geschichte und Gegenwart. Die gesamte Christentumsgeschichte, in all ihren Facetten und Bezügen, ist Gegenstand des Wissenserwerbs.

Definitionen

Wenn man unter Wissenschaft den auf einen bestimmten Gegenstand und Tätigkeitsbereich bezogenen Versuch des Verstehens und der Darstellung, der Forschung und der Lehre versteht und als Gegenstand die christliche Religion bestimmt, steht die Wissenschaftlichkeit der Theologie nicht in Frage. Die Theologie hat keine Methoden, die nicht auch die anderer Wissenschaften sind, und sie hat keine Kenntnisse, die nicht auch Gegenstand einer anderen Wissenschaft sind oder es prinzipiell werden könnten. Die Binnenperspektive der Theologen spricht nicht gegen die Wissenschaftlichkeit ihrer Bemühungen. Sonst müsste man dem Philosophen, der einen eigenen philosophischen Standpunkt einnimmt, die Wissenschaftlichkeit seiner Arbeit ebenfalls bestreiten. Auch ein Kernphysiker, um einmal eine ganz andere Disziplin anzusprechen, identifiziert sich in der Regel mit der Kerntechnik und nimmt damit eine Binnenperspektive ein.

Methoden und Perspektiven

Selbst in ihrer Zweckorientiertheit unterscheidet sich die Theologie nicht prinzipiell von anderen modernen Wissenschaften. Sie bemüht sich um einen Wissenserwerb, der dem Christentum in Fragestellungen seiner Gegenwart weiterhilft, und um ein solches Wissen, das Menschen benötigen, die in der Gegenwart in Kirche und Gesellschaft als Fachleute für die christliche Religion arbeiten möchten. Die gleiche nüchterne Zweckorientiertheit gibt es auch in anderen Wissenschaften, z. B. in der Medizin.

die Gottesfrage

Selbst das Grundprinzip wissenschaftlicher Vernunft, so zu denken und zu forschen, als gäbe es keinen Gott, findet sich in Teildisziplinen der Theologie. Die Biblische und die Historische Theologie bedienen sich der gleichen wissenschaftlichen Methoden wie nichttheologische Wissenschaften, die sich vergleichbaren Themen und Texten zuwenden. Sie arbeiten explizit mit „atheistischen Methoden". Es gibt weitere Teilbereiche der Theologie, in denen die Gottesfrage in ihrem eigentlichen und existenziellen Sinn praktisch ausgeklammert wird. Die Praktische Theologie verzichtet, wenn sie sich empirischer Methoden bedient, ebenfalls auf die Gotteshypothese. Sogar die Systematische Theologie kommt, wenn sie sich der Theologiegeschichte zuwendet, ohne eine klare Entscheidung in der Gottesfrage aus. Durch die partielle Ausklammerung Gottes aus der wissenschaftlichen Arbeit wird allerdings keineswegs ein Vorentscheid in der Gottesfrage getroffen. Grundsätzlich kann sich die Theologie von ihrem Grundverständnis her in allen ihren Disziplinen nicht auf die Gott negierende Hypothese der modernen wissenschaftlichen Vernunft einlassen, sondern widerspricht ihr fundamental: Sie rechnet mit Gott, mit einem Gott, der Einfluss auf die Wirklichkeit nimmt. Das Bejahen Gottes spricht aber nicht gegen die Wissenschaftlichkeit der Theologie. Ihr wissenschaftliches Bemühen ist unter dieser Perspektive vergleichbar mit dem der Philosophie. Auf der Basis bestimmter, nicht beweisbarer Grundüberzeugungen werden auch hier normative Antworten gesucht. Gegenüber der immanenten Sichtweise der Naturwissenschaften fragen Philosophie und Theologie über die reine Faktizität der Dinge hinaus nach dem transzendenten Grund des Seins. Grundlegende Zusammenhänge der Wirklichkeit kann man nicht mit dem Auge sehen, sondern nur mit der Vernunft. Jede wirkliche Erkenntnis hängt mit einer geistigen Rekonstruktion zusammen.

Theologie ist vergleichbar der Philosophie

Sicher ist die Theologie in ihrem Kernbereich, der Gottesfrage, keine objektive Wissenschaft über feststellbare Sachverhalte und nachweisbare Tatsachen. Sie hat es zwar in ihren historischen und praktischen Disziplinen in weiten Arbeitsfeldern mit solchen Sachverhalten und Tatsachen zu tun. In ihrem letzten und eigentlichen Anliegen vermittelt die Theologie aber kein gegenständliches Verfügungswissen, sondern existenztragendes Wissen, das Mut zum Leben und Trost im Sterben gibt. Sie ist eine Wissenschaft, die teilweise – wie die anderen Wissenschaften – Gott in der konkreten Arbeit ausklammert, ihn aber – anders als die anderen Wissenschaften – grundsätzlich bejaht und ihn in Teildisziplinen auch thematisiert. Die Theologie entfaltet das ihr eigene Verständnis von Wissenschaft und bringt es in den allgemeinen wissenschaftlichen Diskurs ein.

eigenes Wissenschaftsverständnis

IV. Vielfältige Theologien

Mit „Theologie" wird, wie wir gesehen haben, ein universitäres Fach, eine Wissenschaft, bezeichnet, der Begriff Theologie wird aber auch für die Lehrinhalte dieses Faches verwendet. Man spricht drittens von Theologie mit Blick auf in sich kohärente theologische Gedankengebäude, die ein System christlicher Lehre aufstellen und die Gottes- und Wahrheitsfrage für heute beantworten möchten. Meint man Letzteres, sollte man allerdings besser nicht im Singular, sondern im Plural von Theologien sprechen. Der Plural ist zwar noch relativ ungebräuchlich, aber unbedingt geboten. Es gibt keine einheitliche Theologie, sondern es gibt nur eine Vielfalt sich ständig verändernder Theologien. Und das ist nicht einmal eine neue Entwicklung. Eine Pluralität theologischer Konzeptionen kennzeichnet die Christentumsgeschichte von ihren ersten Anfängen an. Theologie hat notwendigerweise pluralen Charakter, und zwar aus einem doppelten Grund: Erstens weil sie von verschiedenen Menschen generiert wird, und zweitens, weil sie immer in einer bestimmten Zeit innerhalb eines bestimmten soziokulturellen Kontextes entsteht, also geschichtlich geprägt ist. In der Gegenwart hat die Vielfalt von Theologien ein nie gekanntes Ausmaß angenommen.

Theologie oder Theologien?

Sowohl innerhalb der katholischen als auch innerhalb der evangelischen Theologie treffen wir auf diese Vielfalt. Interessant ist, dass bei den Novitäten die katholische Theologie führt, nicht die evangelische. Die meisten resonanzvollen Neuaufbrüche der vergangenen Jahrzehnte entstanden im Bereich der katholischen Theologie oder hatten dort ihren Schwerpunkt. Gründe für deren stärker innovatorischen Charakter dürften in der weltweiten Vernetzung der katholischen Theologie zu suchen sein, die durch die Verbindung verschiedener Impulse Neuansätze entstehen lässt und deren rasche Ausbreitung ermöglicht. Die evangelische Theologie ist demgegenüber stark auf ihr jeweiliges Heimatland und ihren jeweiligen Sprachraum fixiert und nimmt Entwicklungen in evangelischen Kirchen ferner Länder kaum zur Kenntnis.

katholische Impulse

Die Theologien, die im Folgenden vorgestellt werden, gehören überwiegend bereits der Geschichte an. Es gibt momentan keine großen, herausragenden Denker mehr und keine festen, ausgeprägten Schulen. Die Gründe für diese Entwicklung sind vielfältig. Sie hängen mit den geistesgeschichtlichen Veränderungen der Postmoderne zusammen und mit den veränderten Arbeitsbedingungen an der Universität, die infolge eines zunehmend aufreibenden, durch Lehrveranstaltungen, Prüfungen und Sitzungen geprägten universitären Alltagsgeschäfts kein traditionelles Gelehrtendasein mehr zulassen. Ferner sind biografische Gründe zu nennen: Heutige Professorinnen und Professoren haben in der Regel rein akademische Karrieren hinter sich und standen nie vor der Herausforderung, in inneren und äußeren Kämpfen eine eigene theologische Existenz aufzubauen. Die theologische Landschaft beider Konfessionen hat sich im ausgehenden 20. Jahrhundert also grundlegend verändert: Sie hat sich pluralisiert und damit auch demokratisiert. Für Theologiestudierende liegen in dieser Entwicklung einerseits Chancen: Wenn Autoritäten fehlen, kann man es leichter wagen, eigene theologische Gedanken zu entwickeln. Andererseits ist

Veränderungen der Postmoderne

der Theologie mit dem Abgang der „Großen" aber auch etwas von ihrer Faszination verloren gegangen.

1. Liberale Theologie – Adolf von Harnack

Die liberale Theologie ist, wie der Begriff sagt, eine freie Theologie, d. h. eine Theologie, die sich frei gemacht hat von überkommenen Dogmen, ja sogar von althergebrachten Bekenntnissen. Sie ist die wichtigste, einflussreichste und für die Gegenwart relevanteste Richtung protestantischer Theologie. Ihr Anliegen war und ist es, Theologie neu für die Gegenwart zu formulieren und mit der modernen Welt kommunizierbar zu machen. Das Göttliche soll in den Bereich der menschlichen Erfahrung und der Geschichte hineingenommen werden. Dabei wird die Person Jesus Christus in die Mitte der theologischen Arbeit gestellt. Mit der Ablegung des dogmatischen Absolutheitsanspruchs geht die Stärkung des Rechts der religiösen Selbsterfahrung gegenüber einer lehrhaften Homogenität der Kirche einher und die Betonung der Überkonfessionalität als Wesen des Christentums.

frei von Dogmen und Bekenntnissen

Frei sieht sich die liberale Theologie auch in ihrem Umgang mit der Bibel. Die historisch-philologische Erforschung der Bibel und die damit verbundene Bibelkritik sind ihr eine Selbstverständlichkeit. Liberale Theologie ist durch Menschlichkeit, Verständlichkeit und geistige Redlichkeit gekennzeichnet. Sie lehnt es ab, in Sachen der Religion ein Sacrificium Intellectus (Verstandesopfer, d. h. die Außerkraftsetzung der Vernunft) zu vollbringen. Die drei zentralen Grundlagen des liberalen Denkens sind: 1. die Gültigkeit der Wissenschaft, 2. die Historizität der Religion, 3. die Einheit von Kultur und Religion.

Grundlagen liberalen Denkens

Die liberale Theologie ist als Folge der Aufklärung im 19. Jahrhundert entstanden und erreichte an der Wende zum 20. Jahrhundert ihren Höhepunkt. Nach dem Ersten Weltkrieg wurde sie von der dialektischen Theologie (s. u. S. 82–85) weitgehend verdrängt. Aus dem Attribut „liberal", das zunächst Selbstbezeichnung gewesen war, wurde zunehmend ein Schimpfwort und ein Kampfbegriff, gebraucht von Konservativen, Konfessionalisten, Biblizisten und Dialektikern gegen alle Theologen, die sich als modern und kritisch verstanden. Aus sich selbst heraus desavouiert wurde die liberale Theologie in der Zeit des Nationalsozialismus, weil viele ihrer Repräsentanten, z. B. der angesehene Emanuel Hirsch, bereit waren, sich an diese Unkultur anzupassen und sie zu fördern. Es gab aber auch zahlreiche liberale Theologen, die dem Nationalsozialismus widersprachen und widerstanden (z. B. Martin Rade, Fritz Lieb, Leonhard Ragaz).

In der katholischen Theologie des 19. und 20. Jahrhunderts wurde nur selten von einer liberalen Theologie gesprochen; deren Themen und Anliegen finden sich aber auch hier. Das katholische Pendant zur liberalen Theologie des Protestantismus war der Modernismus. Dieser Begriff war allerdings ein abwertend gebrauchtes Schimpfwort. In neuerer Zeit spricht man mit Blick auf liberale Erscheinungen im Katholizismus des 19. und 20. Jahrhunderts vom „Liberalen Katholizismus". Die Position des theologischen Liberalismus in der katholischen Kirche war deutlich schwächer als in den evangelischen.

Modernismus

Grundgedanken der liberalen Theologie wirkten nach 1945 weiter fort. Es kam sogar zu einer Neubelebung des liberal-theologischen Denkens. In vielen neueren Entwürfen, z. B. im befreiungstheologischen (s. u. S. 96–98), im feministisch-theologischen (s. u. S. 98–100), im religionstheologischen (s. u. S. 104–106) und im jüdisch-christlichen Dialog (s. u. S. 101–104), begegnet liberale Theologie in einem neuen Gewand. Im Grunde basieren alle betont kontextuellen Theologien auf der liberalen Theologie, greifen deren Anliegen auf und führen sie auf neue Weise fort.

Ein führender Vertreter der liberalen Theologie in ihrer Blütezeit war der Berliner Theologe Adolf von Harnack. Er war der Sohn eines in seiner Frömmigkeit pietistisch geprägten und in der Lehre streng lutherischen Theologieprofessors aus Dorpat (heute: Tartu, Estland) und von Hause aus Kirchenhistoriker. Seine akademische Karriere begann 1876 in Leipzig. Weitere Stationen waren Gießen und Marburg. 1888 wurde er nach Berlin berufen. Harnacks Hauptwerk ist das dreibändige ›Lehrbuch der Dogmengeschichte‹ (3 Bde., ⁴1909/10, Nachdr. 1990). Hier bezeichnete er das Dogma, vor allem mit Blick auf das altkirchliche Christus- und Trinitätsdogma, als „ein Werk des griechischen Geistes auf dem Boden des Evangeliums" und relativierte es damit (I, 1990, 20). Harnack veröffentlichte bahnbrechende historische Arbeiten, hatte aber auch eine systematisch-theologische Leidenschaft. Seine Dogmengeschichte ist eine Dogmenkritik: Vom 4. Jahrhundert bis in das Zeitalter der Reformation sah er die Kirche in der Zwangsjacke des Dogmas. In Luther und der Reformation erblickte er jedoch Wegbereiter der modernen Wissenschaft und Bildung.

Seine systematisch-theologische Sicht der christlichen Religion fasste Harnack in seiner berühmten, im Wintersemester 1899/1900 vor 600 Hörern gehaltenen Vorlesung ›Das Wesen des Christentums‹ zusammen, die als Buch publiziert, vielmals aufgelegt und nachgedruckt und in vierzehn Sprachen übersetzt wurde (Neuausg. 1999). Die Gesamtauflage des Werks, das zu den Klassikern protestantischer Theologie gehört, erreichte 100 000 Exemplare. Harnack sah die Krise der Theologie als Wissenschaft für überwunden an. Für ihn war das Problem gelöst, über das sich viele andere Theologen seiner Zeit den Kopf zerbrachen: wie Christentum und moderne Kultur zu vereinbaren seien. Gerade der Wandel der Formen gehörte für Harnack zum Wesen der christlichen Religion. Die biblischen Wunder und die apokalyptische Eschatologie ordnete er in den geschichtlichen Kontext ein und deutete sie existenziell. Das Eigentliche, auf das es ankomme, sei Jesus mit seiner Predigt, die man in drei Punkten zusammenfassen könne: 1. habe Jesus das Reich Gottes beschrieben und sein Kommen angekündigt, 2. habe Jesus Gott als einen barmherzigen Vater beschrieben und damit zusammenhängend jede einzelne Menschenseele als unendlich wertvoll angesehen, 3. habe Jesus eine bessere Gerechtigkeit als die seiner Zeit gelehrt und das Gebot der Liebe propagiert. Von der traditionellen Christologie und Trinitätslehre grenzte sich Harnack durch die Behauptung ab, nicht der Sohn, sondern allein der Vater gehöre in das Evangelium, wie es Jesus verkündet habe. Das Wesen des Christentums war für Harnack identisch mit der Religion Jesu, die sich auf das als innerlich begriffene Reich Gottes gründe und in der Übung der Nächstenliebe und Barmherzigkeit konkretisiere. Das Buch über das Wesen des Christentums ist auch

---

Marginalien:

Fortwirkungen und Neubelebungen

Dogmenkritik

›Das Wesen des Christentums‹

Religion Jesu

heute noch lieferbar und immer noch lesenswert. Viele Ideen Harnacks sind nicht veraltet, sondern stellen weiterhin gangbare Wege dar, den christlichen Glauben zu formulieren und zu vertreten. Seine Gedanken trägt Harnack klar strukturiert, in einer lebendigen und anschaulichen Sprache und in einer für jeden verständlichen Weise vor, wie man das in neueren Darstellungen des christlichen Glaubens aus der Feder christlicher Theologen nur noch selten findet. Auch deswegen ist Harnack nicht überholt, sondern vielmehr inspirierend für die Gegenwart.

Ruhm der Berliner Fakultät Mit Harnacks Lehrtätigkeit in Berlin verbunden war der Aufstieg der dortigen theologischen Fakultät zu Weltruhm. Auf internationaler Ebene galt er als der Hauptrepräsentant deutscher theologischer Arbeit, ja Wissenschaft überhaupt. Seine Position in der wissenschaftlichen Welt war ohne jede Parallele. Hervorzuheben ist, dass in einer Zeit zunehmender Säkularisierung diese Stellung ein Theologe erreichte. Harnack ist im Jahre 1930 verstorben.

Apostolikumstreit Involviert war Harnack in den so genannten Apostolikumstreit, bei dem moderne Theologie und traditionsgebundene kirchliche Praxis in einer die Öffentlichkeit erregenden Weise aufeinander prallten. Nachdem schon mehrfach die gottesdienstliche Verwendung des Apostolikums bei Taufen, Konfirmationen und Ordinationen wegen seiner Aussagen zur Jungfrauengeburt und Höllenfahrt Christi in Frage gestellt worden war, erregte 1892 der Fall des württembergischen Pfarrers Christoph Schrempf überregionales Aufsehen, der ohne Pension aus seinem Amt entlassen worden war, nachdem er aus Gewissensgründen bei einer Taufe das Apostolikum nicht verwendet und seine bekenntniskritische Position öffentlich verteidigt hatte. Die Kontroverse bewegte Synoden, Gemeinden, Geistliche und Laien, und viele Theologen meldeten sich zu Wort. Berliner Theologiestudenten traten deshalb an Harnack heran mit der Frage, ob man von der Kirche die Abschaffung des Apostolikums verlangen solle. Obwohl auch Harnack verschiedene dogmatische Aussagen des Bekenntnisses (Jungfrauengeburt, Auferstehung des Fleisches) kritisierte, wollte er zur Abschaffung nicht raten, weil damit diejenigen vergewaltigt würden, die ihren Glauben nach wie vor in diesem Bekenntnis ausgedrückt fänden.

2. Dialektische Theologie – Karl Barth

Theologie der Krise Als ausgesprochene „Theologie der Krise" entstand vor dem Hintergrund des Ersten Weltkrieges und der mit ihm verbundenen Orientierungslosigkeit vieler Intellektueller die über Jahrzehnte einflussreiche Richtung der Dialektischen Theologie. Sie war die profilierteste und wirkungsmächtigste Aufbruchbewegung in der evangelischen Theologie des 20. Jahrhunderts. Der Name war zunächst eine durchaus treffende Fremdbezeichnung, die von aufmerksamen Beobachtern der Sprache und des Argumentationsstils der Krisen-Theologen wegen ihrer Vorliebe für paradoxe Formulierungen geschaffen worden war (griech.: *dialexis* = Unterredung, Gespräch). Sie setzten dem kleinen Menschen den großen Gott, dem Tod das Leben, der Zeit die Ewigkeit, dem Möglichen das Unmögliche gegenüber. Dies war **Dialektik** eine zweigliedrige Dialektik ohne Synthese. Es gab für dieses Denken nur ein großes „Entweder-Oder". Inhaltlich ging es vor allem um das paulinisch-reformatorische Thema „Sünde und Gnade", um die Ungerechtigkeit des Menschen und die Gerechtigkeit Gottes. Die neue Theologie wandte sich gegen alle Synthesen von Offenbarung und Vernunft, von Christentum und Kultur. Die Dialektische Theologie hatte ursprünglich ihren Sitz im Leben nicht im akademischen Milieu, sondern im Bereich der Kirche, in den Gemeinden. Ihre führenden Männer kamen aus dem Pfarramt. Mehrere maßgebliche Vertreter waren Schweizer und damit in Traditionen des reformierten Protestantismus zu Hause. Der bekannteste und wichtigste Vertreter der Dialektischen Theologie war Karl Barth.

gegen
alle Synthesen

Als der Erste Weltkrieg begann, war der 1886 geborene Karl Barth ein junger, unbekannter Schweizer Pfarrer. Der gebürtige Baseler wirkte in der Arbeiter- und Bauerngemeinde Safenwil im Aargau. Er hatte in Deutschland studiert und war mit Deutschland und seiner Theologie eng verbunden. Als der Krieg ausbrach und die meisten deutschen Theologen jubelten, wankte jedoch sein Vertrauen in das Ethos der liberalen deutschen Theologie, und damit schwand auch sein Vertrauen zu ihrer Dogmatik und Ethik, zu ihrer Bibelauslegung und ihrem Geschichtsverständnis. Barth reagierte auf die Verunsicherung durch intensives Bibelstudium, durch eine Hinwendung zur Sache der Theologie. Wer die biblische Botschaft verkündigen wolle, so sagte er sich, müsse sich zuvor ganz der Bibel widmen. Barths neue Theologie wurde aus der Not der Predigt geboren. Als Frucht seiner Konzentration auf die christlichen Grundlagen erschien 1919 ein zunächst wenig beachtetes Buch, das jedoch in seiner zweiten, völlig neu gestalteten Auflage von 1922 theologiegeschichtlich Epoche machen sollte: ›Der Römerbrief‹ (¹⁶1999). Es handelte sich nicht, wie man vermuten könnte, um ein exegetisches Werk, sondern um eine systematisch-aktualisierende Auslegung des Paulusbriefes. Barth kritisierte den Grundansatz des theologischen und kirchlichen Denkens seiner Zeit. Nicht mehr der Mensch, sondern Gott sollte nach Barth in den Mittelpunkt gestellt werden, und Gott war für ihn keine vertraute, sondern eine fremde, ferne Gestalt. Mit der Wiederentdeckung Gottes ging die Betonung seines Andersseins und seiner Transzendenz einher (Jenseitigkeit; lat.: *transcendere* = überschreiten, übersteigen). Diese Gedanken forderten die ältere deutsche Theologengeneration heraus. Harnack, bei dem Barth einst im Seminar gesessen hatte, trat in einen offenen Streit mit ihm ein.

›Der Römerbrief‹

Mit seinem Römerbrief war Barth 1919 erstmals an die Öffentlichkeit getreten. 1921 erhielt er einen Ruf nach Göttingen, 1925 wechselte er nach Münster und 1930 nach Bonn. Seine Theologie hat er in dieser Zeit in Vorträgen und Aufsätzen sowie in kleineren und größeren Monografien systematisch entfaltet. 1932 begann sein monumentales Hauptwerk zu erscheinen, die ›Kirchliche Dogmatik‹ (1932–1970, Neuausg. 1986–1993), kurz KD, an der er bis zu seinem Tod 1968 weitergearbeitet hat, eines der gewaltigsten Werke der Theologiegeschichte. Sie hat mehrere Generationen von Theologen beschäftigt und geprägt, wurde ins Englische und Französische übersetzt und gehörte jahrzehntelang zur Standardausrüstung eines deutschen evangelischen Pfarrers. In seinem Schweizer Heimatland war Barth jedoch vergleichsweise wenig einflussreich.

›Kirchliche
Dogmatik‹

Grundlage aller Theologie war für Barth die Offenbarung Gottes in sei-

Wort-Gottes-Theologie

trinitätstheologische Neubegründung der Dogmatik

Entwicklungen in Barths Theologie

nem Wort. Er vertrat eine konsequente „Offenbarungs-" oder „Wort-Gottes-Theologie". Das göttliche Wort komme als „fremdes Wort" von außen auf die Menschen zu und werde nicht auf mystische Weise in ihnen laut. Mit seiner Distanz zu allen Formen des religiösen Erlebens und seiner Ablehnung jeder Gottunmittelbarkeit des Menschen wandte sich Barth gegen Bewusstseins- und Erfahrungstheologien, wie sie z. B. von Schleiermacher und weiteren großen Theologen des 19. Jahrhunderts vertreten worden waren. Barth übte Kritik am kirchlichen Aktivismus im sozialen und gesellschaftlichen Bereich. Die „Sache" der Theologie sei die Offenbarung, und ihre „Sachlichkeit" bestehe darin, nichts anderes zu tun als diese Offenbarung auszulegen. In diesem Sinne sei die Aufgabe der wissenschaftlichen Theologie identisch mit der, vor der die Predigt stehe. Mit dem offenbarungstheologischen Ansatz korrespondierte eine ausgeprägte Christozentrik des Barth'schen Denkens. Auf dieser Grundlage und unter Einbeziehung des Geistes kam er zu einer pointiert trinitätstheologischen Neubegründung der Dogmatik. Trinitarische Strukturen durchzogen seine ganze Theologie, ja sogar seine Sprache. In der Christologie griff er u. a. auf die orthodoxe Lehre von den Ämtern Christi zurück und brachte Person und Werk Christi unter dem Leitwort der Versöhnung in einen unauflöslichen Zusammenhang (KD IV). Die für die reformierte Tradition charakteristische Lehre von der doppelten Prädestination wurde von ihm auf originelle Weise christologisch neu gefasst: Jesus Christus selbst ist der erwählende Gott und der erwählte Mensch (KD II/2). Der lutherischen Reihung „Gesetz und Evangelium" stellte er das Motto „Evangelium und Gesetz" entgegen und behauptete, das göttliche Gesetz sei für die Glaubenden eine verbindliche Handlungsanweisung (KD II/2). Der Unterscheidung der beiden „Reiche" im Luthertum widersprach er mit der Lehre von der Königsherrschaft Christi (KD IV/4). Religion und Glaube wurden von Barth streng geschieden. Religion sei eine von Menschen in ihrer Selbstherrlichkeit geschaffene Sache. Insofern das Christentum Religion ist, sei es „Unglaube" (KD I/2). Der Glaube als im Grunde von Gott geschenkte Antwort auf Gottes Tat in Christus stehe im Gegensatz zur Religion. Durch seine „Lichterlehre" (KD IV/3) konnte der späte Barth den Religionen aber dann doch einen inklusivistischen und begrenzten, christologisch legitimierten Wahrheitsanspruch einräumen: Von Christus als dem „Licht der Welt" erhielten auch „Lichter, Worte und Wahrheiten" außerhalb der biblischen Offenbarung ihre Berechtigung.

Barths Theologie war nicht, wie man das infolge ihres oftmals kompromisslosen Auftretens vermuten könnte, starr und abgeschlossen. Es gab vielmehr Entwicklungen und Veränderungen, die sich wegen ihres sich über mehr als dreißig Jahre hinziehenden Entstehungsprozesses insbesondere in der Kirchlichen Dogmatik spiegeln. Der späte Barth betonte nicht mehr den Gegensatz zwischen Gott und Mensch, sondern die Gemeinschaft Gottes mit dem Menschen, die Versöhnung in Christus. Stärker als das richtende göttliche Nein akzentuierte er das christologisch begründete gnädige Ja zum Menschen und seiner Welt. Er vermied nun Paradoxien und arbeitete mit Analogien, um die Theologie theoretisch und praktisch mit dem Leben zu vermitteln. Deshalb hat er auch zu politischen und gesellschaftlichen Themen das Wort ergriffen. Für ihn gab es eine in der

Natur der Sache, d. h. in der Offenbarung begründete Nähe des christlichen Glaubens zu den demokratischen und sozialistischen Kräften.

Schon in den Weimarer Jahren war Barth bekannt und umstritten. Zum führenden systematischen Theologen der Zeit und „Kirchenvater des 20. Jahrhunderts" stieg er aber erst durch den „Kirchenkampf" auf. In den Auseinandersetzungen zwischen Kirche und Nationalsozialismus wuchs seinem kompromisslosen offenbarungstheologischen Ansatz plötzlich eine höchst aktuelle Bedeutung zu, aber auch sein persönliches Engagement erregte Aufsehen. Im Katholizismus gab es eine Auseinandersetzung mit der Dialektischen Theologie und mit Barth, begonnen durch Hans Urs von Balthasar (1951) und fortgeführt von Hans Küng (s. u. S. 106–109), aber es entwickelte sich keine katholische Dialektische Theologie.

Kirchenkampf

Ein einführender Text, der auf kurze und verständliche Weise mit der Theologie Barths in seinen eigenen Worten bekannt macht, ist seine ›Dogmatik im Grundriß‹ (⁷1987), die auf eine 1946 in Bonn gehaltene Vorlesung zurückgeht und 1947 veröffentlicht und später mehrfach nachgedruckt wurde. Am apostolischen Glaubensbekenntnis entlanggehend, entfaltet Barth hier alle wichtigen Themen der Theologie in allgemeinverständlicher Sprache. Geeignet ist ferner seine ›Einführung in die evangelische Theologie‹ (⁴1987), die auf die Vorlesung zurückgeht, mit der er sich 1962 in Basel aus dem akademischen Lehramt verabschiedet hat. Außerdem vermitteln verschiedene Aufsätze wie ›Christengemeinde und Bürgergemeinde‹ (1946), ›Das Wort Gottes als Aufgabe der Theologie‹ (1922), ›Der Christ in der Gesellschaft‹ (1919) und ›Rechtfertigung und Recht‹ (1938) immer noch einen guten Eindruck von den Grundansätzen seiner Theologie und von seinem besonderen Sprach- und Darstellungsstil. Einen Überblick über ›Karl Barths Lebenslauf‹ (⁵1993) gibt Eberhard Busch, eine Einführung in ›Die Theologie Karl Barths‹ (²1994) Christofer Frey.

wichtige frühe
Aufsätze Barths

Mit dem Tod Barths im Jahre 1968 und der Emeritierung und dem Tod seiner theologischen Schüler endete die Epoche der Dialektischen Theologie. Eine Auseinandersetzung mit Barths Denken findet wegen der Quantität und Qualität seines Werks zwar weiterhin statt, aber als Grundlage zur Lösung theologischer Gegenwarts- und Zukunftsaufgaben wird es kaum mehr genommen.

3. Existenzialtheologie – Rudolf Bultmann

Rudolf Bultmann wurde 1884 als Sohn eines Pfarrers in Wiefelstede/Oldenburg geboren. Nach seinem Studium in Marburg, wo er auch promoviert und habilitiert wurde, und Lehrtätigkeiten in Marburg, Breslau und Gießen war er ab 1921 Professor für Neues Testament in Marburg und wurde als kritischer Exeget in liberaler Tradition zum bedeutendsten Vertreter seiner Disziplin im 20. Jahrhundert. Bultmann, der den Gegensatz zwischen Mensch und Gott, „dem ganz Anderen", betonte und dadurch in großer Nähe zur Dialektischen Theologie stand, hat als Neutestamentler bahnbrechende Arbeiten und herausfordernde Thesen vorgelegt, wirkte mit seinen hermeneutischen und religionsphilosophischen Überlegungen aber auch im Bereich der Systematischen Theologie. Er war als Neutestamentler

Biografie

schulbildend und machte, insbesondere nach 1945, der Systematik vorübergehend ihre theologische Führungsposition streitig. Gestorben ist er 1976.

Entmythologisierung

Wie keine andere theologische Konzeption des 20. Jahrhunderts hat Bultmanns Programm der Entmythologisierung, das er 1941 in seinem Aufsatz ›Neues Testament und Mythologie‹ vorstellte, die theologische Fachwelt ebenso wie die kirchliche Öffentlichkeit erregt. Bultmann wollte die mythischen Elemente des Neuen Testaments, die immer mehr Menschen Probleme bereiteten, unter Zuhilfenahme der Kategorien der Existenzialphilosophie Heideggers für seine Zeit gültig interpretieren. Damit versuchte er eine neue Lösung des alten, seit der Aufklärung bestehenden Problems der Spannung zwischen der historischen Bedingtheit der Bibel und ihrem aktuellen theologischen Anspruch. Eine Erkenntnis von literarischen Zeugnissen gab es für Bultmann nur in einer die Existenz des Interpreten einbeziehenden Form. Diese hermeneutischen Thesen hatten nach 1945 eine unendliche Debatte zur Folge. Aus konservativ-frommen Kreisen des Protestantismus kam erregter Widerspruch, aber auch Barth und viele von ihm beeinflusste Theologen übten Kritik. Bultmanns Forschungen schienen dem Atheismus den Weg zu bereiten. So wurde Bultmann zum wohl umstrittensten evangelischen Theologen des 20. Jahrhunderts. Seine Thesen hatten, wo sie an der kirchlichen Basis, unter der Pfarrerschaft und in den Gemeinden, diskutiert wurden, eine beinahe kirchensprengende Kraft. Auch innerhalb der katholischen Theologie, wo Bultmann insbesondere von Exegeten rezipiert wurde, entstand ein Streit, der aber nur Fachgelehrte, nicht die kirchliche Basis bewegte.

Am historischen Jesus hatte Bultmann keinerlei Interesse. Auch hier fand er – schon mit seinem 1926 erschienenen Buch ›Jesus‹ (³1964, Neuausg. 1988) – zu einer im Vergleich mit dem 19. Jahrhundert neuen Lösung eines alten Problems, indem er alles Gewicht auf die Botschaft des Evangeliums,

Kerygma

das Kerygma legte (griech.: *kerygma* = Heroldsruf). Jesus war aus Bultmanns Sicht ein jüdischer Rabbiner und Bußprediger, der das Kerygma der Urgemeinde auslöste, indem er Menschen zur heilbringenden Entscheidung für die kommende Gottesherrschaft aufrief. Die Christenheit habe nur noch dieses Kerygma, hinter das zurückzugreifen nicht möglich sei. Aber dieses Kerygma rufe auch heute jeden Einzelnen in die Entscheidung. Mit der Einbeziehung der existenzialen Dimension in seine Theologie stellte Bultmann eine für die Zeit nach 1945 wichtige Alternative zur objektivierenden Dialektischen Theologie bereit. Durch die Kategorie der Entscheidung trat seine Christentumsinterpretation in Kontakt mit maßgeblichen Philosophien seiner Zeit. Der Gedanke, das Kerygma, also die kirchliche Verkündigung, zum Ansatz- und Ausgangspunkt der Theologie zu machen, brachte Bultmann, sicherlich ganz unbeabsichtigt, in die Nähe des Traditionsprinzips der katholischen Dogmatik.

Es gibt mehrere klassische, auch heute noch lesenswerte und allgemeinverständliche Veröffentlichungen Bultmanns. Dazu gehört der berühmte, oben erwähnte Entmythologisierungsaufsatz, ferner das ebenfalls genannte Jesus-Buch und schließlich der 1925 erschienene Aufsatz ›Welchen Sinn hat es, von Gott zu reden?‹.

4. Politische Theologie – Dietrich Bonhoeffer

Bonhoeffers Theologie als eine „politische" zu bezeichnen, kann und darf zunächst Widerspruch hervorrufen. Blickt man auf Bonhoeffers theologisches Werk als Ganzes, so ist es alles andere als politisch, es ist vielmehr zutiefst kirchlich und spirituell ausgerichtet. Aber es gibt beim späten Bonhoeffer Einzelgedanken, die als Grundlage einer Politischen Theologie dienen konnten und gedient haben, und sein Lebensweg, der ihn in den Widerstand gegen Hitler führte und mit seiner Ermordung auf Befehl des Tyrannen endete, war ein ausgesprochen politischer. Evangelische Theologinnen und Theologen wie Dorothee Sölle und Jürgen Moltmann haben in den 70er-Jahren des 20. Jahrhunderts Politische Theologien entwickelt, die sich explizit auf Bonhoeffer beriefen. Deshalb soll nun Bonhoeffer näher betrachtet werden, der wohl bekannteste, populärste und meistverehrte Theologe, den der Protestantismus im 20. Jahrhundert vorzuweisen hat.

Dietrich Bonhoeffer, 1906 in Breslau geboren, gehörte zu den hoffnungsvollen Gestalten des deutschen Protestantismus und der evangelischen Theologie. Nach dem Studium in Tübingen und Berlin und der Promotion hatte er sich 1930 in Berlin für Systematische Theologie habilitiert. Seine grundlegenden theologischen Werke waren ›Sanctorum Communio‹ (1930, Neuausg. 1986), eine dogmatische Untersuchung zur Soziologie der Kirche, in der Historismus und Soziologie mit Offenbarungstheologie verbunden und Christus als Gemeinde existierend gedacht wurde, und ›Akt und Sein‹ (1931, Neuausg. ²2002), eine erneut nach dem Konkretwerden der Offenbarung fragende Auseinandersetzung mit den Barthianern. Bonhoeffer pflegte schon als junger Mann intensive Beziehungen zum Ausland und zur protestantischen Ökumene. In Barcelona hatte er 1928/29 sein Vikariat absolviert und in New York 1930/31 studiert. 1933–1935 war er Pfarrer der deutschen Gemeinde in London. [Biografie]

Bonhoeffer stand 1933 von Anfang an in vergleichsweise entschiedener Opposition zum Nationalsozialismus. In den Jahren 1935–1937 leitete er ein illegales Predigerseminar der widerständigen Bekennenden Kirche. Die Erfahrungen, die er mit seinen Vikaren bei der Suche nach glaubwürdigem Christsein machte, schlugen sich in seinen Büchern ›Nachfolge‹ (1937, Neuausg. ³2002) und ›Gemeinsames Leben‹ (1939, Neuausg. ²2002) nieder. 1939 war Bonhoeffer noch einmal in den USA und hätte die Möglichkeit gehabt, dort eine akademische Karriere zu beginnen, entschloss sich aber zur Rückkehr nach Deutschland und zum aktiven, konspirativen Widerstand gegen Hitler. Über seinen Schwager Hans von Dohnanyi hatte er Verbindung zu Kreisen im Oberkommando der Wehrmacht, die ein Attentat auf Hitler planten. Bonhoeffer konnte ihr Vorhaben mit seinen Auslandsbeziehungen unterstützen. Über Männer der Ökumene wurden Kontakte zwischen dem Widerstand und den westlichen Alliierten hergestellt. Die mit der Konspiration zusammenhängenden theologischen Fragen reflektierte Bonhoeffer, der ursprünglich pazifistischen Überzeugungen angehangen hatte, in seiner ›Ethik‹ (Neuausg. ²1998), die posthum 1949 veröffentlicht wurde. Im April 1943 wurde er wegen des Verdachtes auf Landesverrat inhaftiert. Nachdem das lange vorbereitete Hitlerattentat am 20. Juli 1944 misslungen und bei den polizeilichen Untersuchungen Do- [Widerstand]

kumente gefunden worden waren, die Bonhoeffer belasteten, wurde er
wegen Hochverrats zum Tode verurteilt und am 9. April 1945, kurz vor
Kriegsende, im Konzentrationslager Flossenbürg im nordöstlichen Bayern
hingerichtet. Im Protestantismus der Nachkriegszeit nahm die Wertschätzung Bonhoeffers, begründet in seinem Engagement und seinem Marty-
rium, Züge einer Heiligenverehrung an.

Während der NS-Zeit hat Bonhoeffer mehrfach durch markante Gedanken und Aussprüche aufgezeigt, dass der christliche Glaube gesellschaftliche Verantwortung impliziert und dass sich die Theologie auch auf die
Politik auswirkt. Schon 1933 sprach er angesichts der beginnenden Juden-
diskriminierung davon, dass es nicht ausreiche, die Opfer zu verbinden,
sondern dass es notwendig sei, dem Rad in die Speichen zu fallen. 1935
gab er zu bedenken, nur wer für die Juden schreie, dürfe gregorianisch sin-
gen. Seine eigene theologische Existenz verband Bonhoeffer untrennbar
mit der politischen, als er sich entschloss, die akademische Karriere aus-
zuschlagen und stattdessen den Widerstand zu unterstützen. In den zwei
Jahren seiner Haft hat Bonhoeffer Briefe geschrieben und kleine Texte verfasst, die 1951 unter dem Titel ›Widerstand und Ergebung‹ (Neuausg.
1998) herausgekommen sind und ein großes, bis heute anhaltendes Echo
auslösten. In seiner Haftzelle fasste Bonhoeffer das Wesen des Christen-

tums in dem Doppelgedanken zusammen: Beten und Tun des Gerechten
(1998, 435). Diese unkonventionelle, auf traditionelle dogmatische Bestimmungen verzichtende Wesensbestimmung hing mit der von Bonhoeffer
ebenfalls in dieser Zeit perspektivisch entwickelten Konzeption einer
nichtreligiösen Interpretation der Wirklichkeit zusammen.

Bonhoeffer glaubte, die Christen in Deutschland gingen einer völlig reli-
gionslosen Zeit entgegen, und stellte sich die Frage: „Wie sprechen wir von
Gott – ohne Religion"? (403) Ein religionsloses Christentum schien ihm
eine vertretbare Möglichkeit zu sein, weil Jesus selbst ja nicht zu einer
neuen Religion, sondern zum Leben gerufen habe. Ein solches religionsloses Christentum benötige natürlich eine andere, eine neue Sprache, die,
weil gänzlich unreligiös, gerade befreiend und erlösend sein könnte. Das
Leben, zu dem Jesus nach Bonhoeffer gerufen hat, ist gleichbedeutend mit
Weltzugewandtheit und Diesseitigkeit. Darunter verstand Bonhoeffer die
Fülle der Aufgaben, Fragen, Erfolge und Misserfolge, Erfahrungen und Rat-
losigkeiten, in die der Mensch hineingestellt wird. Bonhoeffer selbst hat
auf diese Weise diesseitig gelebt und dabei erfahren, dass man erst in der
vollen Diesseitigkeit des Lebens glauben lernt. Davon berichtete er am
21. Juli 1944, einen Tag nach dem fehlgeschlagenen Attentat auf Hitler, seinem Freund Eberhard Bethge in einem Brief. Bethge, der später Bonhoeffers Leben beschrieb (s. u.), charakterisierte dessen diesseitige Haltung mit
dem Begriff der Zeitgenossenschaft. Die Erfahrungen der Diesseitigkeit
hatten Konsequenzen für den Gottesbegriff: „Nicht erst an den Grenzen
unserer Möglichkeiten, sondern mitten im Leben muß Gott erkannt werden", schrieb Bonhoeffer damals nieder (455). Und daraus folgte unmittelbar die schon oben zitierte unkonventionelle Wesensbestimmung
des Christentums, die Bonhoeffer erstmals im Mai 1944 in seinen Gedanken zum Tauftag des Sohnes von Bethge formulierte: „Unser Christsein
wird heute nur in zweierlei bestehen: im Beten und im Tun des Gerechten

unter den Menschen." (435) Die Gerechtigkeit und das Reich Gottes auf Erden müssten den Mittelpunkt des christlichen Denkens und Handelns bilden. Weiter sagte Bonhoeffer im Mai 1944 mit Blick auf zukünftige Generationen: „Denken und Handeln wird für Euch in ein neues Verhältnis treten. Ihr werdet nur denken, was ihr handelnd zu verantworten habt. Bei uns war das Denken vielfach der Luxus des Zuschauers, bei Euch wird es ganz im Dienste des Tuns stehen." (433) Das war, obwohl es Bonhoeffer nicht so nannte, eine Politische Theologie. In ihr geht es darum, Denken und Handeln, Theorie und Praxis, Kirche und Gesellschaft, Glauben und Leben, Theologie und Politik in Einklang zu bringen, und zwar unter dem Primat des Handelns, der Praxis, der Gesellschaft, des Lebens und der Politik.

denken – im Dienste des Tuns

Johann Baptist Metz von der Katholisch-Theologischen Fakultät der Universität Münster vertrat seit 1967 offensiv das Konzept einer Politischen Theologie, worunter er eine Theologie verstand, die sich der Begegnung mit der Welt stelle und den Herausforderungen der Gegenwart öffne. „Die Welt ist heute weltlich geworden, und wenn nicht alles trügt, ist dieser Vorgang noch keineswegs an einem überschaubaren Ende angelangt." So eröffnete Metz 1968 sein Buch ›Zur Theologie der Welt‹ (⁵1985, 11). Die Diagnose entspricht der Bonhoeffers aus dem Jahre 1944, und auch die Konsequenzen decken sich: Es geht nach Metz darum, die bleibende und wachsende Weltlichkeit der Welt positiv zu deuten. Politische Theologie ist also keine theologische Staats-, Rechts- und Gesellschaftstheorie, sondern will das Religiöse dem Privaten entreißen und das Auseinandertreten von Religion und Gesellschaft bekämpfen. Metz' Anliegen korrespondierte mit dem der Theologie nach Auschwitz (s. u. S. 101–104), der Befreiungstheologie (s. u. S. 96–98), der feministischen Theologie (s. u. S. 98–100), der Religionstheologie (s. u. S. 104–106) und den Anliegen weiterer neuerer kontextueller Theologiekonzepte. Er hat zahlreiche, viel beachtete Veröffentlichungen zum Thema der Politischen Theologie vorgelegt. Am Ausgangspunkt stand der zitierte, 1968 erschienene Sammelband. Zuletzt versuchte der 1928 geborene Theologe, das neue Konzept hinsichtlich seiner fundamentaltheologischen Relevanz zu entfalten.

J. B. Metz

Metz hat den Begriff der Politischen Theologie als Erster verwendet. Dorothee Sölle hat diesen, da er ihren eigenen Anliegen entsprach, sogleich rezipiert und dabei auf Bonhoeffer zurückgegriffen. Schon zuvor hatte sie in ihrem Buch ›Stellvertretung‹ (1965, Neuausg. 1982) und später in ›Atheistisch an Gott glauben‹ (1968, Neuausg. ³1994) Bonhoeffers Anliegen einer nichtreligiösen Interpretation der Wirklichkeit bedacht. Auch Jürgen Moltmann hat den Begriff rezipiert, da eine politisch engagierte Theologie mit seinem wenige Jahre zuvor erschienenen Buch ›Theologie der Hoffnung‹ (¹³1997) im Einklang stand. In den 70er-Jahren wurde dann eine lebhafte und kontroverse Diskussion um Begriff und Sache der Politischen Theologie geführt.

Sölle und Moltmann

Die Rede von einer Politischen Theologie wirkt provozierend auf alle, die Theologie für eine eigentlich unpolitische Angelegenheit halten. Sie suggeriert auch selbst, dass es neben einer politischen Theologie eine unpolitische gäbe. Doch streng genommen ist jede Theologie politisch, d. h. von politisch-gesellschaftlicher Relevanz, gerade auch die unpolitische, die

unpolitische Theologie?

Welt, Staat und Gesellschaft sich selbst überlässt. Die explizit politische Theologie reflektiert aber ihre politischen Implikationen und entwickelt sich im Dialog mit und als Reaktion auf die politische Situation.

Bonhoeffer hat als Pfarrer der Bekennenden Kirche und Widerstandskämpfer im Stauffenberg-Dohnanyi-Kreis, ohne den Begriff der Politischen Theologie zu verwenden, die Weltverantwortung des Christen theologisch begründet, unter schwierigsten geschichtlichen Rahmenbedingungen selbst gelebt und mit seinem Leben bezahlt. Deswegen muss auch heute noch jedes Nachdenken über Politische Theologie mit seinem Namen, seinen Ideen und seinen Taten beginnen. Unter dem Titel ›Dietrich Bonhoeffer‹ hat Eberhard Bethge ›Eine Biographie‹ veröffentlicht (⁷2004) und Sabine Dramm eine ›Einführung in sein Denken‹ (2001).

5. Korrelationstheologie – Paul Tillich

Biografie

Paul Tillich wurde 1886 als Sohn eines Pfarrers in Starzeddel, einem Dorf der Mark Brandenburg, geboren. Nach seinem Studium in Berlin, Tübingen und Halle war er Privatdozent in Berlin und danach Professor in Marburg, Dresden, Leipzig und Frankfurt a.M. Bereits im April 1933 wurde er als Erster unter den oppositionellen protestantischen Theologen vom Hochschuldienst suspendiert und emigrierte in die USA, wo er in New York und an der Harvard-University in Cambridge/Mass. lehrte. In Chicago ist er 1965 verstorben. Tillich war religiöser Sozialist und zweifellos der bedeutendste Theologe dieser Bewegung. In einem weiteren Sinn kann der zutiefst von der Erfahrung des Ersten Weltkrieges geprägte Mann auch als Vertreter der Dialektischen Theologie angesehen werden.

religiös-
sozialistische Ideen

In seinen ersten Schriften beschäftigte sich Tillich zunächst mit religiös-sozialistischen Ideen und Theorien. Er verfolgte das Ziel, die Kirche und die Öffentlichkeit für die Anliegen der Arbeiterbewegung zu öffnen, und er wollte diese auch zu einem tieferen Verständnis ihrer selbst führen. Die neue soziale Bewegung war für ihn nämlich ein im Grunde religiöses Phänomen, da die sozialistische Analyse der Wirklichkeit die menschliche Situation in ihrer Ungesichertheit, Ausgestoßenheit, Hoffnungslosigkeit und Sinnlosigkeit offenbare. In der veränderten Lage nach dem Ersten Weltkrieg erblickte Tillich die Chance für eine neue, ganz andere Synthese von Religion und Kultur, konkret für eine Verbindung von Christentum und Sozialismus. Für diesen religiös dimensionierten geschichtlichen Zeitmoment verwandte er den neutestamentlichen Begriff des Kairos. In den 20er-Jahren wandte sich Tillich kulturtheologischen, wissenschaftstheoretischen und religionsphilosophischen Fragestellungen zu. Dabei entfaltete er den Gedanken, dass es der Religion immer um das Unbedingte gehe, das freilich nur im Bedingten erkannt werden könne. Dem Protestantismus traute Tillich zu, jede Absolutsetzung des Bedingten zu verhindern und dazu beizutragen, in der Welt die Perspektive auf Gott wach zu halten. Vor dem Hintergrund dieser Überlegungen und Überzeugungen wurde er zu einem konsequenten Gegner des Nationalsozialismus, dem er bereits 1933 die Vergötzung von Blut und Boden und damit die Verabsolutierung des Bedingten zum Unbedingten vorwarf.

Gott als
das Unbedingte

Nach seiner Emigration verfasste Tillich in englischer Sprache sein Hauptwerk, die dreibändige ›Systematische Theologie‹ (1951–1963, dt. 1955–1966, ⁸1984, Nachdr. 1987) in der er eine umfassende, die Herausforderungen seiner Gegenwart aufgreifende Neuinterpretation der christlichen Lehrüberlieferung versuchte. Sein Anliegen war, die traditionellen Glaubenssätze, die ewige Wahrheit, in Beziehung zu bringen zu existenziellen und aktuellen Problemen, zur Zeitsituation, zur Kultur. Er hat dieses Vorgehen als die Methode der Korrelation bezeichnet (lat.: *correlatio* = Wechselbeziehung). Seine Theologie wird deswegen als Korrelationstheologie bezeichnet oder auch als Kulturtheologie. Für Tillich hat die Theologie eine apologetische Aufgabe. Sie besteht darin, zu antworten auf Fragen, welche die Situation stellt, mit den begrifflichen Mitteln, welche die Situation liefert. Als Gegenstand der Theologie bestimmte er das, was uns unbedingt angeht, was über unser Sein oder Nichtsein entscheidet. Den traditionellen christlichen Erlösungsgedanken fasste Tillich in den Begriff des Neuen Seins, das in Jesus dem Christus offenbar werde als eine Wirklichkeit, in der die Selbstentfremdung der menschlichen Existenz überwunden werde. Für die Arbeit des Theologen, seine theologische Existenz, setzte Tillich das unbedingte Betroffensein durch die christliche Botschaft voraus. Der Theologe brauche eine Bindung an den Inhalt, den er erkläre. Tillich griff auch die bei Barth wenig angesehene Kategorie der Erfahrung auf und stellte heraus, dass der Gegenstand der Theologie nur verifiziert werden könne in Partizipation. Dabei sei für die christliche Theologie aber Jesus der Christus die Norm für jede religiöse Erfahrung. Durch Emigrations- und Kriegserfahrungen inspirierte Gedanken über Angst, Schuld und Verzweiflung, aber auch Tapferkeit, Selbstbejahung und Leben fasste Tillich 1952 in der kleinen Schrift ›Der Mut zum Sein‹ zusammen. Sie ist trotz ihrer Zeitgebundenheit als Einführung in Tillichs Denken zu empfehlen.

Bezug zu existenziellen Problemen

Tillichs Gedanken und Ideen wurden sowohl von der evangelischen als auch von der katholischen Theologie rezipiert, allerdings überwiegend nur in der englischsprachigen Welt. Im deutschen Sprachraum war Tillichs Wirkung vergleichsweise schwach, was zum einen daran lag, dass er in Amerika lebte und seine Werke in Englisch verfasste, zum anderen daran, dass die beherrschende Stellung Barths im theologischen Diskurs verhinderte, dass Tillichs eigentlich viel zukunftsfähigere Gedanken auch nur zur Kenntnis genommen wurden. Außerdem erschwert Tillichs sehr spezielle Begrifflichkeit die Rezeption seiner Dogmatik. Man muss sich ganz auf sein Denken und seine Sprache einlassen, um ihn verstehen zu können, und kann ihn nicht einfach zu einem beliebigen Topos der Dogmatik punktuell konsultieren.

Rezeption im englischen Sprachraum

6. Transzendentaltheologie – Karl Rahner

Zu den einflussreichsten katholischen Theologen des vergangenen Jahrhunderts gehört Karl Rahner. Über den Bereich der katholische Theologie hinaus hatte er auch große Breitenwirkung in der Kirche und erhebliche Ausstrahlung auf die evangelische Theologie. Geboren wurde Rahner 1904 in Freiburg i. Br. Er gehörte dem Jesuitenorden an, war am 2. Vatikanischen

Biografie

Konzil beteiligt und wirkte als Theologieprofessor in Innsbruck, München und Münster. Gestorben ist Rahner 1984. Sein grundlegendes Werk ist 1941 erschienen und trägt den Titel ›Hörer des Wortes‹. Sein Hauptwerk, an dem er seit 1964 gearbeitet hat und in dem er seine wesentlichen theologischen Erkenntnisse zusammenfasste, ist der 1976 erstmals erschienene ›Grundkurs des Glaubens‹ (⁹2001). Er erlebte mehrere Auflagen, wurde in viele Sprachen übersetzt und ist noch heute lesenswert. Seit 1995 erscheint eine auf etwa 32 Bände berechnete Gesamtausgabe der Werke Rahners.

Rahner hat viele religiöse Kleinschriften zu elementaren Fragen des christlichen Glaubens publiziert, die auch von Nicht-Fachleuten gelesen wurden, und er hat auch zu praktischen, kirchenreformerischen Fragen Stellung genommen. Im Kern ist Rahners Theologie jedoch ein anspruchsvolles theoretisches Gebäude, für das man den Begriff Transzendentaltheologie geprägt hat.

Transzendenz

In Rahners systematisch-theologischen Werken, z. B. in seinem ›Grundkurs des Glaubens‹, begegnen häufig die Begriffe transzendent und transzendental. Der unbefangene Leser assoziiert mit diesen Begriffen die Transzendenz Gottes. Gott wird in der Theologie als ein transzendentes, d.h. ein die menschliche Anschauung und Erfahrung übersteigendes, ein jenseitiges Wesen bezeichnet. Doch das ist bei Rahner nicht gemeint. Den Begriff der Transzendenz wendet Rahner nicht auf Gott, sondern auf den Menschen an: Der Mensch ist für ihn ein transzendentes Wesen. Theologie ist für Rahner als Christologie, wie er es selbst zugespitzt ausdrückt, „vollendete Anthropologie", d.h., in der Gottes- und Christuslehre geht es um den Menschen. Für den Menschen interessiert sich Rahner freilich nicht als solchen, sondern als ein auf Gott bezogenes Wesen. Und genau das meint die Rede von der Transzendenz des Menschen. Der Mensch ist ein transzendentes Wesen, weil er darauf angelegt ist, sich selbst zu transzendieren, hinter sich zu lassen, sich mit Gott und dem Nächsten zu verbinden. Er ist ein Wesen der Frage, er ist Hörer des göttlichen Wortes, er ist Sucher des Heils.

Transzendentalität

Rahner spricht jedoch nicht nur von der Transzendenz des Menschen, sondern auch von dessen Transzendentalität. Damit greift er einen Begriff auf, der von Immanuel Kant geschaffen worden und Rahner bei dem belgischen Theologen Josef Maréchal begegnet war. Kant unterscheidet zwischen transzendent und transzendental. Transzendent sind Gegenstände jenseits des Empirischen, transzendental sind nicht in der Erfahrung begründete, sondern aller Erfahrungserkenntnis zugrunde liegende Basiskategorien des Erkennens wie Raum, Zeit und Kausalität, mit denen Gegenstände erfasst und beschrieben werden. Kant will als Philosoph nicht einfach Erkenntnisse gewinnen, sondern er will die Bedingungen der Möglichkeit von Erkenntnis klären. Diesen philosophiegeschichtlich außerordentlich bedeutungs- und wirkungsvollen Ansatz Kants bezeichnet man als Transzendentalphilosophie. In Anlehnung daran wurde der Begriff Transzendentaltheologie geschaffen und auf Rahner angewandt, um seine partiell auf die Philosophie Kants zurückgreifende Theologie zu charakterisieren. Auch Rahner will die Bedingungen der Möglichkeit von Erkenntnis, und zwar von Gotteserkenntnis, klären.

In seinem ›Grundkurs‹ begreift Rahner den Menschen als „Wesen der

Transzendenz" (42). Er erläutert an Beispielen aus dem Lebensalltag, dass jeder Mensch Transzendenzerfahrungen kennt, die freilich ganz unterschiedlich und von manchen Menschen überhaupt nicht reflektiert und gedeutet werden. Z.B. macht jeder Mensch in jedem Akt der Nächstenliebe eine Transzendenzerfahrung. Auch der Mensch, der nach Erkenntnis strebt, der fragt und immer wieder weiter fragt, macht eine Transzendenzerfahrung, denn er erlebt, wie der Horizont, den er zunächst vor sich gesehen hatte, immer weiter zurückweicht und die Unendlichkeit sich öffnet. Diese Transzendenzerfahrungen jedes Menschen sind für Rahner ursprüngliche, noch nicht in Begriffen gefasste Gotteserfahrungen, die zeigen, dass der Mensch für das Übernatürliche, für Gott bestimmt ist. Jeder Mensch macht also Gotteserfahrungen, sie bleiben vielen Menschen aber unbewusst und unbegriffen. Die göttliche Offenbarung tritt dem Menschen also nicht als etwas Fremdes gegenüber, sondern sie interpretiert, was im Menschen schon vorhanden ist, und führt ihn in die Tiefe seiner eigenen Existenz. Gott ist in der menschlichen Existenz kategorial verankert als transzendentales oder „übernatürliches Existential" (132). Gott kann Rahner aus der von ihm eingenommenen anthropologischen Perspektive heraus definieren als das „unumfassbare Woraufhin und Wovonher" der menschlichen Transzendenz (68). Dies ist freilich ein noch ganz unanschaulicher Gott. Anschaulich wird dieser Gott nur, wenn er sich selbst offenbart und mitteilt. An diesem Punkt münden die religionsphilosophischen Überlegungen Rahners in christlich-theologische Aussagen ein. Gott hat sich den Menschen existenziell und geschichtlich mitgeteilt und sich dabei in seinem innersten Kern – weil der Mensch Sünder ist – als ein Wesen vergebender Liebe gezeigt. Diese Gottesoffenbarung ist schon dem alten Israel zuteil geworden, ihren Höhepunkt hat sie jedoch in Jesus Christus erreicht. In dieser geschichtlichen Person hat sich Gott irreversibel und zugleich siegreich als ein den Sünder Liebender offenbart.

Gottesbegriff

Für Rahner ist klar, dass jeder Mensch, auch der Atheist, in einer Gottesbeziehung lebt. Und viele Menschen stehen, ohne dass es ihnen bewusst ist, auch in einer Beziehung zu Christus. Wer seinen Nächsten liebt, liebt in ihm auf anonyme Weise Christus. Diese Interpretation der Nächstenliebe deckt sich mit Jesu Rede vom Weltgericht Mt 25, wo der Dienst an Kranken, Hungrigen, Fremden und Gefangenen als Dienst an Christus selbst gedeutet wird. Es gibt also Menschen, die faktisch längst eine Christusbeziehung aufgenommen haben, ohne je etwas explizit von Christus gehört zu haben. Auf diesem Hintergrund kann Rahner mit Blick auf Menschen, die formal anderen Religionen angehören, von „anonymem Christen" sprechen.

anonyme Christen

Die Ökumene war Rahner immer ein wichtiges Anliegen. Kurz vor seinem Tod bezeichnete er die kirchliche Einheit als eine „reale Möglichkeit". In acht Thesen legte er 1983 gemeinsam mit seinem katholischen Kollegen Heinrich Fries, Professor für Fundamentaltheologie und Ökumenische Theologie in München, den großes Aufsehen erregenden, begeisterte Zustimmung und heftigen Widerspruch erntenden Rahmenplan ›Einigung der Kirchen‹ (³1987) vor, der den Leitgedanken der versöhnten Verschiedenheit popagierte. Den Evangelischen mutete er dabei die Anerkennung des „Petrusdienstes" des römischen Papstes zu und die Ordination der Amtsträger durch Gebet und Handauflegung, der katholischen Kirche die Anerkennung der Eigenständigkeit der Teilkirchen.

7. Prozesstheologie – John Cobb

Zu den anspruchsvollsten theologischen Entwürfen der neueren Zeit gehört die Prozesstheologie. Anspruchsvoll ist diese Theologie nicht nur wegen ihrer dezidiert philosophischen Grundlegung und ihrer hohen Abstraktion, sondern auch infolge der Tatsache, dass die meisten Veröffentlichungen bislang nur in englischer Sprache vorliegen. Entstanden ist die Prozesstheologie in den USA, und dort hat sie sich auch fest etabliert. Rezipiert wurde sie insbesondere in Japan; in Deutschland, Österreich und der Schweiz hingegen bislang kaum. Es gibt keine deutschen Prozesstheologen. Einige Theologen deutschsprachiger Länder haben sich aber in wissenschaftlichen Publikationen mit diesem neuen Denken konstruktiv auseinander gesetzt. An erster Stelle sind in diesem Zusammenhang der schon lange an der Thematik interessierte evangelische Systematiker Michael Welker, Heidelberg, und der junge katholische Dogmatiker Roland Faber, Wien, zu nennen. Von Letzterem ist eine verständlich geschriebene Einführung in die Prozesstheologie erschienen unter dem Titel ›Gott als Poet der Welt‹ (2003).

A. N. Whitehead

Die Prozesstheologie ist zunächst und vor allem mit dem Namen des englischen Mathematikers und Philosophen Alfred North Whitehead verbunden, der bis 1937 an der amerikanischen Harvard University lehrte und 1947 verstorben ist. Whitehead wurde mit seinem Buch ›Process and Reality‹ (1929, dt. Ausg. 1987) der Begründer der Prozessphilosophie. Dieser Name für die Whitehead'sche Philosophie erklärt sich dadurch, dass

Wirklichkeit als Prozess

bei ihm die Wirklichkeit als Prozess begriffen wird, als eine nicht determinierte Abfolge von Ereignissen, bei der aus Ereignissen immer wieder neue Ereignisse entstehen. Traditionelle Philosophien, insbesondere die Philosophien der Antike, versuchten die Wirklichkeit mit statischen Begriffen zu erfassen. Sie fragten nach dem Sein und nach der Substanz. Die Whitehead'sche Philosophie begreift die Wirklichkeit dagegen mit einem dynamischen Begriff als Prozess. Auch die personale Existenz des menschlichen Individuums wird als Abfolge von Einzelgeschehnissen angesehen. Man kann dieses Wirklichkeitsverständnis am Beispiel eines Films illustrieren. Ein Film präsentiert sich dem Auge als fortlaufende Bewegung, während er in Wirklichkeit aus einer Folge einzelner Bilder besteht. Die Wirklichkeit des Menschen, aber auch des Kosmos, ist bestimmt durch Veränderung, durch Werden, Wachsen und Vergehen. Umfasst wird diese Ereignisabfolge, die Wirklichkeit konstituiert, von Gott. Neben dem Begriff Prozess

Genuss

spielt auch der Begriff Genuss (*enjoyment*) in Whiteheads Philosophie eine große Rolle. Jedes Einzelgeschehnis der gesamten Wirklichkeit ist mit Genuss verbunden. Wer sich selbst verwirklicht, an anderen handelt, zu einer größeren Gemeinschaft gehört, der genießt dabei sich selbst als ein erlebendes Subjekt. Was für den Menschen Geltung hat, gilt zuvor schon für jenen Bereich der Wirklichkeit, in dem es kein Bewusstsein gibt. Die gesamte Wirklichkeit ist durch Erleben und damit automatisch durch Genuss geprägt. Auch elektronische Ereignisse „genießen" ihre Realisierung, allerdings ohne Bewusstsein.

Whitehead hat im Zusammenhang mit seinen philosophischen Reflexionen bereits religionsphilosophische Überlegungen angestellt, so dass man ihn durchaus auch als den Begründer der Prozesstheologie ansehen kann. Berühmt in diesem Zusammenhang sind seine bereits 1926 in Boston gehaltenen Vorlesungen ›Religion in the Making‹ (dt. Ausg. ²1996). Sein Schüler Charles Hartshorne hat die theologischen Implikationen der Prozesstheologie weiter entfaltet, verstand sich aber ebenfalls primär als Philosoph. Unter den ersten Theologen, die sich dem neuen Denkansatz verschrieben, ragt John Boswell Cobb hervor. 1966 veröffentlichte er sein Buch ›A Christian Natural Theology‹ (⁵1974), eines der klassischen Werke der Prozesstheologie. Seit 1958 lehrte der 1925 in Japan geborene methodistische Theologe an der Claremont School of Theology in Claremont, Kalifornien, wo er 1973 das Center for Process Studies gründete. Neben Cobb sind als bedeutende Vertreter dieser theologischen Richtung David Griffin und Catherine Keller zu nennen. Eine weitere, in ihren Denkansätzen und theologischen Explikationen noch wesentlich anspruchsvollere, abstraktere Richtung der Prozesstheologie hat sich an der Chicago Divinity School etabliert.

›Wie entsteht Religion?‹

Für den Gottesbegriff hat das Prozessdenken entscheidende Konsequenzen. Es wendet sich gegen folgende fünf traditionelle, im allgemeinen Bewusstsein stark verbreitete Sichtweisen Gottes: 1. gegen den Gedanken, Gott sei Gesetzgeber und Richter und sein Anliegen sei die Forderung und Förderung von Moral, 2. gegen die Vorstellung, Gott sei unwandelbar und leidenschaftslos, er sei das jenseits der Welt existierende Absolute, 3. gegen den Gedanken, Gott würde in seiner Allmacht alle Ereignisse in der Welt – Naturereignisse ebenso wie Menschenschicksale – im Detail bestimmen und lenken, 4. gegen die Inanspruchnahme Gottes für die Legitimation und Aufrechterhaltung bestehender Ordnungen und 5. gegen die geschlechtsspezifisch einseitigen, maskulinen Gottesbilder, die Gott als dominanten, emotionslosen starken Mann begreifen. Was setzt die Prozesstheologie diesen verworfenen Sichtweisen Gottes entgegen? Grundlegend ist für sie der Gedanke, Gott nicht statisch zu begreifen, sondern relational, nicht seiend, sondern werdend. Gott wird ferner nicht dualistisch als das Gegenüber der Welt gesehen, sondern als ein die Geschichte von Mensch, Welt und Kosmos Begleitender. Gott handelt in der Geschichte, hinter und in dem weltlichen Prozess, als schöpferische und anteilnehmende Liebe. Gott ist der Ursprung aller Unruhe im Universum, er strebt nach Neuem, nach der Verwirklichung neuer Möglichkeiten. Er handelt, indem er Anstöße gibt, zu überreden und zu gewinnen sucht. Dabei geht er ein Wagnis, ein Risiko ein, da er das Ergebnis seines liebenden Handelns nicht voraussehen kann. Er will die Selbstverwirklichung und den Genuss jedes einzelnen Geschöpfes fördern, hat aber das Erreichen dieses Zieles nicht in der Hand, denn jedes Geschöpf hat Freiheit.

Gottesbegriff

Die Prozesstheologie ist offen für die Ergebnisse der neueren Naturwissenschaften wie Quantenphysik, Evolutions- und Relativitätstheorie und für das östliche Denken. Auch aktuelle Themen und Probleme wie Feminismus, Ökologie und interreligiöser Dialog werden von den Prozesstheologen aufgegriffen.

offen für Naturwissenschaften

Die bislang beste Informationsquelle steht in der 1979 als Übersetzung aus dem Englischen erschienenen einführenden Darstellung ›Prozess-Theologie‹ zur Verfügung, die Cobb gemeinsam mit seinem Kollegen, dem Claremonter Theologieprofessor David Ray Griffin, verfasst hat. Nur wenig wurde ansonsten ins Deutsche übersetzt. Es ist nicht einfach, mit einer eigenen Terminologie verbundene hochkomplexe Gedankengänge in einer fremden Sprache so wiederzugeben, dass der Lesende das Gemeinte auch versteht. Wer sich mit der Prozesstheologie ernsthaft auseinander setzen will, muss zu den Originalwerken greifen.

8. Befreiungstheologie – Gustavo Gutiérrez

Eine der spektakulärsten und einflussreichsten theologischen Neuentwicklungen der jüngeren Geschichte war und ist die Befreiungstheologie oder Theologie der Befreiung. Der Begriff hat eine doppelte Stoßrichtung: Befreit werden soll die Theologie selbst von ihren überkommenen Formen, Methoden und Inhalten, und diese befreite Theologie soll zugleich der Befreiung unterdrückter Menschen und Völker dienen. Jesus selbst wird als Befreier begriffen.

doppelte Stoßrichtung

Einer der ersten großen Repräsentanten dieser neuen theologischen Richtung, die sich seit den 50er-Jahren des 20. Jahrhunderts zunächst in Lateinamerika im Zusammenhang mit so genannten Basisgemeinden herausgebildet hatte, war der katholische Priester Gustavo Gutiérrez in Peru. 1928 wurde er in Lima geboren. 1971 veröffentlichte er seine ›Teología de la liberación‹, die 1973 auch in deutscher Sprache erschien und allein in dieser bis 1992 zehn Auflagen erlebte, von Ausgaben in anderen Sprachen ganz zu schweigen. Gutiérrez hatte in Europa – in Löwen, Lyon und Rom – Theologie studiert, kehrte aber nach Peru zurück und lebte und arbeitete in einer Favela, einem Armenviertel der Hauptstadt Lima. Zugleich wirkte er von 1960 an als Professor an der Katholischen Universität Lima.

Biografie

Die Befreiungstheologie von Gutiérrez nahm ihren Ausgangspunkt nicht bei der Bibel, nicht bei der Philosophie, nicht bei der Geschichte und auch nicht bei der theologischen Tradition, sondern beim auf gesellschaftliche Befreiung abzielenden Engagement unterdrückter Menschen. Sie hatte ihren Sitz im Leben also in der Praxis und verstand sich von Anfang an als kritische Reflexion auf die Praxis. Befreiungstheologen beteiligten sich als Priester an befreienden Aktivitäten ihrer Gemeinden und formulierten die dazu passende Theologie. Diese Theologie war keine akademische und keine klerikale Angelegenheit, sondern Sache jedes Glaubenden. Für Gutiérrez entsteht Theologie ganz spontan in jedem Menschen, der das Geschenk des Wortes Gottes angenommen hat.

Dimensionen der Befreiung

Der Begriff Befreiung hat nach Gutiérrez drei unterschiedliche, aber miteinander in Beziehung stehende Dimensionen: 1. geht es um ökonomische und soziale Befreiung, um Befreiung aus Unterdrückung und einem elenden Dasein am Rande der Gesellschaft. 2. geht es um persönliche Befreiung, um die Formung eines neuen Menschen mit veränderten Haltungen und Einstellungen. 3. geht es um die Befreiung von der Sünde, die Gutiérrez als letzte Wurzel aller Sklaverei und eigentliche Ursache der gesellschaftlichen Ungerechtigkeit ansieht. In diesem Sinn ist die Theologie der

Befreiung identisch mit einer Theologie der Erlösung. Das Wirken Christi wird von Gutiérrez ganz unter dem Vorzeichen der Befreiung gesehen. Christus zielte auf Befreiung, und das Christentum hat deshalb ebenfalls auf Befreiung zu zielen. Der Kampf um eine gerechte Gesellschaft wird zu einem Bestandteil der Heilsgeschichte.

Zahlreiche Begriffe der Tradition werden von Gutiérrez neu interpretiert. Die Kirche begreift er beispielsweise als Sakrament des Heils der Welt, d.h. als „das sichtbare Zeichen der Gegenwart des Herrn im Verlangen nach Befreiung und im Kampf für eine menschlichere und gerechtere Gesellschaft" (^{10}1992, 319). Die Eucharistiefeier interpretiert er neu und im Anschluss an das Passahfest der Juden, die sich bei diesem Fest an den Auszug aus Ägypten erinnern, als ein Fest der Befreiung, sowohl der bereits geschenkten Befreiung von der Sünde als auch der erhofften politischen. Das gemeinsame Essen und Trinken von Brot und Wein ist für Gutiérrez ein Zeichen der Geschwisterlichkeit, die ihre Wurzel in dem Willen Gottes hat, allen Menschen die Güter der Welt zu überantworten, damit sie eine menschliche Welt schaffen.

Neuinterpretation von Begriffen der Tradition

Unter dem Titel ›Die historische Macht der Armen‹ erschien 1984 ein weiteres Werk des prominenten peruanischen Befreiungstheologen. Worin besteht die Macht der Armen? Gutiérrez denkt nicht nur an eine politische Macht, sondern auch, ja sogar primär an eine geistliche. Er schildert seine Erfahrungen in der alltäglichen Begegnung mit den Armen: „Bei dem Bemühen, den Armen die Gute Nachricht zu bringen, machten wir die Erfahrung, dass wir von ihnen evangelisiert wurden. … Ihnen offenbart Gott seine Liebe; sie nehmen sie an, verstehen sie und geben sie weiter." (77) Die Armen sind also die eigentlichen Christusboten, die eigentlichen Evangelisten, die eigentlichen Träger der Offenbarung. Im Zentrum der göttlichen Offenbarung steht die Liebe. Die politische Befreiung ist ein Ausdruck dieser Liebe.

Macht der Armen

Gutiérrez ist katholischer Theologe. Doch die Befreiungstheologie war von Anfang an eine ökumenische Erscheinung. Der Begriff „Theologie der Befreiung" wurde etwa zeitgleich, um 1968, von Gutiérrez und dem evangelischen Theologen Rubem Alves, einem Angehörigen der presbyterianischen Kirche Brasiliens, eingeführt. Besonders populär, auch im deutschen Sprachraum, wurden die Arbeiten von Leonardo Boff und Ernesto Cardenal. Die lateinamerikanische Bischofskonferenz und der Vatikan bekämpften allerdings seit 1972 die Befreiungstheologie und warfen ihr atheistisch-marxistisches Denken, einen willkürlichen Umgang mit der Bibel und eine Verkürzung des Evangeliums vor. Verschiedene Befreiungstheologen wurden in der Folge diszipliniert. Im Laufe der Jahre hat sich die katholische Kirche aber viele ihrer Anliegen zu eigen gemacht. In Papst Johannes Paul II. erblickte Gutiérrez sogar einen Verbündeten. Rezipiert wurde die in Lateinamerika entwickelte Theologie in Afrika und in Asien, und auch in Europa hat sie das theologische Denken und die christliche Spiritualität stark beeinflusst.

Reaktion der Kirche

Die Befreiungstheologie entstand in einem weltpolitischen Kontext, in dem es noch gesellschafts- und wirtschaftspolitische Systemalternativen gab. Bei aller Kritik, die an den osteuropäischen Staaten insbesondere wegen ihres Demokratiedefizits geübt werden konnte, stellten sie eine Al-

ternative zum westlichen Kapitalismus dar, und der Aufbau einer demo-
kratisch-sozialistischen Ordnung schien möglich. Dies hat sich durch die
unerwarteten und gewaltigen weltpolitischen Umwälzungen der späten
80er- und der frühen 90er-Jahre verändert. Nun gibt es auf der Welt nur
noch eine einzige politisch-militärische Supermacht, die USA, und das ka-
pitalistische Wirtschaftssystem, für das die USA geradezu prototypisch
sind, hat weltweit gesiegt. Neue Systemalternativen sind bislang nicht erkennbar. Dies führte in vielen Ländern dazu, dass sich Protest- und Oppo-
sitionsbewegungen von politisch-gesellschaftlichen Utopien ab- und radi-
kal-religiösen Idealen zuwandten, insbesondere dem Islamismus. In christlich geprägten Kulturen führte der Verlust der gesellschaftlichen Utopien zu
einem Rückzug in die religiöse Innerlichkeit, der sich in einem starken Aufschwung der Pfingstgemeinden gerade in den Ländern zeigt, in denen die
Befreiungstheologie verankert war und ist. Die Befreiungstheologen reagierten auf diese Veränderungen, indem sie mehr und mehr die ursprüngliche Konzentration auf die materiell Armen erweiterten durch die Einbeziehung der Frauenfrage, der ökologischen Krise sowie des Problems von
Machtmissbrauch und Korruption. Beibehalten wurde die grundlegende
Methode: Die theologische Reflexion basiert auf der konkreten Praxis und
soll der Praxis dienen.

9. Feministische Theologie – Catharina Halkes

Von der Befreiungstheologie mit inspiriert, entfaltete sich seit den 70er-Jah-
ren des vergangenen Jahrhunderts weltweit die feministische Theologie,
eine vor allem von Frauen und in erster Linie für Frauen entwickelte Theologie, die Frauenthemen und Frauenperspektiven ins Zentrum der theologischen Reflexion stellte. Anstöße erhielt die feministische Theologie auch
durch die säkulare Frauenbewegung und durch die in der römisch-katholischen Kirche durch das 2. Vatikanische Konzil erfolgte Aufwertung der
Laien.

Eine der Ersten, die diesen feministischen Paradigmenwechsel umfassend durchführte, war die katholische Theologin Catharina Johanna Maria
Halkes aus den Niederlanden, die bereits verschiedentlich als eine „moderne Kirchenmutter" bezeichnet wurde. Ihr Engagement hatte Resonanz
in der Wissenschaft, in der Frauenbewegung, in der katholischen Laien-
bewegung und in der Ökumene. Von 1983 bis zu ihrer Emeritierung 1986
hatte sie an der Theologischen Fakultät der Katholischen Universität Nijme-
gen den neu errichteten Lehrstuhl für „Feminismus und Christentum" inne.
Geboren wurde Halkes 1920 in Vlaardingen in den Niederlanden, einer
überwiegend calvinistischen Stadt. Sie wuchs aber in einem durch und
durch katholisch geprägten Milieu auf, wozu u. a. eine starke Marienver-
ehrung gehörte. Nach dem Zweiten Weltkrieg engagierte sie sich in der katholischen Laienarbeit und dabei auch in der katholischen Frauenbewegung. In den 60er-Jahren studierte sie nebenher Theologie. Durch das 1973
erschienene Buch ›Beyond God the Father‹ der amerikanischen Theologin
Mary Daly wurde sie erstmals mit dem feministisch-theologischen Denken
bekannt. In der Folge hat Halkes viel zu diesem neuen Thema veröffentlicht.

›Gott hat nicht nur starke Söhne‹ lautet der Titel von Halkes' feministisch-theologischem Hauptwerk, das im Jahre 1980 zunächst in deutscher, aber im gleichen Jahr auch in niederländischer Sprache erschien. Halkes entwickelte in diesem Buch, das bis 1987 fünf weitere deutsche Auflagen erlebte, ›Grundzüge einer feministischen Theologie‹. Es handelt sich nicht um eine systematisch-theologische Abhandlung im Stil eines dogmatischen Lehrbuchs, sondern um eine engagierte, lebendige und anschauliche Erörterung des Themas im Essay- oder Vortragsstil. Dezidiert ordnet Halkes die feministische Theologie in den Zusammenhang der Befreiungstheologie ein und beschreibt sie als so genannte Kontexttheologie, als die Theologie der Feministinnen. „Aufständische Frauen" seien Thema und Subjekt dieser Theologie (^{5}1987, 32) und thematisierten in dieser ihre Beziehung zu Gott und zum Göttlichen.

Halkes plädiert dafür, Gott als eine dynamische Wirklichkeit zu begreifen, ihn nicht als Person und erst recht nicht in patriarchalischer Sprache als Gottvater zu bezeichnen, sondern nach neuen Bildern zu suchen, die auch der weiblichen Gotteserfahrung gerecht werden. Als neue, für weibliche Erfahrungen offene Gottesbilder bietet sich die biblische Rede von der Henne oder der Adlerin an, die ihren Nachwuchs beschützen (Dtn 32,11, Mt 23,37). Als weibliche Eigenschaft Gottes ist die Barmherzigkeit herauszustellen, zumal das hebräische Wort für barmherzig (*rachum*) mit dem Wort für Gebärmutter (*rechem*) verwandt ist. Auch die göttliche Selbstoffenbarung als der Seiende, der Ich-bin-da, Ich-bin-der-ich-bin oder Ich-werde-sein-der-ich-sein-werde in Ex 3,14 – so kann man den hebräischen Text übersetzen – steht über den Geschlechterkategorien. Jesus, der ja unzweifelhaft ein Mann war, lässt sich in Anknüpfung an frühchristliche Christologien als göttliche Sophia oder Weisheit bezeichnen – mit einem weiblichen Begriff also. Spiegelt sich in dieser später außer Gebrauch geratenen Terminologie der frühen Christinnen und Christen etwas davon, dass Jesus als ganzheitlicher, androgyner Mann erfahren wurde? In einer Aufwertung der in der Geschichte der Christenheit vernachlässigten dritten Person der Trinität, des Heiligen Geistes, sieht Halkes ebenfalls Chancen für eine Veränderung des traditionellen Gottesbildes: „Eher als zum Vater und zum Sohn haben feministische Theologinnen Zugang zu Gott dem Geist, der das Relationale (Bezogene) und Dynamische verkörpert und den Funken anzündet in dem, was sich zwischen Menschen ereignet." (42)

Bei der Bibellektüre soll nach Halkes auf die Rolle von Frauen in den biblischen Geschichten geachtet werden. Die Kirche will sie unter der Leitidee der Schwesterlichkeit begreifen, wodurch die Bedeutung der Ordnung und der – überwiegend männlich besetzten – Ämter relativiert wird. Es kann also nicht das vorrangige und ausschließliche Ziel von Feministinnen sein, in die noch männlich besetzten Ämter zu gelangen, sondern eigentliche Aufgabe ist die Veränderung der überkommenen Strukturen. Auch eine Neubestimmung der Marienfrömmigkeit versuchte Halkes bereits in ihrem Hauptwerk, fortgesetzt in ihrem 1992 gemeinsam mit Edward Schillebeeckx verfassten, in niederländischer und englischer, aber bislang nicht in deutscher Sprache erschienenen Buch über Maria. Diese ist für Halkes keine Göttin, aber erst recht nicht die untertänige, abhängige Frau, als die sie ihr in ihrer Jugend vorgestellt worden war. Halkes begreift Maria als

Weiblichkeit Gottes

**Schwesterlichkeit
in der Kirche**

Maria als Prophetin

eine vom Geist erfüllte Frau, als eine Prophetin und Visionärin. Sie steht für die weibliche Dimension Gottes. Ende der 80er-Jahre hat Halkes die Frauenthematik in Verbindung gebracht mit dem Problem der Ökologie und der Frage nach der Zukunft der Schöpfung. ›Das Antlitz der Erde erneuern‹ ist der Titel ihrer letzten, 1989 in den Niederlanden und 1990 in Deutschland erschienenen Monografie.

Widerspruch und Resonanz

Anstoß hat Halkes vielfach erregt: bei der Amtskirche, für die sie zu kirchenkritisch war, ebenso wie unter radikalen Feministinnen, die sie als Repräsentantin des „frauenfeindlichen Katholizismus" bekämpften. Spektakulär war, dass ihr 1985 der niederländische Erzbischof ein Zusammentreffen mit dem Papst verweigerte, der damals die Niederlande besuchte. Resonanz fand Halkes außer in ihrem Heimatland besonders in Deutschland und der Schweiz, aber auch in den USA. Unklar sind immer noch die letzten Konsequenzen der feministisch-theologischen Arbeit für die kirchliche Praxis. Eine Neuformulierung der in einer androgynen Sprache verfassten Texte der Bekenntnisse und der Liturgie und eine dezidiert feminine Erweiterung oder Uminterpretation des Gottesbildes und der Gottesanrede sind für eine Vielzahl von Gläubigen – auch für die Mehrzahl der Frauen – bislang nicht vorstellbar.

feministische Beiträge zur Grundlagenforschung

In der Folge des feministisch-theologischen Neuaufbruchs wurden zahlreiche exegetische, historische, systematische und praktisch-theologische Einzelstudien zu frauenspezifischen Themen verfasst. Längst vergessene weibliche Gestalten der Kirchengeschichte und noch nie beachtete von Frauen stammende Quellentexte traten plötzlich ins Licht. Auf diese Weise hat die feministische Theologie erheblich zur theologischen Grundlagenforschung beigetragen. Die Theologie, auch die von Männern formulierte, hat diese Dinge inzwischen fest integriert. Hierzu haben auch die Studentinnen beigetragen, die seit den 70er-Jahren mehr und mehr in das ursprünglich ganz von Männern dominierte Fach eingedrungen sind und heute unter den Theologiestudierenden sogar die Mehrheit bilden. Das Theologiestudium ist zu einem erheblichen Maß ein Frauenstudium geworden, und dieser Trend scheint anzuhalten. Leider hat sich dies bislang allerdings nur sehr begrenzt im Lehrkörper der theologischen Fakultäten niedergeschlagen. Noch heute gibt es theologische Fakultäten und Institute, die keine einzige Professorin in ihren Reihen zählen.

Zu den bekannten und profilierten Vertreterinnen der feministischen Theologie gehören in den USA neben der schon erwähnten Daly insbesondere die ebenfalls katholischen Theologinnen Rosemary Radford Ruether und Elisabeth Schüssler Fiorenza und in Deutschland die evangelischen Theologinnen Elisabeth Moltmann-Wendel, Luise Schottroff und Dorothee Sölle und die katholische Theologin Christa Mulack. Alle ihre Veröffentlichungen sind leicht und spannend zu lesen und als Einführung in die feministische Theologie geeignet.

10. Theologie nach Auschwitz – Friedrich-Wilhelm Marquardt

Der Ortsname Auschwitz steht in der jüngeren Geschichte exemplarisch für den Holocaust (griech.: *holokautoma* = Brandopfer), die Schoah (hebr.: *schoa* = Katastrophe), das bislang mit Abstand gewaltigste Menschheitsverbrechen. Sechs Millionen europäische Juden wurden zwischen 1941 und 1945 grund- und zwecklos ermordet. Das Verbrechen ging von Deutschland aus und wurde mit deutscher Gründlichkeit geplant, organisiert und durchgeführt. Die Welt schaute überwiegend tatenlos zu. Selbst diejenigen, die einschreiten hätten können, handelten – von wenigen Ausnahmen abgesehen – nicht. Die Täter waren überwiegend Deutsche, und fast ausschließlich waren sie getauft und damit formell Christen. Wie konnte es dazu in einer christlich geprägten Kultur kommen? Und wo war Gott, als dies geschah? Diese Fragen drängten sich nach 1945 auf. Nur wenige begriffen, dass nach Auschwitz nicht einfach weitergemacht werden konnte wie zuvor, als wäre nichts geschehen. Zunächst waren es Juden in Amerika, die über eine Theologie nach dem Holocaust nachdachten und dabei, wie sollte es auch anders sein, zu unterschiedlichen Antworten kamen. Im Laufe der Jahre wurde dann vielen klar, dass Auschwitz nachhaltige Konsequenzen haben musste für die Theologie. Als Folge des Judenmords und aufgrund der Einsicht in die Mitverantwortung von Kirche und Theologie an diesem Verbrechen kam es zu einem radikalen Umdenken. In einem schmerzhaften Selbsterkenntnisprozess gelangten die protestantischen Kirchen und die katholische Kirche zu der Einsicht, dass der kirchliche Antijudaismus mit seinen Verleumdungstopoi und seinen theologischen Abwertungen des Judentums Vorstufe und geistige Voraussetzung dafür war, dass der Mord an den Juden geschehen konnte. Seit der Zeit der Alten Kirche hatten Christen auf das Judentum herabgeblickt und zu seiner Diskriminierung und Verfolgung beigetragen.

In Deutschland kam es, angestoßen u. a. von Juden, die in Deutschland gelebt und das Grauen überlebt hatten, zaghaft zu einem jüdisch-christlichen Dialog und zu einem Nachdenken über die Konsequenzen der Schoah für Theologie und Kirche. Seit den 60er-Jahren bemühten sich zunächst Einzelgänger, dann kleine Kreise in den Kirchen um eine Umkehr zu einem antisemitismusfreien und geschwisterlichen Verhältnis zum jüdischen Volk. Zunächst waren es nur wenige, die zum Dialog mit Juden bereit waren und am neu gegründeten Staat Israel Interesse hatten. Nach und nach eroberten aber die Einsichten, dass die Erneuerung der jüdisch-christlichen Beziehungen ein Gebot der Stunde ist, dass Theologie nach Auschwitz nur noch im Dialog mit Juden möglich ist und dass Christen von Juden viel lernen können, die kirchlichen Gemeinden ebenso wie die akademische Theologie. Der Sitz im Leben dieser Bemühungen waren zunächst die Deutschen Evangelischen Kirchentage. Viele Impulse gingen von Besuchen in Israel und Begegnungen mit Israelis aus. Auch die verstärkt vorgenommene exegetische, historische und systematisch-theologische Grundlagenforschung trug ihren Teil bei. Gesprochen und mitunter auch gestritten wurde zwischen jüdischen und christlichen Theologen, die

Schoah

jüdisch-christlicher Dialog

sich am Dialog konstruktiv beteiligten, über die Geschichte und die Gegenwart der christlich-jüdischen Beziehungen, über die Auslegung des Alten und des Neuen Testaments, über zentrale dogmatische Aussagen des Christentums, insbesondere über solche, die das Judentum negativ bewerteten, und über das Problem der Mission von Christen unter Juden. In der Folge entstand in beiden großen Kirchen und in Europa wie in Amerika eine breite, religiös und gesellschaftlich einflussreiche Bewegung, die zu

Veränderung der Theologie — einer nachhaltigen Veränderung der kirchlichen Praxis führte und den jüdisch-christlichen Dialog institutionalisierte. Es wurden bedeutende offizielle kirchliche Erklärungen zum Verhältnis der beiden Religionen verabschiedet, und es begann eine praktische Zusammenarbeit in Projekten.

Der jüdisch-christliche Dialog gehört sowohl in der evangelischen wie in der katholischen Theologie zu den wichtigsten Neuentwicklungen des 20. Jahrhunderts. Es ist ein Bereich, wo sich Theologie und Kirche entscheidend verändert haben. Das christlich-jüdische Verhältnis – über Jahrhunderte ein Thema, mit dem sich Theologie nur ganz am Rande beschäftigte – ist zu einem Zentralthema derselben geworden. Alle Disziplinen der Universitätstheologie haben sich inzwischen in ihren Forschungsanstrengungen der christlich-jüdischen Thematik zugewandt. In der alt- und neutestamentlichen Exegese wird nun stärker als zuvor nach jüdischen Auslegungstraditionen gefragt und nach Möglichkeiten, bei der Interpretation der Texte offenen oder latenten Antijudaismus zu vermeiden. Das Neue Testament wird im jüdischen Kontext und als Dokument auch der jüdischen Religionsgeschichte verstanden, und bei der Auslegung wird darauf geachtet, das Judentum nicht als Negativfolie zur Profilierung der neutestamentlichen Botschaft zu benutzen. In der Kirchengeschichte stellt man sich dem Antijudaismus der Reformation, interessiert sich aber auch für den in protestantischen Frömmigkeitsbewegungen, insbesondere im Pietismus, virulenten Philosemitismus (griech.: *philein* = lieben, hebr.: *schem* = Name des ältesten Sohnes Noachs). Die ganze Christentumsgeschichte hindurch wird ein Blick auf die christlich-jüdischen Beziehungen geworfen. Die Systematik ist durch den jüdisch-christlichen Dialog am stärksten gefordert. Hilfreiche Impulse gaben im evangelischen Bereich Karl Barth und in der katholischen Kirche Papst Johannes XXIII. sowie die judenfreundliche Kon-

›Nostra aetate‹ — zilserklärung ›Nostra aetate‹ (s. o. S. 73). Letztere verwarf jede Form von Antisemitismus, verband Juden und Christen durch die Bezeichnung als „Volk Gottes" und Juden, Christen und Moslems durch den Rückbezug auf Abraham. Es wird nun in beiden Kirchen damit begonnen, eine Theologie des Judentums zu formulieren, welche die alten Klischees von der Gesetzlichkeit oder gar Verworfenheit der Juden hinter sich lässt. Eine theologisch positive, wertschätzende Sicht des Judentums wird entwickelt, und Anregungen aus dem Judentum finden Aufnahme in die christliche Theologie. Die Praktische Theologie sucht Konsequenzen für die Predigt aufzuzeigen und geeignete Materialien für den Religionsunterricht zu erstellen. Im Theologiestudium werden judaistische Angebote vermehrt und Studienmöglichkeiten in Israel eröffnet.

Bahnbrecher — Bahnbrecher des Dialogs waren auf jüdischer Seite der bereits 1972 verstorbene deutsche Rabbiner Robert Raphael Geis, ferner die Theologen Schalom Ben-Chorin und Pinchas Lapide, die inzwischen ebenfalls verstorben sind, auf katholischer Seite u. a. Johann Baptist Metz in Münster, Gertrud Luckner in Freiburg i. Br. und Clemens Thoma in Luzern, auf evangelischer Seite Helmut Gollwitzer und Peter von der Osten-Sacken in Westberlin sowie Berthold Klappert in Wuppertal. Aus Amerika ist besonders der anglikanische Theologe Paul von Buren zu erwähnen, der in Philadelphia lehrte.

Zu denjenigen, die von Anfang an und mit erheblichem Engagement am Dialog beteiligt waren, gehörte der Berliner Systematiker Friedrich-Wilhelm Marquardt, ein Schüler Barths und Gollwitzers. Über die Stellung Israels im Denken Barths hatte Marquardt promoviert, 1975 veröffentlichte er das mehrfach aufgelegte Buch ›Die Juden und ihr Land‹ (³1986) und 1979 hielt er seinen Aufsehen erregenden Vortrag ›Christsein nach Auschwitz‹: Marquardt sprach auf einem Evangelischen Kirchentag, es war in Nürnberg, an einem warmen Sommerabend, in einer überfüllten Messehalle, vor mehreren tausend, überwiegend jungen Zuhörern. „Auschwitz geht uns heute an als Gericht über unser Christentum", so lautete seine Eingangsthese (366). Auschwitz ist, auch Jahrzehnte nach dem Geschehen, nicht vorbei, denn noch leben Opfer, noch gibt es Überlebende, und auch die Nachfahren von Opfern leiden noch immer unter dem, was zwischen 1941 und 1945 geschehen ist. Marquardt fragte nach den Konsequenzen, die Christen aus dem Geschehen ziehen müssten. Die erste Konsequenz ist: Auschwitz erkennen als ein Gericht über dem Christentum. Das Christentum ist radikal fraglich geworden nach Auschwitz, und noch schlechter steht es um die Theologie: „Theologie bricht zusammen nach Auschwitz", so Marquardt (430). Der Redner warnte davor, auf das Grauen von Auschwitz vorschnelle Antworten aus der theologischen Tradition zu geben. Wo war Gott, und wie konnte Gott das zulassen? Marquardt: „Die Frage … muss uns im Halse stecken bleiben. … Wie konnten wir das zulassen?, ist die einzige Frage, die gilt, wenn Gott noch lebt und gerecht ist in seinem Schweigen." (429) Und doch sah Marquardt eine Hoffnung für das Christentum, wenn es sich dem Grauen stelle und der Erschütterung aussetze: „Vielleicht, vielleicht kann solch Grauen die Wende werden. Vielleicht die Erschütterung der Anfang. … Neuer Glaube entsteht aus dem Zusammenbruch alter Gewissheiten." (430) Er gab die Empfehlung: Statt theologische Antworten auf Auschwitz zu geben, sollten die Christen nach Gott schreien und sich neben Israel stellen.

Marquardt gehörte zu den Ersten, die auf der Basis des jüdisch-christlichen Dialogs eine neue Theologie zu entwickeln suchten, nachhaltig eine Rückbesinnung der Systematischen Theologie auf die Gottesrede des Judentums und den Hoffnungshorizont des Judentums forderten und dies auch selbst konsequent einlösten. Seine späte bleibende Leistung ist ein dogmatischer Neuentwurf der christlichen Theologie, der im jüdisch-christlichen Gespräch wurzelt und diesem Gespräch dienen will und der jüdischen Theologie nachhaltige Anregungen für die christliche entnimmt. In den Jahren 1988 bis 1997 hat er in sieben Bänden eine umfassende Dogmatik vorgelegt, die gegenüber der Tradition völlig neue Wege einschlägt. Schon beim Blick auf die Inhaltsverzeichnisse der Bände offenbaren die gewählten Überschriftenformulierungen und Begrifflichkeiten die tiefe Verankerung des Werks in der Begegnung und Auseinandersetzung mit dem

F.-W. Marquardt

Konsequenzen
aus Auschwitz

Theologie
im Kontext
des jüdisch-christ-
lichen Gesprächs

Judentum. Seine einleitenden ›Prolegomena zur Dogmatik‹ hat Marquardt mit dem provozierenden, auf die Krise der Theologie als Folge von Auschwitz anspielenden Titel ›Von Elend und Heimsuchung der Theologie‹ (²1992) überschrieben. Die Christologie steht bei Marquardt unter dem fast schon provozierenden Titel ›Das christliche Bekenntnis zu Jesus, dem Juden‹ (Bd. 1, ²1993; Bd. 2, 1998). Auf die Christologie folgen drei Bände Eschatologie (›Was dürfen wir hoffen, wenn wir hoffen dürfen‹, 1993–1996). Die Eschatologie gipfelt in ›Eine[r] Theologische[n] Utopie‹ (1997) – so der Titel des letzten Bandes. Auch damit sprengt Marquardt den Rahmen der christlich-theologischen Tradition. Von wenigen Außenseitern abgesehen, wie Thomas Morus und Johann Valentin Andreae, hat das Christentum keine Utopien hervorgebracht. Marquardt verfolgt mit dem Utopiebegriff das Anliegen, die Zukunft nicht zeitlich, sondern räumlich zu beschreiben. Damit knüpft er an jüdische Traditionen an, die – immer mit kritischem Blick auf den individualistisch-spiritualistischen Erlösungsbegriff des Christentums – nach der Erlösung der Welt fragten. Zentrale Begriffe sind das Paradies, das Neue Jerusalem und das Reich Gottes. Diese Raum- und Ortsbegriffe entfaltet Marquardt in aller Breite. Ganz am Schluss steht noch einmal – wie könnte es bei ihm auch anders sein – ein Kapitel „nach Auschwitz".

Marquardts Arbeiten wurden und werden von den meisten seiner Fachkollegen kritisiert oder sogar bewusst ignoriert. Man hat seine Bücher in theologischen Bibliotheken der Religionsphilosophie, nicht ihrem Anspruch gemäß der Dogmatik zugeordnet und ihn provozierend gefragt, wann er sich beschneiden lassen wolle. Unter Studierenden und unter Pfarrern und Religionslehrern hatte Marquardt jedoch immer Resonanz, wozu nicht zuletzt seine Vorträge auf Kirchentagen beitrugen. Diese Resonanz spiegelt sich darin, dass die ersten Bände seiner Dogmatik nach kurzer Zeit eine zweite Auflage erlebten. Im Frühsommer des Jahres 2002 ist Marquardt bei einem Spaziergang auf einer Parkbank im Alter von 73 Jahren verstorben. Im letzten Band seiner Eschatologie hatte er wenige Jahre zuvor an die religiöse Bedeutung der Gärten und Parks als Hinweis auf das verlorene, aber in der Hoffnung festgehaltene Paradies erinnert.

11. Religionstheologie – Leonard Swidler

Zu den großen Herausforderungen der Theologie gehört die Auseinandersetzung mit anderen Religionen. Noch vor wenigen Jahrzehnten waren Deutschland, Österreich und die Schweiz einheitlich christlich geprägt. Das hat sich inzwischen grundlegend gewandelt. Durch Kirchenaustritte, durch die Dechristianisierungspolitik der ehemaligen DDR und durch die Zuwanderung von Menschen aus beinahe allen Teilen der Erde ist die Zahl der Christen zurückgegangen und ihr Anteil an der Gesamtbevölkerung, wenn auch in regional unterschiedlichem Ausmaß, gesunken. Überall im deutschen Sprachraum sind gemischtreligiöse Gesellschaften entstanden. Auch üben auf viele (ehemalige) Christen andere Religionen zunehmende Attraktivität aus. Die Religionstheologie versucht das Verhältnis des Christentums zu anderen Religionen theologisch zu durchdenken. Die katholische Theologie empfing wichtige Anstöße hierzu durch die schon mehrfach erwähnte Konzilserklärung ›Nostra aetate‹ (s. o. S. 73, 102), die an Christus und an einen Gott nicht glaubende Menschen dennoch vom Heil nicht ausschließt.

Früher als in Europa hat man solche durch die nichtchristlichen Religionen an die christliche Theologie gestellten Herausforderungen in den Vereinigten Staaten von Amerika wahrgenommen, einer seit jeher multikulturellen und religionspluralistischen Gesellschaft. Zu den Bahnbrechern des interreligiösen Dialoggedankens gehört der katholische Theologe Leonard Swidler. Geboren 1929, studierte er Theologie u. a. in Tübingen und München. Er wurde Professor an der religionswissenschaftlichen Fakultät der Temple University in Philadelphia. Swidler bemühte sich darum, die Realität der anderen Religionen mit ihren anderen Wahrheitsansprüchen theologisch zu durchdenken und – ohne den christlichen Anspruch aufzugeben – ein theologisch reflektiertes Dialogkonzept aufzustellen. Davon handelt u. a. sein 1992 erschienenes Buch ›Die Zukunft der Theologie‹. Swidler hält es nicht nur für möglich, sondern sogar für notwendig, die erlösende und versöhnende Wahrheit über Jesus zu bejahen, ohne absolutistisch und exklusivistisch zu sein, also ohne sich über andere Religionen zu erheben und andere Religionen vom Heil auszuschließen. Versöhnung mit Gott, verstanden als vollständige Erklärung und Verwirklichung des Sinns des Lebens, gibt es nach Swidler nicht nur im Christentum, sondern prinzipiell auch in anderen Religionen und auch in nichtreligiösen Weltanschauungen. Christen könnten ohne weiteres daran festhalten, dass Jesus Christus Erlösung für alle Menschen biete, aber sie sollten nicht den Anspruch oder gar die Forderung erheben, alle Menschen müssten tatsächlich auf diesem und nur auf diesem Weg zu ihr gelangen. Den christlichen Glauben selbst will Swidler streng am historischen Jesus orientieren, an dem, was Jesus dachte, sagte und tat. Nicht Christus, sondern Jesus steht also im Zentrum des Christentums. Swidler formulierte auch Grundregeln des religiösen Dialogs. Zu ihnen gehören die Gewissensorientierung des Einzelnen, die radikale Offenheit und die Bereitschaft, vom anderen zu lernen.

In seinem 1991 in deutscher Sprache erschienenen Buch ›Der umstrittene Jesus‹ geht Swidler näher auf die mit seiner Relativierung des christlichen Wahrheitsanspruches zusammenhängenden exegetischen Probleme ein. Die absoluten und universalen Aussagen des Neuen Testaments begreift Swidler, eine Terminologie von David Tracy, einem katholischen Theologen der Chicago Divinity School, aufgreifend, als symbolische und metaphorische Grenzsprache, die nicht als empirisch-ontologische Sprache aufgefasst werden dürfe, oder – mit Krister Stendahl, einem lutherischen schwedischen Theologen, der an der Harvard Divinity School in Cambridge lehrte – als Sprache der Liebe, die man nicht als philosophische Sprache behandeln dürfe. Dies scheint tatsächlich ein gangbarer Weg zu sein, den Wahrheits- und Absolutheitsanspruch des Christentums, der unter Berufung auf die Bibel vertreten wird, mit dem Dialoggedanken zu vereinbaren. Die Christusbindung des religiösen Subjekts ist eine Liebesbeziehung, die neben sich auch andere Liebesbeziehungen gelten lassen kann, ohne dadurch etwas von ihrer Tiefe, ihrer tragenden Kraft und ihrer

gegen Exklusivismus

Sprache der Liebe

andere Heilswege

Ausstrahlungsfähigkeit zu verlieren. Die Exklusivität der in dieser Liebesbeziehung verwendeten Binnensprache muss nicht negieren, dass es daneben auch andere Liebesbeziehungen – andere Heilswege – geben kann, und behindert deshalb nicht den partnerschaftlichen Dialog. Zwei anschauliche Beispiele können diesen Gedanken illustrieren: Wenn ein Kind „Mein Vater ist der Allerbeste" sagt, wird damit nicht bestritten, dass es weitere Väter gibt, die von ihren Kindern zu Recht ebenso tituliert werden. Wenn ein Liebender seinem Gegenüber bekennt: „Du bist der allerliebste Mensch der Welt", ist damit keineswegs ausgeschlossen, dass viele andere Liebende ebenfalls den allerliebsten Menschen der Welt neben sich wissen.

Swidler ist nicht der einzige Theologe, der dem Christentum neue Wege in seinem Verhältnis zu anderen Religionen zu weisen versuchte. John Hicks und Paul Knitter sind weitere Namen, die im Zusammenhang mit dem Stichwort Religionstheologie häufig zitiert werden. In Deutschland hat insbesondere Hans Küng die Gedanken der Religionstheologen rezipiert. Unter den evangelischen Theologen wären Wilhelm Gräb, Berlin, und Reinhold Bernhardt, Basel, zu erwähnen.

12. Ökumenische Theologie – Hans Küng

Zu den populärsten katholischen Theologen der Gegenwart gehört der Schweizer, aus Sursee bei Luzern stammende Hans Küng (geb. 1928), der in Tübingen katholische Dogmatik lehrte. Küng beschäftigte sich aus katholischer Perspektive mit Karl Barth und schrieb mehrere auflagenstarke Werke, die Grundfragen des christlichen Glaubens in aktueller und auch für ein außerakademisches Publikum geeigneter Weise behandelten.

Konflikt mit Rom

Wegen verschiedener kirchen- und papstkritischer Aussagen in seinem Buch ›Unfehlbar?‹ (Neuausg. 1989) kam er 1970 in Konflikt mit Rom. In der Folge wurde ihm 1979 die Lehrbefugnis entzogen. Küng konnte nicht mehr an der katholischen Fakultät lehren und katholische Theologiestudierende unterrichten. Er wurde jedoch nicht arbeitslos. Das Land Baden-Württemberg gab seiner Forschungs- und Lehrtätigkeit an der Tübinger Universität eine neue Basis außerhalb der Fakultät.

Weltethos

Küng engagierte sich zunächst für die ökumenischen Beziehungen zwischen den Kirchen und reflektierte damit zusammenhängende Fragen theologisch. Mehr und mehr wandte er sich dann jedoch den großen Weltreligionen zu und initiierte das Projekt „Weltethos". Er verfolgte das Anliegen, im Dialog mit den Religionen grundlegende ethische Prinzipien festzulegen, die zur Basis einer neuen Weltordnung werden könnten. Mit seinen Veröffentlichungen und durch sein praktisches Engagement wollte er erreichen, dass die großen Weltreligionen gemeinsam zum Frieden und zur Gerechtigkeit beitrügen und der Bewahrung der Schöpfung dienten.

Schon mit seinem allerersten, im Jahre 1957 erschienenen Buch ›Rechtfertigung‹ (Neuausg. 2004), betrat Küng die ökumenische Plattform. Es demonstrierte am Beispiel Barths die Vereinbarkeit der evangelischen mit der katholischen Rechtfertigungslehre. In seiner weiteren Arbeit hat sich Küng in viel gelesenen Büchern den zentralen, auch existenziell bedeutenden

Themen der christlichen Theologie zugewandt: der Lehre von Jesus Christus (›Christ sein‹, 1974, Neuausg. 2000), der Gottesfrage (›Existiert Gott?‹, 1978, Neuausg. 2001), der Kirche (›Die Kirche‹, ³1992) und der Eschatologie (›Ewiges Leben?‹, 1982, ⁸2002). Alle diese Veröffentlichungen durchzieht eine manchmal leise, manchmal laute Kritik an Geschichte und Gegenwart der katholischen Kirche. Mit ›Unfehlbar?‹ rührte er an ein auch das ökumenische Gespräch belastendes Kardinalproblem der katholischen Sicht des Papsttums, die 1870 dogmatisierte Lehre von der Unfehlbarkeit.

Seit Anfang der 80er-Jahre versuchte Küng, die sich in Kirche und Theologie vollziehenden Veränderungsprozesse unter Rückgriff auf die Terminologie des amerikanischen Physikers und Wissenschaftstheoretikers Thomas S. Kuhn als Paradigmenwechsel zu begreifen. Ein Paradigma ist ein Erklärungs- oder Verstehensmodell, ein Deutungsmuster, eine „Gesamtkonstellation von Überzeugungen, Werten und Verfahrensweisen, die von einer bestimmten Gemeinschaft geteilt werden" (Kuhn). In der Geschichte der Religionen, nicht nur der christlichen, wechseln von Zeit zu Zeit die Paradigmen, allerdings nicht in allen Religionen gleichzeitig. Während in manchen Religionen noch immer die mittelalterlichen Paradigmen herrschen, vollzieht sich im Christentum bereits der Wechsel vom modern-aufklärerischen zum postmodernen Paradigma. Dieses beschreibt Küng für die christliche Theologie, indem er vier traditionelle Gegensatzpaare miteinander verbindet. Die Theologie des postmodernen Paradigmas ist katholisch und zugleich evangelisch, traditionell und zugleich zeitgenössisch, christozentrisch und zugleich ökumenisch, theoretisch-wissenschaftlich und zugleich praktisch-pastoral.

Paradigmenwechsel

Christentum in der Postmoderne

Eine vorläufige Bilanz seiner Theologie und zugleich eine erweiterte ökumenische Grundlegung derselben lieferte Küng 1987 mit seiner ›Theologie im Aufbruch‹ (²1992). Es ist bezeichnend, dass der unermüdlich nach vorne strebende Küng seine theologische Bilanz, das Ergebnis seines theologischen Denkwegs, als Aufbruch und Grundlegung begreift. Nachdem er sich dreißig Jahre lang der innerchristlich verstandenen Ökumene zugewandt hatte, richtete sich Küng nunmehr auf die Weltreligionen – eine, wie er es sieht, erweiterte Ökumene – aus. Er beschreibt diese Öffnung mit einer eigenen, nicht unproblematischen Begriffsbildung als „Ökumene ad extra", als nach außen gerichtete Ökumene, die er von der traditionellen „Ökumene ad intra" unterscheidet, der nach innen gerichteten Ökumene. Seine neue Sicht der Ökumene begründete Küng unter Rückgriff auf die ursprüngliche Bedeutung des Begriffs mit folgenden Worten: „›Ökumene‹ darf … heute weniger denn je eng, verengt, ekklesiozentrisch verstanden werden: Ökumene darf sich nicht auf die Gemeinschaft der christlichen Kirche beschränken, sie muß die Gemeinschaft der großen Religionen einbeziehen, wenn Ökumene – nach dem ursprünglichen Wortsinn verstanden – den gesamten ‚bewohnten Erdkreis' meint." (›Christentum und Weltreligionen‹, 1984, 12) In den folgenden Jahren legte er Monografien und Sammelbände zu allen großen Weltreligionen vor. Küngs neues Ökumeneverständnis ist nicht unproblematisch, da es zwei prinzipiell verschiedene Dinge unter einem Begriff zusammenfasst. Die Kooperation der Konfessionen ist nicht dasselbe wie die Kooperation der Religionen. Das Verbindende unter den Religionen ist die Ethik und die Weltverantwortung, während

Ökumene ad extra

die christlichen Konfessionen durch den gemeinsamen Glauben an Jesus Christus und das Interesse an der kirchlichen Einheit auf eine ungleich tiefere Weise verbunden sind.

1994 kehrte Küng nach seinem Rundgang durch die Welt der Religionen noch einmal zu seiner eigenen Religion zurück und veröffentlichte ein großes Werk mit dem Titel ›Das Christentum‹ (1994, Neuausg. 1999) und dem Untertitel ›Wesen und Geschichte‹. Küng entfaltet eine Wesensbestimmung des Christentums, die sich ganz auf dessen Ausgangspunkt – Jesus, den Christus – konzentriert und als universale Zukunftsperspektive die Grundkonzeption eines ökumenischen Christentums entfaltet, das die konfessionellen Untergliederungen überwindet. Bei seinem gründlichen Durchgang durch die Geschichte spart er nicht mit Kritik an allen konfessionellen Spielarten des Christentums. Das Wesen des Christentums, die Anliegen Jesu, sieht er häufig nicht durch die berühmten Gestalten der Theologie und die prominenten Machtträger der Kirche gewahrt, sondern durch die kleinen, häufig unbekannten Männer und Frauen an der Basis. Dass das Christentum trotz aller Fehler und Irrtümer, die seine Geschichte prägten, überlebt hat, interpretiert Küng als Hinweis auf seinen göttlichen Charakter. Die religiöse Situation unserer Zeit beschreibt er in diesem Buch pointiert und zugleich programmatisch mit der mehrfach zitierten Gedankenreihe: „Kein Frieden unter den Nationen ohne Frieden unter den Religionen. Kein Frieden unter den Religionen ohne Dialog zwischen den Religionen. Kein Dialog zwischen den Religionen ohne Grundlagenforschung in den Religionen" (1999, 2). Mit seinem Buch will Küng zur Grundlagenforschung in der christlichen Religion beitragen, zu einer Forschung, wie er sie gleichermaßen in allen Religionen für notwendig hält, als Voraussetzung und Ermöglichung des Dialogs. Der Dialog zwischen den Religionen wiederum ermöglicht den Frieden unter ihnen, und dieser Religionsfriede wird – so hofft und glaubt Küng – zum Frieden unter den Nationen beitragen. Küngs theologische Zielvorstellung ist jetzt nicht einfach eine ökumenische Theologie, sondern eine „ökumenische Religiosität" (902).

Küng hatte seit 1960 einen Lehrstuhl in Tübingen inne, war am 2. Vatikanischen Konzil beteiligt und gründete 1964 das Institut für Ökumenische Forschung. Nachdem ihm 1979 die Lehrbefugnis entzogen worden war, arbeitete das Institut fakultätsunabhängig. Nach der Emeritierung Küngs kehrte es 1996 unter seinem Nachfolger Bernd Jochen Hilberath wieder in die Fakultät zurück.

Küng dürfte wohl der bekannteste lebende Theologe der Gegenwart sein. Übertroffen wird er in seiner Bekanntheit nur von Männern, die längst verstorben sind. Gleichzeitig dürfte er der schriftstellerisch erfolgreichste sein. Von keinem anderen Theologen des vergangenen Jahrhunderts dürften weltweit so viele Bücher verbreitet sein wie von Küng. Seine Publikationsliste zählte 1993, als er seinen 65. Geburtstag feierte, insgesamt 48 Bücher mit in der Regel mehreren, ja zahlreichen Auflagen, ferner 536 Aufsätze und Zeitschriften- und Zeitungsartikel. Inzwischen sind weitere Titel hinzugekommen. Küngs Bekanntheit und Erfolg hängen mit der Originalität seiner Ideen zusammen, mit der Verständlichkeit seiner Sprache, mit seinem grenzenlosen Arbeitsfleiß, mit seiner Offenheit für andere Konfessionen

Wesen des Christentums

Religionsfriede und Völkerfriede

Institut für ökumenische Forschung

und Religionen und auch mit seinem persönlichen Lebensschicksal. Die Disziplinarmaßnahme von 1979 hat das Gegenteil dessen bewirkt, was sie bezweckte. Ein erklärtes Ziel hat Küng allerdings bislang nicht erreicht: das Ziel, noch zu Lebzeiten wieder kirchenoffiziell als katholischer Theologe gelten zu dürfen, also von Rom rehabilitiert zu werden.

V. Das Theologiestudium: Ziele, Orte, Perspektiven

Theologie – auch für
Nichtakademiker Mit Theologie kann man sich beschäftigen, ohne sie zu studieren. Es gibt auf dem Büchermarkt ein breites Angebot theologischer Literatur, die für Nichtakademiker geeignet ist, und es gibt für Nichtakademiker gedachte theologische Lehr- und Vortragsveranstaltungen an kirchlichen Akademien, an kommunalen Volkshochschulen und in den christlichen Gemeinden. Wer allerdings einen theologischen Beruf ausüben möchte, muss Theologie studiert haben. Dies ist im Prinzip seit dem 16. Jahrhundert so. Damals erkannte man in beiden Konfessionen, dass nur Universitätsabsolventen in der Lage sind, Glaubenswahrheiten wie erforderlich argumentativ zu vertreten, über biblische Texte verantwortlich zu predigen und in liturgisch-zeremoniellen Fragen reflektiert zu entscheiden. Gleichwohl finden sich unter den heutigen Theologiestudierenden nicht nur Männer und Frauen, die sich die Theologie zum Beruf machen wollen, sondern auch solche, die das Berufsleben hinter sich haben und interessehalber an theologischen Lehrveranstaltungen teilnehmen. Außerdem wird Theologie auch von Studierenden belegt, die keinen klassischen theologischen Beruf anstreben. Sie studieren Theologie als Nebenfach in einem Magisterstudiengang oder absolvieren ein Kurzstudium, das nach sechs Semestern mit dem Bachelor abschließt, wie es auf innovative Weise in Innsbruck angeboten wird.

1. Studienziele

Mit dem Studium der Theologie verbindet sich nicht nur ein Ziel, sondern mehrere. Im Vordergrund steht für die meisten Studierenden der angestrebte Beruf, und mit dem Studium wird das Ziel verfolgt, sich dafür zu qualifizieren. Doch ein Studium bereitet nicht geradlinig auf einen bestimmten Beruf vor, sondern verlangt von Studierenden – nicht ohne Grund – etliche Umwege. Ein zweites Studienziel und die Voraussetzung zur Erreichung des Berufsziels ist das Bestehen des Examens. Auch das Examen ist ein Studienziel, und der Nachweis eines bestandenen Examens ist gerade für diejenigen wichtig, die im angestrebten Beruf nicht unterkommen können oder ihn nicht mehr ausüben wollen und sich auf dem Arbeitsmarkt neu orientieren müssen. Das dritte Ziel eines Studiums ist das positive Erleben des Studiums selbst. Auch der Weg an sich ist ein Ziel. In der Regel hat man nur einmal im Leben die Chance, einige Jahre an einer Universität verbringen zu können. Dies sollte man nutzen und in jeder Hinsicht das Beste daraus zu machen suchen.

Das eigentliche Ziel eines Theologiestudiums ist natürlich ein inhaltliches, ein fachwissenschaftliches: der Erwerb theologischen Wissens und theologischer Kompetenzen. Zum Studium gehört neben dem Kennenlernen der institutionalisierten Formen des Christentums der Erwerb historisch-empirischer, normativ-kritischer sowie praktisch-theologischer Kenntnisse und Arbeitsmethoden. Studierende bekommen in allen Hauptdisziplinen der Theologie inhaltliche und methodische Grundlagen vermittelt.

Diese sollen die problembezogene, eigenständige Erarbeitung neuer Themenkomplexe ermöglichen. Angestrebt wird weniger ein enzyklopädisches als vielmehr ein exemplarisches und für das künftige Tätigkeitsfeld relevantes Wissen.

Wissen und Kompetenzen sind verschiedene Dinge, stehen aber in einem Zusammenhang. Ohne Wissenserwerb und das heißt: ohne Stoffpauken und Auswendiglernen geht es nicht. Doch das erworbene Wissen vergisst man im Laufe der Zeit wieder, und außerdem gibt es für die reine Kenntnisbeschaffung Nachschlagewerke. Deswegen ist es ebenso wichtig oder fast noch wichtiger, Techniken und Methoden zu lernen, wie man Wissen erwirbt und wie man sich Kenntnisse beschafft. Das ist eine erste so genannte Kompetenz, die jeder Studierende – nicht nur Theologiestudierende – zu erwerben hat. Darüber hinaus ist Transferkompetenz gefragt: die Fähigkeit, in einem bestimmten Spezialgebiet oder Anwendungsfall erworbenes Wissen auf andere Spezialgebiete oder Anwendungsfälle zu übertragen und dabei den veränderten Bedingungen anzupassen. Alle theologischen Berufsfelder erfordern ein hohes Maß an Fähigkeit zu selbstständiger, kreativer geistiger Arbeit. Exemplarisch erworbene Kenntnisse und Fertigkeiten und bereits gesammelte berufliche Erfahrungen müssen immer wieder auf unbekannte Situationen und neue Aufgaben angewandt werden. Daneben gibt es eine ganze Reihe weiterer theologiespezifischer Kompetenzen und damit spezielle Studienziele, die zum Theologiestudium gehören.

Wissenserwerb

Transferkompetenz

Das Globalziel eines Theologiestudiums lässt sich folgendermaßen beschreiben: Die Studierenden sollen in der Lage sein, das Christentum vor dem Hintergrund seines geschichtlichen Gewordenseins als vielfältige religiöse Wirklichkeit in der modernen, ausdifferenzierten und globalisierten Gesellschaft zu begreifen und den Herausforderungen der Gegenwart und Zukunft entsprechend verantwortlich mitzugestalten. Nicht nur Wissen und Verstehen, sondern auch das verantwortliche Handeln ist ein Ziel. Für angehende Pastorinnen und Pastoren versteht sich das von selbst, aber auch Religionslehrerinnen und -lehrer nehmen durch ihr Unterrichten an der Gestaltung der christlichen Religion teil.

begreifen und gestalten

Schauen wir uns nun auf dem Hintergrund dieser Globalzielbestimmung einige konkrete Zielbestimmungen näher an. Theologiestudierende erwerben sich eine spezifisch religiös-theologische Kompetenz und darüber hinaus hermeneutische, historische, systematische, ethische, praktische, didaktische, sprachliche und soziale Kompetenzen.

religiös-theologische Kompetenz

Studierende der Theologie erwerben sich eine theologische und je nach Ausbildungsort und Studiengang, aber auch je nach individuellen Schwerpunktsetzungen in unterschiedlichem Ausmaß zugleich eine religionswissenschaftliche Kompetenz. Unter der religiös-theologischen Kompetenz ist die Fähigkeit zu verstehen, eigene und fremde religiös-weltanschauliche Überzeugungen und religiöse Erfahrungen im Kontext gegenwärtiger Lebenswelten theologisch zu reflektieren und dabei eine individuell eigene und zugleich kommunikationsoffene Position auszubilden. Ein Theologe und eine Theologin müssen elementare Kenntnisse und Einsichten in eigenen Argumentations- und Artikulationsleistungen vertreten können. Dies ist für die auftragsgemäße und professionelle Führung eines Pfarramtes ebenso erforderlich wie für das verantwortliche Erteilen von Religionsunterricht und ist auch ein Beitrag zur Identitätsfindung.

hermeneutische und historische Kompetenz

Die hermeneutische Kompetenz besteht in der Wahrnehmung und Interpretation unterschiedlicher religiöser Phänomene in Geschichte und Gegenwart. Studierende der Theologie werden befähigt, theologische Reflexionsformen von Religion von deren eigenen Voraussetzungen her zu verstehen. Historische Kompetenz bezeichnet die Fähigkeit, geschichtlich zu denken, also Phänomene der Vergangenheit in ihrem eigenen, zeitlich bedingten und damit relativen Kontext zu verstehen und kritisch mit historischen Quellen umzugehen. Diese bestehen überwiegend aus Texten, die grundlegend und vor allem mit Mitteln der Philologie bearbeitet werden. Unter den Quellen kommt der Bibel eine hervorragende Bedeutung zu. Ein besonderer Schwerpunkt der historischen Kompetenz liegt deshalb auf der philologischen Kompetenz im Umgang mit biblischen Texten.

systematische und ethische Kompetenz

Die systematische Kompetenz zielt darauf, im Umgang mit theologischen Texten komplexe theoretische Gedankenzusammenhänge und Argumentationen zu analysieren und zu hinterfragen, aber auch, solche Argumentationen selbst aufzubauen und zu artikulieren. Die Studierenden entwickeln dabei ein eigenes wissenschaftlich-intellektuelles, systematisch-theologisches Profil. Unter der ethischen Kompetenz wird die Fähigkeit verstanden, mit normativen Gehalten der christlich-jüdischen Tradition sowie der Philosophiegeschichte kritisch umzugehen und ihr Potenzial zur Lösung aktueller ethischer Gegenwartsfragen fruchtbar zu machen.

Zur praktischen Kompetenz gehört es, Praxisformen von Religion in individuellen, gesellschaftlichen und kirchlichen Kontexten analytisch zu verstehen, reflektiert zu beurteilen und selbst konzeptionell zu gestalten. Dabei kommt dem exemplarischen Lernen eine besondere Bedeutung zu. Didaktische Kompetenz ist erforderlich, um religiöses Wissen und religiöse Verhaltensweise anderen Menschen erfolgreich vermitteln zu können.

sprachliche und soziale Kompetenz

Der sensible, sorgfältige und kreative Umgang mit Sprache in den verschiedenen Vollzügen von Kommunikation ist der Kern der zu erwerbenden sprachlichen Kompetenz: Studierende werden befähigt, die vielfältigen Funktionsweisen von Sprache sowohl rezeptiv zu unterscheiden als auch rhetorisch zu produzieren. Sie lernen, individuelle Ausdrucksfähigkeit, sprachliche Klarheit und Verständigungsleistungen miteinander zu verbinden. Mit der sozialen Kompetenz, die Studierende erwerben müssen, wird die Fähigkeit bezeichnet, offen, sachlich, respektvoll und konstruktiv Kritik zu üben und mit Kritik umzugehen. Theologiestudierende gewinnen durch das Studium ein Verständnis für dialogische Wahrheitssuche und für die Produktivität von Differenzen. Teil der sozialen Kompetenz ist es ferner, mit anderen Menschen kooperieren und gemeinsam Verantwortung für das Ganze übernehmen zu können.

2. Berufsfelder

Wer Theologie studieren möchte, steht vor der Wahl des Berufsziels. Die in einem Theologiestudium erworbenen Kenntnisse und Kompetenzen lassen sich auf unterschiedlichen Tätigkeitsfeldern in Kirche und Schule, in Wissenschaft und Kultur einsetzen. Die meisten streben den Pfarr- bzw. Pastoraldienst oder den schulischen Lehrberuf an. Während des Studiums ist ein Wechsel vom einen zum anderen Berufsziel noch möglich. Dennoch sollte die Entscheidung vor Studienbeginn gründlich überlegt werden. Es gibt offizielle Beratungsangebote, z. B. durch Kirchen und Arbeitsämter, und informelle Beratungsmöglichkeiten, z. B. durch persönlich bekannte Lehrer und Pfarrer. Ferner stehen gedruckte Beratungs- und Werbematerialien zur Verfügung und Bücher, die über die Berufsfelder informieren, z. B. Michael Klessmanns ›Pfarrbilder im Wandel‹ (2001) und Gisbert Greshakes ›Priester sein in dieser Zeit‹ (²2001). Auch im Internet kann man sich auf unverbindliche Weise kundig machen (www.religion-studieren.de; www.ekkw.de/lka/theologie-studieren/; www.theologiestudium.ch; www.priesterseminare.org; www.berufung.org). Kandidaten des Priesterseminars Hildesheim haben eine Präsentation ›Wie werde ich Priester‹ eingerichtet (www.kath.de/quodlibe/txt/priester).

Beratungsangebote und Werbematerialien

a) Pfarr- oder Pastoraldienst

Der Pfarr- oder Pastoraldienst ist das klassische Berufsziel des Theologen und auch das Wunschziel vieler Theologinnen. An ihm orientiert sich das Selbstverständnis der Theologie. Wer Theologie als einziges Fach studiert, wird als Volltheologe oder Fachtheologe bezeichnet.

Zunächst eine Bemerkung zur Terminologie: Sowohl in den evangelischen Kirchen als auch in der katholischen werden die Begriffe Pfarrer und Pastor (lat.: *pastor* = Hirte) gebraucht und haben umgangssprachlich die gleiche Bedeutung. Es gibt allerdings regionale Unterschiede: In Norddeutschland ist eher die Bezeichnung Pastor üblich, in Süddeutschland, Österreich und der Schweiz dagegen Pfarrer. In beiden Kirchen sind ferner die etwas altertümlichen Begriffe Seelsorger und Geistlicher gebräuchlich. In den evangelischen Kirchen gibt es auch Pfarrerinnen und Pastorinnen. In der katholischen Kirche wird die Bezeichnung Pfarrer teilweise nur für den Leiter einer selbstständigen Pfarrei gebraucht. Die meisten Priester arbeiten aber heutzutage nicht in Einzelgemeinden, sondern in so genannten Pastoralverbünden. Der Begriff Priester findet in den evangelischen Kirchen keine Verwendung, denn er bezeichnet einen religiösen Sonderstatus, der in den Kirchen der Reformation abgeschafft wurde. Priester wird man durch eine Weihe. Sie ist in der katholischen Kirche ein Sakrament, das – wie die Taufe – einen bestimmten religiösen Status verleiht, der einen von anderen Christen unterscheidet und mit dem die Befähigung zu bestimmten sakramentalen Vollzügen verbunden ist. Die Priesterweihe erreicht man nicht automatisch durch den Abschluss einer Ausbildung, und sie deckt sich auch nicht mit dem Eintritt in einen bestimmten Beruf. Jeder katholische Pfarrer ist zwar Priester, aber nicht jeder Priester arbeitet im pastoralen Dienst. Es gibt Priester, die nicht in und mit den Gemeinden arbeiten, sondern in Klöstern leben. Die Pastoren bezeichnete man früher als Leutpriester oder Weltpriester, heute nennt man sie Bistums- oder Diözesangeistliche. Die Priester in Klöstern und in nichtklösterlichen Ordensgemeinschaften heißen Ordensgeistliche. In Deutschland gab es im Jahre 2001, Welt- und Ordens-

Pfarrer, Pastor, Priester

Bistums- und Ordensgeistliche

aktuelle Zahlen

priester zusammen genommen, 18 000 katholische Pastoren, in der Schweiz waren es 1800 und in Österreich 2600. Die Zahlen sind in allen drei Ländern stark sinkend. Evangelische Pfarrer und Pfarrerinnen gab es im gleichen Jahr in Deutschland über 23 000 und in Österreich 250. Doch die Tendenz ist auch im evangelischen Bereich sinkend. Im Jahre 2030, so lauten die amtlichen Schätzungen, wird man nur noch 13 000 benötigen, da die Zahl der Kirchenmitglieder von 26,6 Millionen im Jahre 2000 auf geschätzte 17,5 Millionen zurückgehen wird.

Aufgaben im Gemeindedienst

Pfarr- oder Pastoraldienst heißt: Arbeit im Auftrag einer Kirche in einer Gemeinde oder in einem anderen kirchlichen Arbeitsbereich (Spezialpfarramt, Sonderpfarramt, Sonderseelsorge). Grundsätzlich müssen alle, die diesen Dienst anstreben, zur Arbeit in der Gemeinde bereit sein. In den meisten Kirchen ist es nur zeit- und phasenweise und nach Bewährung im Gemeindedienst möglich, auf Spezialämter zu wechseln und im Krankenhaus, im Gefängnis, in der Schule, in Institutionen der Erwachsenenbildung und der Jugendarbeit, in der kirchlichen Verwaltung, beim Rundfunk in der Militärseelsorge und in weiteren speziellen kirchlichen und außerkirchlichen Arbeitsbereichen tätig zu sein. Auch eine Karriere in der kirchlichen Hierarchie, die Übernahme eines Leitungsamtes, ist in der Regel erst nach der Bewährung in der praktischen Gemeindearbeit und in den evangelischen Kirchen häufig erst nach einem längeren kirchenpolitischen Engagement möglich. Relativ häufig wechseln evangelische Pfarrer zeitweise oder dauerhaft in die Schule, teilweise sogar in den Staatsdienst, und wirken als Religionslehrer. Eine reizvolle Perspektive des Berufs ist es, ein paar Jahre im Ausland zu arbeiten. Diese Möglichkeit gibt es entweder im Missionsdienst oder in deutschen Auslandspfarrämtern, die in einzelnen Ländern zur Betreuung im Ausland lebender Deutsche existieren. Ferner gibt es Stellen in der Kur- und Urlauberseelsorge, d. h. in der Betreuung deutscher Touristen im Ausland.

Anforderungen des Gemeindedienstes

Der Gemeindedienst sieht in der katholischen Kirche anders aus als in evangelischen Kirchen, in Großstädten anders als auf dem Land, in Norddeutschland anders als in Süddeutschland und in den alten Bundesländern anders als in den neuen. Generell lässt sich sagen: Die Anforderungen an den Beruf sind hochkomplex und in den vergangenen Jahren ständig gestiegen. Die wichtigsten Aufgabenfelder sind die Organisation und Durchführung von Gottesdiensten und Andachten, das Spenden von Sakramenten, das Predigen und Unterrichten, die Leitung von Gemeinden und die Anleitung von haupt- und ehrenamtlichen Mitarbeitenden, die Organisation und Durchführung verschiedenartigster Veranstaltungen, Kinder- und Jugendarbeit, Hausbesuche bei Gemeindegliedern, Seelsorge und Beratung, Vertretung der Kirche bzw. der Kirchengemeinde bei öffentlichen Anlässen. Hinzu kommen Büro-, Schreib- und Verwaltungsaufgaben aller Art, für die es nicht immer eine Entlastung durch eine Sekretärin gibt. Evangelische Gemeindepfarrerinnen und -pfarrer müssen teilweise in der Schule Religionsunterricht erteilen. Unter den vielen Aufgaben, die sich im Gemeindedienst stellen, sind in einem gewissen Umfang eigene Schwerpunktsetzungen möglich. Wer Verwaltungsaufgaben nicht mag, wird sich in der evangelischen Kirche, in der es vielfach Gemeinden mit mehreren Pfarrern gibt, nicht gerade für das geschäftsführende Pfarramt entscheiden, auf dem die Last der Verwaltung liegt, und in der katholischen Kirche nicht für die Leitung eines Pastoralverbundes.

Im Theologiestudium wird man nicht direkt für den Beruf ausgebildet, sondern man erwirbt lediglich theoretische Kenntnisse. Diese sind allerdings Grundlage und unabdingbare Voraussetzung dafür, den Beruf ausüben zu können. Theologisches Wissen und theologische Fähigkeiten sind beim Predigen und Unterrichten ebenso erforderlich wie im Seelsorgegespräch. Ein Geistlicher hat heutzutage allerdings nicht die Aufgabe, von einem festen theologischen Standpunkt aus und auf der Basis eines übernommenen oder selbst ausgearbeiteten theologischen Lehrgebäudes zu sagen, was richtig und was falsch ist, sondern ihm ist aufgetragen, mit Menschen unterschiedlicher theologischer Überzeugungen und religiöser Erfahrungen in einen Dialog zu treten, indem er sich auf die Denkvoraussetzungen dieser Menschen einlässt und sie zugleich stärkt und in Frage stellt und indem er sie behutsam mit anderen Überzeugungen und Erfahrungen in Kontakt bringt. Er hilft Menschen dabei, auf der Basis ihrer je eigenen Überzeugungen und Erfahrungen Antworten auf aktuelle Glaubens- und Lebensfragen zu finden. *(Randnotiz: Theologie im Beruf)*

Pfarrerinnen und Pfarrer benötigen viele Kompetenzen, die ihnen im Studium nicht oder nur teilweise vermittelt werden, z. B. sogar eine gewisse Musikalität. Sie brauchen Phantasie und Einfallsreichtum und große organisatorische Fähigkeiten, verbunden mit Improvisationstalent und einem Sinn für pragmatische Lösungen. Ein weiterer Bereich ist die Personalführung: Mitarbeitende müssen angeleitet, begleitet und beaufsichtigt werden. Für den ständigen Umgang mit Menschen unterschiedlicher Alters- und Bildungsstufe – Einzelne und Gruppen – sind Kontaktfreudigkeit und hohe kommunikative Fähigkeiten erforderlich. Dazu gehören Toleranzbereitschaft, Einfühlungsvermögen und Überzeugungskraft sowie die Offenheit, sich selbst in Frage stellen, herausfordern und kritisieren zu lassen. Das eigene Verhalten muss flexibel an Personen und Situationen angepasst werden. Die Fähigkeiten, auch einmal – freundlich und begründet – Nein zu sagen oder Kritik einzustecken und ernst zu nehmen, ohne böse zu werden, sind für den Gemeindedienst unabdingbar. Ferner muss ein Geistlicher zur Verschwiegenheit in der Lage sein, denn er unterliegt dem Seelsorge- und Beichtgeheimnis, und nicht zuletzt benötigt er angesichts all dieser Anforderungen eines: psychische Stabilität. *(Randnotiz: erforderliche Kompetenzen)*

Der Pfarr- oder Pastoraldienst verführt zum Einzelgängertum. Für Pastoren und Pastorinnen gibt es in der Regel keine institutionalisierte Form der Supervision. Sie wissen häufig nicht, wie sie wirken und ankommen, und erhalten von Kolleginnen und Kollegen keine hilfreichen Impulse und Anregungen, die sie zu einer Veränderung ihres Verhaltens oder Arbeitsstils veranlassen könnten. Supervisionsangebote sind freiwillig und werden häufig gerade von denen nicht in Anspruch genommen, die sie am dringendsten bräuchten. So werden ernsthafte Konfliktsituationen manchmal erst wahrgenommen, wenn sich die Konflikte bereits eskaliert haben und es für einfache Lösungen zu spät ist. Die Fälle, in denen Seelsorgerinnen und Seelsorger so große Probleme in und mit ihren Gemeinden bekommen, dass sie sich schließlich für einen Stellenwechsel entscheiden oder gar dazu gezwungen werden, sind nicht selten. *(Randnotiz: Konflikte)*

Organisations-
kompetenz

Spiritualität
im geistlichen Amt

Arbeitssituation

Gefahren:
Burn-out, Routine

Notwendig für den pastoralen Dienst ist Organisationskompetenz. Verwaltungsaufgaben müssen zuverlässig erledigt werden. Ohne organisatorische Fähigkeiten und Kenntnisse lässt sich der Berufsalltag nicht auf zufriedenstellende Weise bewältigen. Aber das kann man lernen, denn dafür gibt es Kurse, die man auch berufsbegleitend absolvieren kann. Gleichzeitig gilt aber: Ein Seelsorger darf nicht zum Manager werden. Er braucht unbedingt Zeit für die fortgesetzte theologische Reflexion und für eine eigene spirituelle Lebenspraxis. Ersteres muss er sich im Beruf erkämpfen, Letzteres kann er schon während des Studiums erlernen und einüben. Dann wird er auch im Beruf nicht mehr darauf verzichten wollen. Wer sich regelmäßig oder wenigstens ab und zu eine Auszeit gönnt, hat mehr Kraft und Durchhaltevermögen für den Berufsalltag als derjenige, der meint, immer nur arbeiten zu müssen und unverzichtbar zu sein. Notwendig für den Gemeindedienst ist sicher auch eine tragfähige persönliche Spiritualität. Nur wer sich von den Grundlagen seines christlichen Glaubens selbst getragen erfährt, kann andere an diesem Trost und dieser Freude teilhaben lassen. Er oder sie kann dann authentisch predigen, überzeugend die Schwierigkeiten des Gemeindealltags durchstehen und anderen in persönlicher Not Hoffnung geben. Nur wer selbst geistlich auf festem Boden steht, kann anderen Menschen seelischen Halt und Wegweisung geben. Nicht zuletzt werden die Amtsträger der Kirche deshalb Geistliche genannt, weil sie aus dem Geiste Christi leben und für sich und andere daraus schöpfen.

Zu den schönen Seiten des Gemeindedienstes gehört es, dass die Arbeit im Wesentlichen am Wohnort, teilweise sogar in dem Haus, in dem man lebt, durchgeführt werden kann. Es gibt keine langen, beschwerlichen und aufwändigen Wege zum Arbeitsplatz, und die Zeit kann in einem erheblichen Maß selbstständig eingeteilt werden. Die Arbeit erfolgt in großer Freiheit und Autonomie, ohne laufende Bevormundung und enge Kontrolle. Der Beruf ermöglicht und erfordert den ständigen Umgang mit Menschen und schenkt die Erfahrung, gebraucht zu werden und helfen zu können. Begegnungen gibt es mit Menschen aller Schichten und in allen möglichen Lebenssituationen. Pfarrerinnen und Pfarrer sind öffentliche Personen, denen trotz eines in den vergangenen Jahren eingetretenen schleichenden Reputationsverlustes immer noch eine erhebliche Wertschätzung entgegengebracht wird, aber auch große, nicht immer erfüllbare Erwartungen.

Pastorinnen und Pastoren werden fast ständig in Anspruch genommen und müssen erreichbar sein. Sie haben gerade dann zu arbeiten, wenn andere Menschen Ferien machen, entspannen und feiern. Sie werden überhäuft durch Ansprüche, die zudem widersprüchlich sind, und erleben ständig, dass es unmöglich ist, allen gerecht zu werden. Die Gefahr des Burn-out-Syndroms ist nicht von der Hand zu weisen. Erst nach einigen Jahren im Dienst entspannt sich die Situation durch eine gewisse Gelassenheit und Routine. Übermäßige Routine ist für den Gemeindedienst aber ebenfalls tödlich. Ein Pfarrer kann nicht einfach, den Predigtzyklen folgend, nach einigen Jahren die gleiche Predigt noch einmal halten. Er kann auch nicht einfach eine fertige Predigt aus einem Buch oder aus dem Internet vorlesen. Eine nach außen erfolgreiche und für einen selbst befriedigende Tätigkeit setzt die Bereitschaft zu ständigem Engagement voraus.

Zu den negativen Seiten des Berufs gehört die fehlende Trennung zwischen der Arbeit und dem privaten Leben. Der Priester muss auf die Ehe und die Gründung einer Familie verzichten, bei evangelischen Pfarrerinnen und Pfarrern sind die Ehepartner und gegebenenfalls die Kinder vom Pfarrberuf erheblich tangiert und müssen die vielen Anforderungen des Alltags mittragen. Viele Ehen werden dadurch belastet. Die Scheidungsrate bei Pfarrern ist hoch. Auch bei der Wahl des Ehepartners unterliegen die Pfarrerinnen und Pfarrer unter Umständen Einschränkungen. Von den Landeskirchen wird erwartet, dass der Ehepartner evangelisch ist. Ehen mit katholischen Partnern sind jedoch in der Regel möglich. Ehen mit Partnern, die keiner Kirche angehören oder sich zu einer anderen Religion bekennen, werden aber von vielen Landeskirchen prinzipiell abgelehnt und können den gewünschten Berufsweg vereiteln. Die Bedingungen sind allerdings von Kirche zu Kirche unterschiedlich. Dies gilt auch für offen bekannte homosexuelle Festlegungen oder offen gelebte gleichgeschlechtliche Partnerschaften. Grundsätzlich ist in der Schweiz mehr möglich als in Deutschland und in der Großstadt mehr als auf dem Land. Auch die Wohnsituation des Pfarrers bzw. der Pfarrfamilie weist ihre Besonderheiten auf. Gewohnt wird nicht in einer selbstgewählten Mietwohnung oder einem selbstgebauten Eigenheim, sondern in einer Dienstwohnung, die zwar in der Regel zentral gelegen und geräumig ist, aber häufig in der Ausstattung gesellschaftlich üblichen Wohnstandards von Arbeitnehmern mit akademischer Ausbildung nicht entspricht. `Privatleben`

In der katholischen Kirche haben sich die Arbeitsbedingungen für Priester in den vergangenen Jahrzehnten wegen des Priestermangels verschlechtert. Die Pastoren betreuen von einer Zentralpfarrei aus gemeinsam mit ihrem Pastoralteam mehrere in einem Pastoralverbund zusammengeschlossene Gemeinden gleichzeitig. Dies führt dazu, dass die reizvolle Vielseitigkeit des Berufs nicht mehr ausgeschöpft werden kann. Ein Priester muss sich auf die Aufgaben konzentrieren, die nur er ausführen kann und darf. Seine Haupttätigkeit besteht im Feiern der Messe und im Spenden der Sakramente sowie in den ihm obliegenden Leitungsaufgaben. In den evangelischen Kirchen gibt es aufgrund finanzieller Engpässe und in Zukunft wohl vermehrt auch wieder infolge fehlenden Nachwuchses ebenfalls einen Trend zu größeren Gemeinden bzw. zur Zusammenfassung von Gemeinden. Dadurch wächst für die evangelischen Geistlichen die Belastung durch Gottesdienste, Amtshandlungen und Leitungsaufgaben, verbunden mit einem erhöhten Fahraufwand zwischen den verschiedenen Tätigkeitsorten. Ein positiver Nebenaspekt dieser Mangelsituation in beiden Kirchen ist die daraus folgende Aktivierung der Gemeinden und die Übertragung wichtiger Aufgaben an ehrenamtlich Mitarbeitende. In der katholischen Kirche wurde in dieser Hinsicht schon seit Jahrzehnten viel erprobt und aufgebaut. In den evangelischen Kirchen wird man nicht umhin kommen, davon zu lernen und vom gewohnten Konsum- und Versorgungsdenken Abstand zu nehmen. `Arbeitsbedingungen`

Der in der katholischen Kirche seit langem vorhandene und sich in den evangelischen erneut abzeichnende Mangel an Geistlichen eröffnet für alle, die sich für diesen Beruf entscheiden und die notwendigen Voraussetzungen und Fähigkeiten mitbringen, vergleichsweise gute Berufschancen. `Berufschancen im geistlichen Amt`

Zurzeit streben nur noch wenige Prozent der katholischen Theologiestudierenden das Priesteramt und nur noch etwa zwanzig Prozent der evangelischen das Pfarramt an. Ein Unsicherheitsfaktor ist freilich die Entwicklung der kirchlichen Finanzen. Sie hängt nicht nur von den Kirchenaustrittszahlen ab, sondern mehr noch von der wirtschaftlichen Situation des jeweiligen Landes und von der staatlichen Steuerpolitik. Die Kirchen finanzieren sich weitgehend durch Kirchensteuern, die in Deutschland streng an die Einkommensteuer gekoppelt sind. Der Staat aber finanziert sich mehr und mehr durch indirekte Steuern und reduziert die direkte Steuerbelastung der Bürger. In der Folge gehen die Kirchensteuereinnahmen zurück. Sollte sich, was abzusehen ist, diese staatliche Steuerpolitik fortsetzen, werden den Kirchen in den kommenden Jahren weitere Finanzmittel entzogen. Sie können im Personalbereich aber nur sparen, indem sie entweder weniger Menschen einstellen oder aber deren Bezahlung reduzieren.

kirchliche Finanzen als Unsicherheitsfaktor

Bezahlt werden Pfarrerinnen und Pfarrer, Pastorinnen und Pastoren in Anlehnung an die staatliche Beamtenbesoldung im Prinzip wie Gymnasiallehrer (A 13/14), sie haben aber eine höhere wöchentliche Arbeitsbelastung und weniger Urlaub als diese. Dennoch kann man sagen, dass Geistliche im gesamtgesellschaftlichen Vergleich einkommensmäßig nicht schlecht dastehen. In der Schweiz beziehen sie sogar Spitzengehälter. Vor allem haben sie anders als viele andere Berufsgruppen die Sicherheit einer Dauerbeschäftigung ohne die Gefahr der Entlassung und Arbeitslosigkeit. Die Kehrseite davon ist die feste und dauerhafte Bindung an einen ganz bestimmten Arbeitgeber. Evangelische Pfarrerinnen und Pfarrer sind an ihre jeweilige Landeskirche gebunden. Früher war ein Wechsel der Landeskirche nur im Ausnahmefall möglich, z. B. bei Eheschließung. Oftmals wurde außerdem verlangt, einen Tauschpartner zu finden, der den umgekehrten Weg gehen wollte. Heute sind die Landeskirchen wegen der vergleichsweise entspannten Lage auf dem Pfarrstellenmarkt etwas flexibler geworden. In der katholischen Kirche sind die Priester eng an ihr jeweiliges Bistum gebunden. Es ist aber möglich, den Einsatzort zu wechseln und in einen anderen Teil Deutschlands oder sogar ins Ausland zu gehen. Andererseits kann ein geweihter Priester nicht so einfach wie ein evangelischer Pfarrer seinen Beruf ganz aufgeben und etwas anderes machen. Die Priesterweihe ist ein Sakrament, das nach katholischem Verständnis einen Menschen so grundsätzlich und so dauerhaft verändert wie die Taufe. Ein Priester, der mit seiner Kirche im Einvernehmen bleiben will, hat nur die Möglichkeit, sich durch eine so genannte Laisierung von seinen Rechten und Pflichten, also auch vom Zölibatsgelübde, entbinden zu lassen. In letzter Zeit war die katholische Kirche mit Laisierungen zurückhaltend.

berufliche und private Bindungen

b) Gemeindedienst als Laie

In der katholischen Kirche gibt es bereits seit mehreren Jahrzehnten einen pastoralen Beruf als Alternative zum normalen Gemeindedienst des geweihten Priesters. In den Kirchen arbeiten ausgebildete Theologinnen und Theologen als Laien – also ohne Priesterweihe – im Beruf des Pastoralreferenten und der Pastoralreferentin (früher sprach man auch von Pastoralas-

Pastoralreferent/in

sistenten). Diesen Theologen ohne Priesterweihe stehen im Prinzip alle kirchlich-beruflichen Handlungsfelder offen außer den sakramentalen Vollzügen, für welche die Priesterweihe Voraussetzung ist (Taufe, Feier der Eucharistie, Ehesakrament, Firmung, Krankensalbung, Bußsakrament). Häufig werden sie überpfarrlich in der Krankenhaus-, Alten- und Gefängnisseelsorge sowie in der Glaubensunterweisung in Schule und Gemeinde eingesetzt. Die beruflichen Anforderungen, die an sie gestellt werden, sind von denen an den Priesterberuf nur wenig unterschieden. Die Letztverantwortung in pastoralen Belangen ist allerdings kirchenrechtlich beim Priester angesiedelt, und auch die Gemeindeleitung kann formal nur er wahrnehmen. Nicht-Priester stehen theologisch also immer im zweiten Glied und spüren dies auch in der Begegnung mit der Gemeinde und der Öffentlichkeit. Ihre konkrete Arbeit erfolgt in mehr oder weniger großer Abhängigkeit von dem für die jeweilige Gemeinde zuständigen Priester. Größere Möglichkeiten als in Deutschland haben sie in der Schweiz, wo manche Positionen, die in Deutschland nur von Priestern besetzt werden, von Laien ausgeübt werden können. Viele Laientheologen finden im Laufe der Zeit eine dauerhafte Tätigkeit im kirchlichen Bereich außerhalb der konkreten Gemeindearbeit, z.B. in der kirchlichen Publizistik, Erwachsenenbildung oder Verwaltung.

Einsatzfelder

Die Möglichkeiten für katholische Theologen ohne Priesterweihe und für Theologinnen, im kirchlichen Dienst eine Anstellung zu finden, sind schlechter als für Priester. Es wurden in den vergangenen Jahren mehr ausgebildet, als offene Stellen zur Verfügung standen. Die katholische Kirche wollte und will den Priestermangel bewusst nicht durch die vermehrte Einstellung von Laientheologinnen und -theologen ausgleichen. Inzwischen hat sich die Lage in einigen Diözesen wieder entspannt, und vereinzelt werden Laientheologen bereits gesucht. Im Jahre 2001 waren in den deutschen Bistümern 2800 Pastoralreferenten und -referentinnen tätig. In den evangelischen Kirchen existiert keine mit den Pastoralreferenten vergleichbare Berufsgruppe. Gelegentlich gibt es in größeren evangelischen Kirchengemeinden Gemeindereferenten und Diakone (kirchliche Sozialarbeiter) zur Unterstützung des Pfarrers oder der Pfarrerin, sie sind aber keine ausgebildeten Theologen.

Anstellungschancen

c) Religionsunterricht

Die weit überwiegende Mehrzahl der Theologiestudierenden strebt das Berufsziel Religionslehrer bzw. -lehrerin an. Früher wurden diejenigen unter ihnen, die das höhere Lehramt anstrebten, als Religionsphilologen bezeichnet; vereinzelt wird diese Bezeichnung noch heute gebraucht. Die meisten Ausbildungsstätten für Theologie bieten Studiengänge nur für Religionslehre und nicht für Volltheologie an, und auch an den Universitäten, wo es Volltheologie gibt, überwiegen die angehenden Religionslehrer und -lehrerinnen. Diese Realitäten werden häufig nicht wahrgenommen. Das theologische Lehrangebot und auch die Buchproduktion orientieren sich an den Notwendigkeiten und Bedürfnissen des Pfarr-, weniger des Lehrberufs. In den exegetischen Disziplinen ist es allerdings üblich, spezielle

Veranstaltungen für Lehramtsstudierende anzubieten, in denen die alten Sprachen nicht in gleicher Weise wie für Volltheologen zur Grundlage gemacht werden. Die Herausforderungen der Praxis werden in den Lehrveranstaltungen in einem unterschiedlichen Ausmaß berücksichtigt. In Baden-Württemberg bekommen angehende Grund-, Haupt- und Realschullehrer in den Pädagogischen Hochschulen eine ausgesprochen berufsorientierte Ausbildung. In allen anderen Bundesländern ist die gesamte Lehrerausbildung in die Universitäten integriert. Neben den fachwissenschaftlichen Veranstaltungen, die belegt werden müssen, gibt es auch fachdidaktische und religionspädagogische, die unmittelbar auf die Tätigkeit an der Schule vorbereiten.

Lehrerausbildung an Pädagogischen Hochschulen und Universitäten

Wer Religionslehrer werden will, muss in Deutschland außer Theologie auch ein oder zwei andere Fächer studieren. Dabei stehen nicht alle denkbaren Kombinationsmöglichkeiten offen. Die Frage der Kombination ist in jedem Bundesland und für jede Schulstufe oder Schulart unterschiedlich geregelt, und natürlich hängt es auch von dem Angebot der Universität ab, für die man sich entscheidet. Es gibt sowohl Gründe, zwei oder drei gegensätzliche Fächer zu kombinieren, beispielsweise Religion und Mathematik oder Religion und Sport, als auch Gründe, Fächer mit erheblichen Gemeinsamkeiten in Methoden und Inhalten zu wählen, beispielsweise Religion und Deutsch oder Religion und Geschichte.

Fächer-kombinationen

Der Religionsunterricht ist an den Schulen Deutschlands, Österreichs und der Schweiz überwiegend eine konfessionell geprägte Christentumskunde. Er informiert nicht allgemein über das Phänomen der Religion und über die verschiedenen Religionen, sondern behandelt in erster Linie eine ganz spezifische Form der Religion: evangelisches oder katholisches Christentum. Die Bezeichnung Religionsunterricht stammt aus einer Zeit, als der Religionsbegriff von der Theologie positiv konnotiert und das Christentum gleichzeitig als die höchste und eigentliche Religion angesehen wurde. Der Begriff ist in Deutschland auch deswegen fest etabliert, weil er in der Verfassung gebraucht wird. Artikel 7,3 des Grundgesetzes garantiert den Religionsunterricht in der Regelschule als ordentliches Lehrfach. Er muss in Übereinstimmung mit den Grundsätzen der Religionsgemeinschaften erteilt werden, also in konfessioneller Gebundenheit. Eine Abmeldung ist nur „aus Glaubens- und Gewissensgründen" möglich. Der Staat stellt die äußeren, praktischen Voraussetzungen für den Unterricht bereit, und die Religionsgemeinschaften übernehmen die inhaltliche Ausgestaltung. Sie entwickeln die Lehrpläne, und ihnen obliegt auch die Genehmigung von Lehrbüchern und die Kontrolle und Fortbildung der Lehrenden. Einzelheiten wurden in Verträgen zwischen den Kirchen und den Bundesländern geregelt. Staat und Kirche verantworten den Religionsunterricht also gemeinsam, weswegen er in der kirchenrechtlichen Fachsprache als Res mixta (lat.: *res mixta* = gemischte Sache, d. h. gemeinsame Angelegenheit) bezeichnet wird. In Berlin hat der Religionsunterricht allerdings einen von den Bestimmungen des Grundgesetzes abweichenden Status. Hier wird er in alleiniger Verantwortung der Religionsgemeinschaften erteilt, und sein Besuch erfordert eine gesonderte Anmeldung. Auch Bremen, Hamburg und Brandenburg haben abweichende Regelungen (s. u. S. 123). Ähnlich wie in Deutschland ist der Religionsunterricht in Österreich geregelt, durch Ar-

rechtliche Grundlagen

tikel 17,4.5 Staatsgrundgesetz und ein spezielles Bundesgesetz von 1949. Eine Abmeldung aus Gewissensgründen ist möglich, ein Ersatzfach Ethik soll aber erst noch eingerichtet werden.

Anders als in Deutschland und Österreich und kantonal sehr unterschiedlich sind die Verhältnisse in der Schweiz. Gemäß der Bundesverfassung (Art. 15) darf es an öffentlichen Schulen keinerlei obligatorischen Religionsunterricht geben. Über den Besuch eines freiwilligen Unterrichts entscheiden die Eltern bzw. nach dem Erreichen der Religionsmündigkeit im 16. Lebensjahr die Kinder. In vielen Kantonen wird an öffentlichen Schulen ein interkonfessioneller Religionsunterricht erteilt, und in der Sekundarstufe II gibt es das Angebot einer religionswissenschaftlich ausgerichteten „Religionslehre". Verantwortet wird der Unterricht teilweise von der Kirche alleine, teilweise von Kirche und Schule gemeinsam, teilweise von der Schule allein. Mit der Erteilung des Unterrichts sind häufig Pfarrerinnen, Pfarrer und andere kirchliche Kräfte beauftragt. Auch der religionswissenschaftliche Unterricht wird teilweise von studierten Theologinnen und Theologen erteilt. Die Zugänge zum Lehrerberuf sind in der Schweiz weitaus flexibler als in Deutschland.

Religionsunterricht in der Schweiz

Der Religionsunterricht, wie wir ihn heute kennen, ist das Ergebnis eines jahrhundertelangen Prozesses. Bildung hatte im christlichen Abendland immer einen religiösen Charakter, und die Kirchen hatten immer Einfluss auf das Bildungswesen. Das änderte sich auch nicht nach der Reformation. Noch im 19. Jahrhundert hatten die Pfarrer die Aufgabe, die Lehrer und damit den Schulunterricht zu kontrollieren. Ein separates Fach Religion gab es allerdings ursprünglich nicht, denn der ganze Unterricht war religiös geprägt. Ein eigener Religionsunterricht entstand erst, als im Laufe des 18. und 19. Jahrhunderts die Unterrichtsfächer zahlreicher und nach und nach von religiösen Elementen befreit wurden. Für die Kirchen ist der Religionsunterricht ein dritter Bereich der religiösen Erziehung neben der, die in den Gemeinden und in den Familien stattfindet. In einer Zeit, in der in den Familien kaum mehr christliches Wissen vermittelt wird und auch die Kirchengemeinden, abgesehen vom Kommunions-, Firm- und Konfirmandenunterricht, nicht mehr alle Kinder und Jugendliche erreichen, kommt dem schulischen Religionsunterricht für die christliche Sozialisation und die religiöse Bildung eine große Bedeutung zu. Die Kirchen haben ein lebhaftes Interesse daran, diesen Einflussbereich nicht zu verlieren.

Geschichte

In Deutschland und Österreich ist der Religionsunterricht als ordentliches Lehrfach ein Fach wie jedes andere und damit verpflichtend (trotz der Möglichkeit der Abmeldung). Gleichwohl unterscheidet er sich erheblich von anderen Schulfächern. Er gehört zu den wenigen Fächern, in denen der Klassenverband aufgebrochen und klassenübergreifende Unterrichtsgruppen zusammengestellt werden. Er ist das einzige Fach, in dem Schülerinnen und Schüler in erheblichem Maß ihre eigenen Neigungen einbringen und die Unterrichtsinhalte mitgestalten können. Stärker als alle anderen Fächer greift der Religionsunterricht Themen aus dem Lebensalltag der Schülerinnen und Schüler auf und bietet ihnen die Möglichkeit, eigene Positionen zu kontroversen Fragen einzubringen und auszudiskutieren. Das Themenspektrum reicht von biblischen Themen und Geschichten über wichtige Kapitel aus der Christentumsgeschichte bis hinein in aktuelle

Profil

ethische Fragestellungen. Der Sinn des Lebens und der Tod werden ebenso thematisiert wie die Berechtigung von Kriegen und der Umweltschutz. Neben der eigenen Konfession und ihren Traditionen kommt auch die andere Konfession vor, und neben der eigenen Religion auch wichtige Weltreligionen, insbesondere das Judentum und der Islam. Der Religionsunterricht vermittelt Werte, unterstützt die Identitätsfindung der Schüler und zeigt Möglichkeiten der Weltdeutung und Sinnfindung im Horizont des christlichen Glaubens auf. Viele Schülerinnen und Schüler zählen den Religionsunterricht zu ihren Lieblingsfächern.

Anforderungen Der besondere Charakter des Religionsunterrichts eröffnet dem Lehrer und der Lehrerin Chancen, stellt sie aber auch vor Herausforderungen. Es ist eine außerordentlich reizvolle, interessante, abwechslungsreiche und befriedigende Angelegenheit, Religionsunterricht zu erteilen. Gleichzeitig gehört das Unterrichten von Religion aber auch zu den anspruchsvollsten Aufgaben, die sich einem Lehrer und einer Lehrerin stellen können. Im Religionsunterricht darf keine Routine einkehren. Die Lehrenden müssen sich immer neuen Herausforderungen stellen, ihre Unterrichtskonzepte ständig aktualisieren und mit persönlichem Engagement an die behandelten Gegenstände herantreten. Wer Religionsunterricht erteilt, ist auch Repräsentant seiner Religion und seiner Konfession an der Schule, gegenüber Schülerinnen und Schülern, gegenüber Kolleginnen und Kollegen und gegenüber den Eltern. Er muss Fragen beantworten und kritisch-solidarisch Position beziehen können. Hierzu ist eine hohe religiös-theologische Kompetenz erforderlich. Infolge der starken Herausforderungen, die der Religionsunterricht an die Lehrenden stellt, ist bei ihnen die Gefahr groß, mit der Zeit dem Burn-out-Syndrom zu erliegen.

Privilegien und Belastungen Der Beruf des Lehrers gehört in den deutschsprachigen Ländern trotz regelmäßig laut werdender öffentlicher Statuskritik immer noch zu den privilegierten Berufen. Lehrer haben sichere Stellen und werden gut bezahlt. Nur etwa 50 Prozent ihrer Wochenarbeitszeit müssen sie in der Schule vor den Schülern verbringen, den Rest können sie sich zu Hause frei einteilen. Gleichzeitig haben Lehrer doppelt so viel Urlaub wie andere Berufsgruppen. Auf der anderen Seite ist der Lehrberuf aber auch ein sehr anstrengender, und zwar nicht nur aus den bereits angesprochenen inhaltlichen Gründen. Es ist ermüdend, Tag für Tag vor Schulklassen stehen, Lärm ertragen, um Disziplin kämpfen und sowohl gutmütige Streiche als auch böswillige Anschläge erdulden zu müssen.

Ethik, „LER" und „Religionsunterricht für alle" Der Religionsunterricht ist im gegenwärtigen pädagogischen und gesellschaftlichen Diskurs nicht unangefochten. Die konfessionelle Trennung ist fraglich und sogar die christliche Ausrichtung des Unterrichts ist problematisch geworden, da in den östlichen Bundesländern Deutschlands und überall in den großen Städten und Ballungszentren das Christentum an Bedeutung und Gewicht verliert. Zum konfessionell gebundenen Religionsunterricht, wie ihn das deutsche Grundgesetz vorschreibt, gibt es Alternativen. Zum einen haben sich überall Ersatzfächer wie Ethik, „Werte und Normen" oder Philosophie etabliert für diejenigen, die zum Besuch des Religionsunterrichts verpflichtet sind, sich aber – offiziell – aus Glaubens- und Gewissensgründen, in Wirklichkeit oft aus ganz anderen Motiven abmelden. In den Ersatzfächern werden ähnliche Themen behandelt wie im

Religionsunterricht. Im Stadtstaat Bremen gibt es bereits seit hundert Jahren keinen konfessionellen Religionsunterricht mehr, sondern einen „bekenntnismäßig nicht gebundenen Unterricht in biblischer Geschichte auf allgemein-christlicher Grundlage" (Bremer Verfassung, Art. 32). In Hamburg wird als „Religionsunterricht für alle" seit vielen Jahren ein von der evangelischen Kirche verantworteter Unterricht angeboten, der für Schüler aller religiösen und weltanschaulichen Orientierungen offen ist. Im Bundesland Brandenburg, wo nur noch zwanzig Prozent der Schüler Kirchen angehören, wurde 1996 das heftig umstrittene, von den Kirchen bekämpfte Fach „Lebensgestaltung-Ethik-Religionskunde" (LER) für alle Schülerinnen und Schüler verpflichtend eingerichtet und der konfessionelle Religionsunterricht als ordentliches Lehrfach abgeschafft. Der Widerstand der Kirchen, der CDU und betroffener Familien führte zu einer Klage vor dem Verfassungsgericht, das Ende 2001 den Konfliktparteien einen Kompromiss vorgeschlagen hat, der den traditionellen Religionsunterricht nur als zusätzliches Angebot und Alternative zu LER vorsieht. Das Ziel, LER als verfassungswidrig zu erklären, war damit gescheitert. Ferner wird über die Etablierung eines islamischen Religionsunterrichts diskutiert, und entsprechende Modellversuche laufen, z. B. in Niedersachsen.

Die Frage muss gestellt werden, ob nicht zumindest die Aufhebung der konfessionellen Ausrichtung des Religionsunterrichts zeitgemäß wäre oder sogar die Einführung eines für alle Schülerinnen und Schüler verbindlichen religionskundlichen und ethischen Unterrichts. Die damit zusammenhängenden Probleme sind freilich komplex. Zu einer Grundgesetzänderung bedürfte es politischer Mehrheiten, und der Widerstand aus den Kirchen, die um ihren Einfluss fürchten, ist groß. Ferner stellt sich die Frage, wie ein weltanschaulich neutraler Staat die Inhalte eines religionskundlichen und ethischen Unterrichts festlegen soll. Langfristig gesehen wird sich allerdings wegen der demografischen Entwicklung und wegen der europäischen Einigung die Grundsatzdiskussion um diese Dinge nicht verhindern lassen, und vielleicht täten die Kirchen gut daran, anstatt einfach das Bestehende zu bewahren, selbst einen Vorstoß zu einer zeitgemäßen Neukonzeption zu unternehmen. Über Fragen der konfessionellen Kooperation im Religionsunterricht haben Religionspädagogen beider Kirchen und auch offizielle kirchliche Gremien bereits lebhaft diskutiert, aber über Ansätze ist man in dieser Frage bislang nicht hinausgekommen. Die katholische Kirche will die Kooperation bislang nur in begrenzten, genau geregelten Ausnahmefällen zulassen.

Zukunftsfragen

Die beruflichen Aussichten von Lehramtsstudierenden des Faches Theologie hängen in Deutschland von Bundesland, Schulart und -stufe, Fächerkombination und natürlich den Prüfungsleistungen ab, sind aber insgesamt kurz- und mittelfristig nicht schlecht. Langfristig dürften sie sich aber, sobald die Schulen wieder mit überwiegend jungen Lehrerinnen und Lehrern ausgestattet sind sowie durch Rückgang der Schülerzahlen und Verlängerung der Lebensarbeitszeit wieder verschlechtern. Doch das gilt auch für alle anderen Unterrichtsfächer. Eine zukünftige grundsätzliche Veränderung des Religionsunterrichts würde dagegen keine Gefahr darstellen. Selbst wenn es einmal keinen konfessionell gebundenen Religionsunterricht mehr geben sollte, wird an den Schulen über Geschichte und Gegen-

berufliche Aussichten als Religionslehrer

wart des Christentums als einer großen und die europäische Kultur zutiefst prägenden Religion informiert werden müssen. Ein solide ausgebildeter Religionslehrer könnte vom Staat auch in einem religionskundlich-ethischen Unterricht eingesetzt werden. Außerdem garantiert in den alten deutschen Bundesländern der für den Lehrerberuf immer noch unangefochtene Beamtenstatus die Weiterbeschäftigung. In der katholischen Kirche gibt es für Religionslehrer auch die Möglichkeit, in den pastoralen Dienst einer Diözese zu wechseln.

Um Religion unterrichten zu können, brauchen katholische und in der Regel auch evangelische Lehrerinnen und Lehrer eine Erlaubnis ihrer Kirche. Sie heißt in den evangelischen Kirchen Vocatio (Berufung) und in der katholischen Missio canonica (kanonische Sendung). Katholische Lehrende müssen auch in ihrer Lebensführung mit den Grundsätzen ihrer Kirche übereinstimmen. Probleme könnte es bei einer konfessionsverbindenden Ehe geben, wenn die Kinder nicht von der katholischen Kirche getauft und nicht katholisch erzogen werden, oder bei der Wiederverheiratung Geschiedener. Abgesehen davon ist die Lehrerlaubnis reine Formsache, signalisiert aber den Sonderstatus des Religionsunterrichts im staatlichen Schulwesen und die prinzipiell bestehende kirchliche Kontrolle, die sich auch in Visitationen durch Schuldekane oder Schulbeauftragte der Superintendenten bzw. der Bischöfe äußert. Faktisch sind die Lehrerinnen und Lehrer aber im Rahmen der Lehrpläne frei, ihre eigenen Akzente zu setzen und eigene Überzeugungen zu äußern. Kaum ein Religionslehrer versteht sich heute als Vertreter einer bestimmten Kirche oder gar eines konkreten Bekenntnisses und einzelner Dogmen. Die meisten sehen sich als Christinnen und Christen, haben aber ein eher freies Verhältnis zu ihren Kirchen oder beziehen sogar ausgesprochen kirchenkritische Positionen. Viele Pfarrer bedauern es, dass manche Religionslehrer in den Gemeinden nicht aktiv und oft nicht einmal präsent sind.

Vocatio und Missio

d) Sonstige Arbeitsgebiete

Für Theologinnen und Theologen gibt es auch Anstellungschancen außerhalb des kirchlichen Bereichs, doch sind sie begrenzt und auch für Personen interessant, die eine Ausbildung in anderen geisteswissenschaftlichen Disziplinen haben. Grundsätzlich ist man nach einem Theologiestudium infolge der Vielfalt des Erlernten für zahlreiche Arbeitsfelder qualifiziert. Theologinnen und Theologen können sich im wissenschaftlichen, kulturellen und gesellschaftlichen Bereich einbringen, bei Verlagen, im Pressewesen und bei sonstigen Medien, ja sogar in Unternehmen. Dies zeigen die Erfahrungen aus den Jahren, in denen viele Theologinnen und Theologen, weil die Kirchen keine ausreichenden Stellenangebote hatten, eine Tätigkeit außerhalb des kirchlichen Bereichs gesucht und gefunden haben. Selbst in der Personalführung oder beim Konfliktmanagement in Wirtschaftsunternehmen haben sich Theologinnen und Theologen schon bewährt. Ein ideales Arbeitsfeld ist die Lektorentätigkeit in einem kirchlichen oder theologischen Verlag. Auch Bibliotheken und Archive brauchen Theologen. Freiberufliche Tätigkeiten sind im Bereich von Beratung und Infor-

vielfältige berufliche Möglichkeiten

mation oder bei der Gestaltung von freireligiösen Feiern (Beerdigungen, Hochzeiten) möglich.

Wer Theologie studiert und dann doch zu der Überzeugung kommt, nicht als Theologe oder nicht in der Kirche arbeiten zu wollen oder es infolge einer möglicherweise wieder verschärften Lage am Arbeitsmarkt nicht kann, steht also nicht vor dem Nichts, sondern kann mit etwas Phantasie und Glück die erworbenen Qualifikationen und Kompetenzen durchaus in anderen Arbeitsgebieten sinnvoll einsetzen und so sein Brot verdienen.

e) Universität

Niemand sollte ein Theologiestudium mit dem Ziel beginnen, Wissenschaftler zu werden. Zum einen sind die Chancen des Erfolgs objektiv gering, zum anderen wäre es eine der Eigenart des Faches widersprechende Intention. Wissenschaft kann in der Theologie nie Selbstzweck sein. Für wissenschaftlich tätige Theologen ist es gut, eigene Erfahrungen in Schule und Gemeinde zu haben. So können sie ihr Fach auch in wissenschaftlicher Hinsicht besser repräsentieren, und nur so können sie zukünftige Pfarrer und Lehrer angemessen auf ihren Beruf vorbereiten.

Wissenschaft als Beruf

Manche Studierende erleben bereits in ihren ersten Semestern, dass sie wissenschaftlich „Feuer fangen", dass ihnen die wissenschaftliche Arbeit ausgesprochen Spaß macht und sie auf gehaltene Referate und vorgelegte schriftliche Arbeiten eine ausgesprochen positive Resonanz bekommen. Wer dann auch noch ein überdurchschnittliches Examen macht, sollte sich auf jeden Fall überlegen, an das Studium eine Promotion anzuschließen (lat.: *promotio* = Beförderung). Es kann für angehende Pfarrer und Pfarrerinnen und für angehende Lehrerinnen und Lehrer ganz abgesehen vom persönlichen Selbstwertgefühl durchaus von Vorteil sein, den Doktortitel zu tragen. Er vermittelt ein Mehr an Vorschussanerkennung und eröffnet unter Umständen zusätzliche berufliche Perspektiven. Eine Promotion dauert allerdings mehrere Jahre, und sie lässt sich heutzutage kaum nebenher, während des Referendariats oder Vikariats, erledigen. Man muss diese Jahre also entweder selbst finanzieren oder sich um ein Stipendium bewerben. Studierende nach dem Examen, auf dem Weg zur Promotion bezeichnet man, weil sie mit dem Examen bereits einen akademischen Grad erworben haben, als Graduierte. Die Promotion beinhaltet die Abfassung einer umfangreichen, eigenständigen wissenschaftlichen Arbeit (Doktorarbeit, Dissertation), die neue Erkenntnisse oder Interpretationen bietet. Abgeschlossen wird die Promotion durch eine mündliche Prüfung, wobei es heutzutage in aller Regel nicht mehr um die Verteidigung der Doktorarbeit geht, sondern um die erneute Überprüfung des theologischen Allgemeinwissens in allen oder fast allen Disziplinen. Diese „strenge" Prüfung wird Rigorosum (lat.: *rigor* = Strenge) oder Doktoratsprüfung genannt.

Promotion

Je nachdem, wo man promoviert, erwirbt man den theologischen Doktortitel (Dr. theol.) oder den philosophischen (Dr. phil.). Der Doktorgrad der Theologie kann nur an einer theologischen Fakultät oder theologischen Hochschule erworben werden, aber nicht durch eine theologische Promotion im Rahmen eines erziehungs- oder kulturwissenschaftlichen Fachbe-

Dr. theol. und Dr. phil.

reichs. Der „Doktor der Philosophie" ist aber nicht von minderem Rang. Alle Doktortitel, auch der theologische, werden heute mit „Dr." abgekürzt. Die Abkürzung „D." wird nur noch für einen ehrenhalber verliehenen theologischen Doktorgrad verwendet.

In seltenen Fällen eröffnet sich nach dem Examen die Chance einer befristeten Anstellung im akademischen Bereich, die sich mit einer Promotion verbinden lässt, als Assistierender an einem Lehrstuhl oder im Rahmen eines wissenschaftlichen Projekts. Eine Vorstufe hierzu ist manchmal schon während des Studiums eine stundenweise Beschäftigung als so genannte Hilfskraft, Hilfswissenschaftler oder Hilfsassistierender, man könnte auch sagen: als Handlanger eines Dozierenden. Hilfskräfte erledigen Aufgaben wie Kopienmachen, Bücherholen und ähnliches. Die Tätigkeit ist eine interessante Möglichkeit, mit Dozierenden näher in Kontakt zu kommen und ein wenig hinter die Kulissen zu schauen, und von allen denkbaren Studentenjobs der empfehlenswerteste. Solche Stellen werden entweder ausgeschrieben, oder sie werden einem von einem Dozierenden direkt und persönlich angetragen. Stellen für Assistierende werden in aller Regel öffentlich ausgeschrieben. Nur noch an wenigen Universitäten werden sie von den Professorinnen und Professoren direkt und persönlich, ohne Ausschreibung, vergeben. Doch die Ausschreibungen täuschen darüber hinweg, dass auch diese Stellen häufig bereits unter der Hand vergeben sind. Meistens steht, wenn die Annonce erscheint oder ausgehängt wird, schon fest, wer es werden soll. Außenstehende haben deshalb, selbst wenn sie hochqualifiziert sind, in der Regel nur geringe Chancen.

Eine Assistierendenstelle eröffnet am ehesten die Chance zu einer späteren akademischen Karriere, zu einer Juniorprofessur oder zum klassischen Qualifizierungsweg der Habilitation. Es muss allerdings noch einmal davor gewarnt werden, sich dies zum Berufsziel zu machen. Eine akademische Karriere lässt sich nicht planen und in die Hand nehmen. Sie hängt von vielen Zufällen ab. Und ganz grundsätzlich gilt: Im Bereich der Theologie wurden in den vergangenen Jahren die meisten Professorenstellen mit jungen Männern und Frauen neu besetzt. Mit der Neuschaffung von Stellen ist auf absehbare Zeit nicht zu rechnen, eher wird das bestehende Stellenangebot weiter reduziert. Die jetzt besetzten Professuren werden überwiegend erst wieder zwischen 2020 und 2030 frei. Vorher wird es nur noch wenige Stellen geben. Es gibt jedoch einen gewaltigen Überhang bislang unversorgter qualifizierter Bewerber. Relativ gute Chancen haben allerdings weiterhin Priester, die sich akademisch qualifizieren und eine Professur anstreben, denn in der römisch-katholischen Kirche gibt es ein nachhaltiges Interesse, Professuren insbesondere an katholisch-theologischen Fakultäten mit Priestern und nicht mit Laientheologen zu besetzen. Damit konkurriert allerdings ein anderes kirchliches Interesse, nämlich qualifizierte Priester im kirchlichen Dienst zu halten, wo sie dringend benötigt werden, und sie nicht an die Universitäten zu verlieren.

Hilfskräfte und Assistenten

Hochschulkarrieren

3. Theologische Fakultäten und andere Studieneinrichtungen

Theologie wird von sehr vielen Universitäten und Hochschulen angeboten. Neben den staatlichen Universitäten existieren Kirchliche Hochschulen, und auch an Gesamthochschulen, Fachhochschulen und Pädagogischen Hochschulen gibt es ein theologisches Lehrangebot. Hinzu kommen im evangelischen Bereich mehrere freie Studieneinrichtungen für Theologie.

Vielfalt der Angebote

a) Die Wahl des Studienortes und der Hochschule

Wer Theologie studieren möchte, steht zunächst vor der Wahl des Studienortes. Grundsätzlich haben angehende Theologinnen und Theologen große Freiheit, da es in der Theologie keinen Numerus clausus (NC) gibt, d.h. keine Beschränkung der Zahl der für ein Studium Zugelassenen (lat.: *numerus* = Zahl, lat.: *clausus* = geschlossen). Nur für Lehrberufsstudiengänge bestimmter Fächerkombinationen in einzelnen Bundesländern und teilweise für das Grundschullehramt besteht ein NC (s.u. S. 145). Allerdings wird die Zahl möglicher Studienorte dadurch begrenzt, dass nicht alle Studiengänge an allen Orten angeboten werden. Wer mit dem Ziel Lehrberuf studiert, hat aber mehr Wahlmöglichkeiten bezüglich des Studienortes als derjenige, der den Pfarr- bzw. Pastoraldienst anstrebt.

Numerus clausus

Bei der Wahl des Ortes spielen heute praktische Kriterien eine größere Rolle als inhaltliche. Früher gingen Studierende an einen bestimmten Ort, um bei einer ganz bestimmten Person oder in den Bahnen einer ganz bestimmten theologischen „Schule" zu lernen. Dies ist heute nur noch selten der Fall, denn es gibt keine dominierenden und faszinierenden Gestalten mehr wie einst Harnack, Barth, Bultmann und Rahner. Es gibt auch keine ausgesprochenen „Schulen" mehr, keine theologischen Richtungen, für die man sich entscheidet und denen man sich anschließt. Praktische Überlegungen stehen im Vordergrund: In welcher Region möchte ich leben, welche Stadt reizt mich, wo habe ich Freunde, wie weit möchte ich von meiner Heimat weg? Daneben sollte allerdings auch ein Blick auf die Breite und die inhaltliche Akzentuierung des theologischen Angebots am Studienort geworfen werden, denn es gibt von Ort zu Ort große Unterschiede. An manchen Universitäten werden die theologischen Kerndisziplinen von nur noch drei Professuren abgedeckt, theologische Fakultäten haben dagegen häufig noch die so genannte Doppelbesetzung der fünf Disziplinen, verfügen also über mindestens zehn Professuren, wenn nicht mehr. Grundsätzlich ist es für Studierende besser und interessanter, wenn es ein breites Angebot von Lehrveranstaltungen gibt und eine Auswahl hinsichtlich der Themen und Personen stattfinden kann. Fünf den Disziplinen entsprechende Lehrstühle (Professuren) sind eigentlich der Minimalstandard für ein Gewinn versprechendes Theologiestudium. Aber auch auf die konkreten Inhalte sollte ein Blick geworfen werden: Kommen im Lehrangebot Fragestellungen vor, die mich interessieren? Nicht überall wird z.B. der jüdisch-christliche Dialog berücksichtigt, nicht überall kann man etwas über Öku-

Lehrangebot

mene lernen, nicht überall haben frauenspezifische Fragestellungen einen festen Platz. Über das, was die verschiedenen Universitäten inhaltlich zu bieten haben, kann man sich im Internet informieren, wo in der Regel die Vorlesungsverzeichnisse des aktuellen Semesters einsehbar sind. Nicht zuletzt sollte auch die Größe einer Einrichtung, das Verhältnis zwischen Studierendenzahlen und der Zahl der Lehrkräfte, bedacht werden. Es gibt heute theologische Ausbildungsstätten, wo auf einen Professor nur fünfzehn Studierende kommen, während an anderen Stätten einer für hundert und mehr zuständig ist. An einem Ort gibt es überfüllte Seminare, am anderen fallen Vorlesungen mangels Teilnehmern aus. Besonders hohe Studierendenzahlen haben gegenwärtig die evangelischen Fakultäten in Hamburg und Münster und die katholischen in Freiburg i. Br. und Wien.

Ein weiterer Gesichtspunkt, der bei der Wahl des Hochschulortes bedacht werden muss, ist die Bindung an ein Bundesland oder an eine Landeskirche bzw. Diözese, die man mitbringt oder eingeht. Die katholischen Bistümer schreiben ihren Priesteramtskandidaten bestimmte Hochschulen vor, und auch einzelne evangelische Landeskirchen erwarten, dass ihre künftigen Pfarrerinnen und Pfarrer eine bestimmte Semesterzahl im Bereich ihrer Kirche studiert haben. Wer für den Lehrberuf studiert, hat sich bislang mit dem gewählten Studienort hinsichtlich der späteren Berufstätigkeit in der Regel auch an ein Bundesland gebunden. Das könnte jetzt mit der Einführung der Bachelor-Master-Studiengänge (s. u. S. 153–155) und damit universitärer, nicht mehr staatlicher Abschlüsse prinzipiell anders werden. Der unerwartet eingetretene partielle Lehrermangel hat bereits zur Öffnung der Landesgrenzen beigetragen.

Bei der Wahl des Studienortes neigen heute die meisten Studierenden dazu, eine nahe dem Heimatort gelegene Stadt zu wählen. Das ist aber nicht unbedingt empfehlenswert. Grundsätzlich ist es ratsam, das Studium als eine Chance zu sehen, Neues kennen zu lernen und Mobilität zu üben. Es empfiehlt sich also, einen Studienort möglichst fern der Heimat zu wählen, selbst wenn es sich fachlich nicht sofort auszahlt. Wichtig ist das Mehr an Lebenserfahrung und Persönlichkeitsbildung, das damit verbunden ist. An einen späteren Wechsel des Studienortes sollte denken, wer in der Nähe seines Heimatortes zu studieren begonnen hat. Das dient der theologischen Horizonterweiterung und vermittelt praktische Lebenserfahrungen. Priesteramtskandidaten müssen das 5. und 6. Semester an einem Studienort außerhalb ihrer Heimatdiözese verbringen. Auch von manchen evangelischen Kirchen wird ein so genanntes „Auswärtssemester" vorgeschrieben. Die Kriterien, nach denen man einen zweiten Ort aussucht, können vielfältig sein: eine Stadt, die einen besonders interessiert, wo ein Freund oder eine Freundin wohnt, eine Universität, wo ein Professor lehrt, von dem man schon gehört hat und von dem man sich etwas verspricht.

Die einfachste Möglichkeit, sich von einer bestimmten Hochschule ein Bild zu verschaffen, ist das Internet. Heutzutage präsentieren sich alle Universitäten und sonstigen Ausbildungsstätten mehr oder weniger ausführlich im Netz. Das Auffinden ist, wenn man den Namen ungefähr weiß, mit einer gängigen Suchmaschine ohne weiteres möglich. Außerdem bietet der Informationsdienst der Hochschulrektorenkonferenz im Internet einen „Hochschulkompass" an, der Informationen zu allen staatlichen und staat-

sonstige Auswahlkriterien

Ortswechsel

lich anerkannten Hochschulen in Deutschland enthält und natürlich direkte Links (www.hochschulkompass.hrk.de).

b) Staatliche Fakultäten

Unter den vielen Universitäten und Hochschulen, an denen Theologie studiert werden kann, ragen die staatlichen Fakultäten heraus. Sie bieten das breiteste Spektrum von Studiengängen und haben das größte Lehrangebot. Die fünf klassischen Disziplinen der Theologie sind in den meisten Fakultäten doppelt besetzt, außerdem gibt es extra Lehrstühle für weitere, speziellere Teildisziplinen, was vielen Fakultäten ein jeweils eigenständiges, von anderen Fakultäten unterschiedenes inhaltliches Profil verleiht. Eine Fakultät (lat.: *facultas* = Möglichkeit) ist eine organisatorische Untereinheit einer Universität, die aus einem oder mehreren Fächern besteht und z.B. das Lehrangebot dieses Faches oder dieser Fächer organisiert. In vielen Bundesländern verwendet man nicht mehr den althergebrachten Begriff der Fakultät, sondern spricht von Fachbereichen. Gemeint ist dasselbe. In der DDR hatte man von Sektionen gesprochen. Geleitet werden Fakultäten und Fachbereiche von Dekanen. Ihnen zur Seite stehen vielfach die erst vor wenigen Jahren eingeführten Studiendekane, die speziell für Studien- und Prüfungsangelegenheiten und Anliegen der Studierenden zuständig sind. In Deutschland gibt es heute 32 staatliche theologische Fakultäten, 13 katholische und 19 evangelische.

Evangelische Theologie mit dem Ziel Pfarramt (Volltheologie, Fachtheologie) kann zurzeit an folgenden Universitäten studiert werden: Berlin (Humboldt-Universität), Bochum, Bonn, Erlangen, Frankfurt a.M., Göttingen, Greifswald, Halle/Saale, Hamburg, Heidelberg, Jena, Kiel, Leipzig, Mainz, Marburg, München, Münster, Rostock, Tübingen; in der Schweiz (in deutscher Sprache) in Basel, Bern und Zürich; in Österreich in Wien. Einige dieser Fakultäten sind recht jung und wurden erst nach 1945 gegründet: Mainz (1946), Hamburg (1952), Bochum (1965), München (1968), Frankfurt (1987). Junge Fakultäten oder junge Universitäten haben keine so großen Buchbestände wie alte Einrichtungen, was für das Studium mit gewissen Nachteilen verbunden ist. Vertreter der verschiedenen evangelisch-theologischen Fakultäten versammeln sich regelmäßig zum Evangelisch-theologischen Fakultätentag. Dort werden Informationen ausgetauscht und Regelungen abgesprochen, die im Interesse der Studierenden allzu große Unterschiede zwischen den einzelnen Fakultäten verhindern. Regelmäßige Treffen gibt es auch zwischen den Studierendenvertretungen der verschiedenen Fakultäten.

evangelisch-theologische Fakultäten

Katholische Theologie mit dem Ziel Diplomtheologie (Priester oder Pastoralreferent/in) kann an folgenden staatlichen Universitäten studiert werden: Augsburg, Bamberg, Bochum, Bonn, Erfurt, Freiburg, Mainz, München, Münster, Passau, Regensburg, Tübingen, Würzburg; in der Schweiz (in deutscher Sprache) in Fribourg und Luzern; in Österreich in Graz, Innsbruck, Salzburg und Wien. Die Katholisch-Theologische Fakultät der Universität Erfurt ist eine Neugründung und wurde erst 2003 eröffnet. Die Fakultäten sind im Katholisch-Theologischen Fakultätentag verbunden.

katholisch-theologische Fakultäten

Sowohl katholische als auch evangelische Fakultäten gibt es also in Bochum, Bonn, Mainz, München, Münster, Tübingen und Wien. Diese Universitäten sind unter ökumenischen Gesichtspunkten besonders interessant. Allerdings werden die damit verbundenen Chancen vor Ort nicht immer ergriffen. Es gibt keine Universität, in der evangelische und katholische Theologie in einem gemeinsamen Fachbereich zusammengefasst sind. Ansätze dazu gab es, wie gesagt, schon in Frankfurt a. M. und Osnabrück, sie konnten sich aber aus rechtlichen Gründen und wegen kirchlicher Vorbehalte nicht durchsetzen. Wenn es an einer Universität evangelische und katholische Theologie gibt, sind diese in getrennten Fakultäten oder Fachbereichen organisiert bzw. innerhalb eines Fachbereichs in getrennten Instituten oder Abteilungen. An Universitäten mit nur einer theologischen Fakultät wird häufig unter Verzicht auf die Konfessionsbezeichnung von der „Theologischen Fakultät" gesprochen. Der konfessionelle Charakter ist aber dennoch gegeben und muss aus dem Hochschulort erschlossen werden.

Rechtsstatus theologischer Fakultäten

Die theologischen Fakultäten besitzen einen staatlich-kirchlichen Doppelstatus. Sie sind staatliche Institutionen, die der staatlichen Hochschulgesetzgebung und -administration unterstehen und vom Staat finanziert werden. Ihr Bestand ist nicht mehr wie in der Weimarer Verfassung durch das Grundgesetz garantiert, teilweise aber durch das Recht der Bundesländer. Der Rechtsstatus der Fakultäten in Österreich und in der Schweiz ist demjenigen in Deutschland vergleichbar. Die Hochschullandschaft ist allerdings in Bewegung. In Deutschland gibt es Pläne, Fakultäten zusammenzulegen, und immer wieder auch Gedanken, Fakultäten stillzulegen. Betroffen sind ausschließlich die rechtlich vergleichsweise schlecht abgesicherten evangelischen Fakultäten, und im Hintergrund stehen Sparprogramme der Bundesländer sowie geringe Studierendenzahlen.

c) Kirchliche Hochschulen

Evangelische Pfarrer wurden seit dem 16. Jahrhundert grundsätzlich an staatlichen Universitäten ausgebildet. Evangelische kirchliche Hochschulen waren im deutschen Raum eine spät aufkommende und inzwischen weitgehend wieder eingestellte Randerscheinung. Die römisch-katholische Kirche nahm dagegen seit dem 16. Jahrhundert die Ausbildung ihrer Theologen in die eigene Hand. Das Trienter Konzil forderte 1563, für die Priesterausbildung Diözesanseminare einzurichten. Diese im Prinzip universitätsfeindliche Position hat sich im deutschen Raum allerdings nicht voll durchgesetzt. Es kam im Laufe der Geschichte zu einem Nebeneinander von staatlichen und kirchlichen Einrichtungen, das sich bis heute erhalten hat.

katholische Hochschulen

Kirchliche Hochschulen sind nichtstaatliche Einrichtungen, die wissenschaftliche Aufgaben in Forschung, Lehre und Studium wahrnehmen und der Berufsvorbereitung dienen. Sie sind rechtlich gesehen Sonderformen staatlich anerkannter Hochschulen in freier Trägerschaft. Das Graduierungs-, Promotions- und Habilitationsrecht ist staatlich geregelt. Die katholische Kirche hat ein breites Spektrum von eigenen Hochschulen, an denen in unterschiedlichen Studiengängen Theologie studiert oder zumindest theologische Lehrveranstaltungen belegt werden können: Die Katholische Universität Eichstätt-Ingolstadt besitzt eine theologischen Fakultät, in Fulda, Paderborn und Trier gibt es selbstständige theologische Fakultäten, in München eine philosophische Fakultät, in Vallendar bei Koblenz, Benediktbeuren, Frankfurt a.M. (Sankt Georgen), Münster und Sankt Augustin bei Bonn von Orden getragene Philosophisch-Theologische Hochschulen, die u.a. Diplomstudiengänge in katholischer Theologie anbieten. Ferner gibt es acht katholische Fachhochschulen, und zwar in Aachen-Paderborn, Berlin, Freiburg, Mainz, München, Vechta, Köln und Saarbrücken. In der Schweiz gibt es eine katholische Theologische Hochschule in Chur und eine Theologische Schule in Einsiedeln, in Österreich eine Philosophisch-Theologische Hochschule in St. Pölten, eine Theologische Hochschule (Sankt Gabriel) in Mödling bei Wien und eine Katholisch-Theologische Privatuniversität in Linz. Viele dieser Hochschulen stehen in einer alten Tradition.

Die evangelischen Kirchen haben Kirchliche Hochschulen erst im 20. Jahrhundert gegründet. Anlass und Ursache war immer eine gewisse Unzufriedenheit mit den staatlichen theologischen Fakultäten. Den Anfang machte Bethel bei Bielefeld im Jahre 1905. In der Zeit des Nationalsozialismus folgten Wuppertal 1935 und Berlin 1937. Hier wurde im Sinne der Bekennenden Kirche ausgebildet. Nach dem Kriegsende gab es Neugründungen in Neuendettelsau bei Erlangen 1947 und in Hamburg 1948. Auf dem Gebiet der DDR entstanden Kirchliche Hochschulen in Leipzig 1949 und Naumburg 1951 und das Sprachenkonvikt in Berlin (Ost) 1961. Auch Westberlin besaß weiter eine Kirchliche Hochschule. Weil keine Notwendigkeit für den Unterhalt dieser Hochschulen mehr bestand und aus Sparzwängen, wurde diese traditionsreiche Arbeit nach und nach eingestellt. Zurzeit gibt es evangelische kirchliche Hochschulen nur noch in Bethel, Neuendettelsau und Wuppertal. Auch ihre Zukunft ist gefährdet. Sie werden von den Landeskirchen und kirchlichen Einrichtungen wie den Bodelschwinghschen Anstalten Bethel finanziert und erhalten keine staatlichen Zuschüsse. Die evangelischen Kirchen besitzen daneben zurzeit noch zehn Fachhochschulen: in Berlin, Bochum, Darmstadt, Dresden, Freiburg, Hamburg, Hannover, Ludwigshafen, Nürnberg und Reutlingen-Ludwigsburg. An diesen wird auch Theologie gelehrt, aber es werden keine theologischen Studiengänge angeboten.

In großen Universitäten herrscht generell ein Massenbetrieb. Hiervon unterscheiden sich die Kirchlichen Hochschulen wohltuend. Sie legen auch wie kleinere theologische Fakultäten Wert auf einen intensiven Austausch zwischen Lehrenden und Lernenden, und zwar über die Lehrveranstaltungen hinaus. Die Anlage der Hochschulen ist nach angelsächsischem Vorbild campusartig. Neben den eigentlichen Hochschulgebäuden gibt es Studierendenwohnheime. Ein bewusstes Anliegen ist es, das gemeinsame Leben der Studierenden zu fördern. Viele katholische Hochschulen werden von Orden getragen und setzen deswegen in der Spiritualität jeweils eigene Akzente.

evangelische Hochschulen

Vorteile der Hochschulen

d) Theologie an sonstigen Universitäten

evangelische
Religionslehre

Ein Theologiestudium mit dem Ziel evangelische Religionslehre ist in Deutschland zurzeit in folgenden Orten an Universitäten und Hochschulen möglich, wobei allerdings nicht überall für alle Schularten und -stufen ausgebildet wird: Aachen, Augsburg, Bamberg, Bayreuth, Berlin, Bethel, Bielefeld, Bochum, Bonn, Braunschweig, Bremen, Darmstadt, Dortmund, Dresden, Duisburg-Essen, Erfurt, Erlangen-Nürnberg, Flensburg, Frankfurt a. M., Freiburg, Gießen, Göttingen, Greifswald, Halle, Hamburg, Hannover, Heidelberg, Hildesheim, Jena, Karlsruhe, Kassel, Kiel, Koblenz-Landau, Köln, Leipzig, Ludwigsburg, Lüneburg, Mainz, Marburg, München, Münster, Oldenburg, Osnabrück, Paderborn, Regensburg, Rostock, Saarbrücken, Schwäbisch-Gmünd, Siegen, Tübingen, Weingarten, Wuppertal, Würzburg.

katholische
Religionslehre

Ein Theologiestudium mit dem Ziel katholische Religionslehre ist in Deutschland zurzeit in folgenden Orten an Universitäten und Hochschulen möglich, wobei nicht überall für alle Schularten und -stufen studiert werden kann: Aachen, Augsburg, Bamberg, Bayreuth, Berlin, Bielefeld, Bochum, Bonn, Braunschweig, Bremen, Darmstadt, Dortmund, Dresden, Duisburg-Essen, Eichstätt, Erfurt, Erlangen-Nürnberg, Frankfurt a. M., Freiburg, Gießen, Hannover, Heidelberg, Hildesheim, Karlsruhe, Kassel, Kiel, Koblenz-Landau, Köln, Ludwigsburg, Lüneburg, Mainz, Marburg, München, Münster, Oldenburg, Osnabrück, Paderborn, Passau, Regensburg, Saarbrücken, Schwäbisch-Gmünd, Siegen, Trier, Tübingen, Vechta, Weingarten, Wuppertal, Würzburg.

Die meisten dieser Universitäten haben keine theologischen Fakultäten oder Fachbereiche, sondern die Theologie ist in einem Fachbereich angesiedelt, der verschiedene Fächer zusammenfasst. Die Kombinationen können recht zufällig sein, und es sind nicht immer die eigentlichen Bezugswissenschaften – was eigentlich sinnvoll wäre –, mit denen die Theologen an diesen Universitäten im Fachbereich kooperieren. Innerhalb dieser philosophischen, erziehungs- oder kulturwissenschaftlichen Fachbereiche ist die Theologie häufig als Institut organisiert und bildet damit eine kleine, partiell selbstständige Einheit innerhalb des Fachbereichs.

e) Freie Ausbildungsstätten für evangelische Theologie

Hintergründe

Im Bereich der evangelischen Kirchen gibt es zahlreiche freie Ausbildungsstätten, an denen Theologie gelehrt wird. Sie haben einen doppelten Entstehungshintergrund.

Zum einen gehören sie evangelischen Freikirchen, also den Methodisten, Baptisten und den selbstständigen lutherischen Kirchen. Diese Freikirchen, die sich schon im 19. Jahrhundert, vermehrt im 20., neben den mit dem Staat verbundenen Landeskirchen bildeten oder sich aus ihnen lösten, haben sich ihre eigenen Ausbildungsstätten für den Pfarrdienst geschaffen, die meist Seminare genannt werden. Die Freikirchen übernehmen aber zum Teil auch Theologen und Theologinnen, die an staatlichen Fakultäten studiert haben.

Der zweite Entstehungshintergrund freier evangelisch-theologischer Ausbildungsstätten ist der gleiche, der einst zur Entstehung kirchlicher Hochschulen geführt hatte, nämlich die inhaltlich begründete Unzufriedenheit mit der Theologie, wie sie an den Universitäten gelehrt wird. Die erste Kirchliche Hochschule, Bethel, wollte bewusst einen Gegenpol gegen die „gottlose" und „ungläubige" Theologie der staatlichen Fakultäten bilden. In der Gegenwart unterscheidet sich die an Kirchlichen Hochschulen gelehrte Theologie nicht mehr von der an den staatlichen Fakultäten. Fromme Kreise im Protestantismus Deutschlands und der Schweiz haben sich deshalb neue, privat organisierte und finanzierte Ausbildungsstätten geschaffen, in denen Theologie gelehrt und teilweise auch für weitere kirchliche Berufsfelder und für das ehrenamtliche kirchliche Engagement ausgebildet wird. Das Verhältnis zwischen ihnen und den theologischen Fakultäten und Instituten staatlicher Hochschulen ist in der Regel gespannt, obwohl an diesen freien Einrichtungen partiell durchaus echte theologische Forschungsarbeit, insbesondere auf den Gebieten der Historischen und der Praktischen Theologie, geleistet wird. Einen Akzent setzen die privaten Ausbildungsstätten durch die enge Verknüpfung von Theorie und Praxis, durch den Verzicht auf die historisch-kritische Arbeit an der Bibel, durch die Betonung der Themen Mission, Volksmission und Evangelisation, durch die Pflege der Spiritualität und durch die Förderung der persönlichen Glaubensreflexion.

Gegenpol zur „gottlosen" Theologie

Die Entscheidung, Theologie an einer dieser privaten Einrichtungen zu studieren, muss gut überlegt werden. Prinzipiell entscheidet man sich damit nämlich für eine berufliche Tätigkeit im Bereich von Freikirchen, freien Gemeinden oder landeskirchlichen Gemeinschaften. Man kann als Prediger und Missionar arbeiten, in der Regel aber nicht als festangestellter landeskirchlicher Pfarrer. Ausnahmen bestätigen die Regel. Im Zweifelsfall müssen diese Fragen im direkten Gespräch mit den Ausbildungsreferaten der Landeskirchen abgeklärt werden. Ein nachträglicher Wechsel von einer privaten Ausbildungsstätte zu einer staatlichen theologischen Fakultät ist möglich, wobei eventuell sogar einzelne Leistungen anerkannt werden. Diese Fragen müssen mit dem Dekanat der Fakultät geklärt werden, zu der gewechselt werden soll.

praktische Möglichkeiten

An erster Stelle muss die Lutherische Theologische Hochschule in Oberursel (Taunus) Erwähnung finden, eine staatlich anerkannte und auch im Evangelischen Fakultätentag vertretene Einrichtung der Selbständigen Evangelisch-Lutherischen Kirche (SELK), die schon 1947 gegründet wurde. In Bonn unterhält der Bund Taufgesinnter Gemeinden (BTG) ein „Bibelseminar", in Elstal (Wustermark) bei Berlin hat der ebenfalls baptistisch orientierte Bund Evangelisch-Freikirchlicher Gemeinden ein „Bildungszentrum" mit einem „Theologischen Seminar", in Friedensau bei Magdeburg und in Bogenhofen bei Braunau am Inn (Österreich) unterhalten die Siebenten-Tags-Adventisten ein „Seminar" mit einer theologischen Abteilung bzw. eine „Theologische Hochschule", in Erzhausen (Hessen) gibt es ein „Theologisches Seminar" (Beröa) des Bundes Freikirchlicher Pfingstgemeinden, auf dem Bienenberg bei Liestal in der Schweiz haben die Mennoniten ein „Theologisches Seminar", in Dietzhölztal-Ewersbach (Dillkreis) der Bund Freier evangelischer Gemeinden (FeG) und in Reutlingen die Evangelisch-methodistische Kirche (EmK). Die im Gnadauer Verband organisierten Ge-

Missions- und
Bibelschulen

meinschaftsbewegungen haben Missionsschulen, Bibelschulen und Theologische Seminare in Weissach im Tal (Unterweissach) bei Backnang, in Wuppertal (Johanneum), in Bad Liebenzell im Schwarzwald, in Bettingen bei Basel (St. Chrischona) und in Falkenberg bei Beeskow (Mark Brandenburg). In Gießen gibt es eine Freie Theologische Akademie (FTA) und in Basel eine Staatsunabhängige Theologische Hochschule (STH, früher FETA). In Bonn, Hamburg, Pforzheim und Berlin bieten „Studienzentren" des evangelikalen „Martin Bucer Seminars" berufsbegleitende theologische Ausbildungskurse an. Dem innerkirchlichen Pietismus verbunden sieht sich die „Studien- und Lebensgemeinschaft Tabor", die in Marburg eine Ausbildung zum Prediger oder Missionar anbietet. Ferner gibt es theologische Studienkurse im „Geistlichen Rüstzentrum Krelingen" bei Walsrode.

Nähere Informationen über alle diese Einrichtungen findet man im Internet. Eine Übersicht mit Links bietet auch der Arbeitskreis für evangelikale Theologie (www.afet.de/links.htm).

f) Studium im Ausland

Horizont-
erweiterungen

Ein Auslandsstudium vermittelt Horizonterweiterungen, vergrößert die Lebenserfahrung und vertieft die sprachliche Kompetenz. Besonders reizvoll für Theologiestudierende ist es, dabei andere Formen des Christentums, andere Realitäten kirchlichen Lebens und fremde Religionen kennen zu lernen. Ein Auslandsstudium muss freilich organisiert und finanziert werden, und das bereitet größere Schwierigkeiten als der einfache Wechsel des Studienortes im Inland. Es hängt vom konkreten Studiengang ab, was realistisch ist und was nicht. Wer als Lehramtsstudierender Englisch als Hauptfach gewählt hat, sollte oder muss ohnehin einige Monate im englischsprachigen Ausland verbringen und hat dann unter Umständen ohne zusätzlichen Aufwand die Möglichkeit, auch der Theologie des Gastlandes zu begegnen. Wer Mathematik als Kombinationsfach hat, wird dagegen weniger ernsthaft an ein Auslandsstudium denken. Wer nur Theologie studiert, hat ohne weiteres die Möglichkeit, ein Jahr im Ausland zu verbringen, und sollte sie, soweit im Zusammenhang mit den persönlichen Lebensumständen realisierbar, auch nutzen.

empfehlenswerte
Ziele

Für Studierende der katholischen Theologie sind aus geschichtlichen und aktuell-kirchlichen Gründen Italien und die spanisch sprechende Welt ein besonders reizvolles Ziel. Evangelische Theologen könnte es nach England oder in die USA ziehen, wo sie ganz andere Formen protestantischen Christentums kennen lernen können als in den deutschsprachigen Ländern. Auch die Minderheitensituation evangelischer Kirchen in Italien und Frankreich könnte ein Grund sein, diese Länder für einen Studienaufenthalt zu wählen.

Auslandspraktika

Wer nicht im Ausland studieren kann, sollte zumindest in Erwägung ziehen, auf eine andere Weise eine längere Zeit lernend oder berufstätig im Ausland zu verbringen. Dazu kann sich ein Praktikum anbieten oder ein Freiwilligendienst. Auf jeden Fall und ganz grundsätzlich sind Auslandserfahrungen für jeden Theologen und jede Theologin, egal in welchem Berufsfeld, etwas Positives. Sie bereiten, das eigentliche Studium sinnvoll ergänzend, auf die Herausforderungen der Berufstätigkeit in einer multikulturellen und multireligiösen Gesellschaft vor.

Über Stipendien und andere Finanzierungsmöglichkeiten kann man sich beraten lassen. Bafög (s. u.) gibt es bei Aufenthalten in EU-Mitgliedsstaaten problemlos auch im Ausland. Es muss aber ein gesonderter Antrag gestellt werden. Im Rahmen ihres Austauschprogramms „Erasmus" fördert die Europäische Union Auslandsstudien in EU-Staaten und außerhalb der EU in einigen Staaten Osteuropas. Die Evangelische Kirche in Deutschland stellt zu Studien- und Praktikumsmöglichkeiten im Ausland spezielle Informationsbroschüren (›Studium der Theologie in Europa‹, ›Theologiestudium im Horizont der Ökumene‹, ›Studium in Israel‹) bereit, die über das Ausbildungsreferat im Kirchenamt der EKD bezogen werden können (Herrenhäuser Str. 12, 30419 Hannover). Über Auslandsstudien und ihre Finanzierungsmöglichkeiten kann man sich in Deutschland ferner bei den Akademischen Auslandsämtern der Universitäten und beim Deutschen Akademischen Austausch Dienst (DAAD) informieren (Postfach 200404, 53134 Bonn, Tel. 0228/8820), dessen Homepage ein sehr umfassendes und detailliertes Informationsangebot (www.daad.de) bietet. Auch der Ökumenische Rat der Kirchen (ÖRK) und die Vereinigte Evangelisch-Lutherische Kirche Deutschlands (VELKD) geben Stipendien für Auslandsstudien (Kontakt: Stipendienreferat ÖRK und VELKD, Pfarrer Helmut Staudt, Stafflenbergstr. 76, 70184 Stuttgart).

Finanzierungsmöglichkeiten

g) Studienfinanzierung

Ein Studium ist nicht billig. Mit 500 Euro pro Monat für Lebensunterhalt und Studienmittel muss gerechnet werden. Junge Menschen haben grundsätzlich einen Anspruch darauf, von ihren Eltern eine Ausbildung finanziert zu bekommen, denn Eltern sind gegenüber ihren volljährigen Kindern in Ausbildung unterhaltsverpflichtet. Der Orientierungswert für ein volljähriges studierendes Kind, das nicht bei seinen Eltern wohnt, ist ein Regelbedarf von 600 Euro monatlich. Dies kann sogar eingeklagt werden.

Kosten eines Studiums

Für Studierende, die von ihren Eltern keine ausreichenden finanziellen Mittel für ihr Studium erhalten können, gibt es zahlreiche Möglichkeiten, Stipendien zu erlangen. Am verbreitetsten ist die Studienfinanzierung mit dem Bafög, d. h. auf der Grundlage des Bundesausbildungsförderungsgesetzes. Antragsformulare und Beratung gibt es beim Amt für Ausbildungsförderung des Studentenwerks am jeweiligen Hochschulort. Bafög erhalten in der Regel nur deutsche Studierende und in der Regel nur Personen, die zu Beginn der Ausbildung das 30. Lebensjahr noch nicht vollendet haben. Nach der Zwischenprüfung oder nach dem 4. Fachsemester muss ein Leistungsnachweis vorgelegt werden. Zusatz-, Ergänzungs- und Zweitausbildungen werden nicht ohne weiteres gefördert. Der Förderungsbetrag ist, weil das Elterneinkommen berücksichtigt wird, unterschiedlich hoch und beträgt in der Regel maximal 466 Euro, im Ausnahmefall bis zu 585 Euro monatlich. Die Förderungshöchstdauer richtet sich nach der Regelstudienzeit des jeweiligen Faches und liegt in der Theologie bei 8–10 Semestern. Eine elternunabhängige Bafög-Förderung gibt es nur für Personen, die

Bafög

zuvor längere Zeit erwerbstätig gewesen waren. Das Bafög wird zur Hälfte als Darlehen gewährt, das fünf Jahre nach dem Studienende in Raten zurückgezahlt werden muss.

Stipendien

Weitere Stipendienmöglichkeiten gibt es insbesondere für Hochbegabte. An erster Stelle steht hier die Studienstiftung des Deutschen Volkes, bei der man sich allerdings nicht selbst bewerben kann, sondern für die man von der Schule oder Universität vorgeschlagen wird. Stipendieneinrichtungen haben auch die Gewerkschaften (Hans-Böckler-Stiftung) und die Parteien (Friedrich-Ebert-Stiftung, Friedrich-Naumann-Stiftung, Konrad-Adenauer-Stiftung, Hanns-Seidel-Stiftung, Heinrich-Böll-Stiftung, Bundesstiftung Rosa Luxemburg). Auch die Kirchen stellen Stipendien bereit. Die katholische Kirche hat die Bischöfliche Studienförderung (Cusanuswerk) und die evangelische das Evangelische Studienwerk (Villigst). Auch diese freien Stipendienwerke geben freilich ihre Stipendien nicht ohne Voraussetzungen. Abgesehen von der erwarteten überdurchschnittlichen oder sogar weit überdurchschnittlichen Begabung, die durch Zeugnisse und spezielle Tests

Voraussetzungen

nachgewiesen werden muss, werden weitere formale Voraussetzungen verlangt, z.B. gesellschaftliches und/oder kirchliches Engagement. Außerdem wird ein volles Stipendium in der Regel – wie beim Bafög – nur dann bezahlt, wenn das Einkommen der Eltern bestimmte Grenzen nicht übersteigt. Ansonsten gibt es nur eine – auch ehrenvolle – einfache Mitgliedschaft in einem Stipendienwerk verbunden mit einem regelmäßigen Büchergeld und weiteren Angeboten wie Kursen und Seminaren und einer örtlichen Betreuung. Speziell für Zuwanderer (Aussiedler und Asylberechtigte) engagiert sich die Otto-Benecke-Stiftung, die im Auftrag der Bundesregierung tätig ist.

Informations-möglichkeiten

Aktuelle Informationen über Stipendienmöglichkeiten erhält man bei den örtlichen Studentenwerken und beim Deutschen Studentenwerk (Monbijouplatz 11, 10178 Berlin, Tel. 030/2977270; www.studentenwerke.de), das allerdings selbst keine Stipendien vergibt. Alle Stipendienwerke sind im Internet zu finden. Außerdem informieren die Taschenbücher ›Förderungsmöglichkeiten für Studierende‹ ([10]1994) und ›Durch Stipendien studieren‹ ([19]1999). Die örtlichen Studentenwerke kennen Möglichkeiten ortsbezogener Stipendien.

Studienhäuser

Als spezielle, bei Theologiestudierenden – insbesondere für den Pfarrdienst – beliebte, aber nicht nur für diese offene Möglichkeit, das Studium finanziell zu entlasten, gibt es die Möglichkeit, sich um einen Platz in einem der Studienhäuser zu bewerben, die von einzelnen Kirchen oder privaten – dann häufig evangelikalen – kirchlichen Initiativen getragen werden. Einzelne Studienhäuser, z.B. das traditionsreiche Tübinger Stift, geben faktisch ein großzügiges Stipendium. Theologenkonvikte und Priesterseminare stellen im Bedarfsfall ebenfalls Stipendien bereit. Die meisten Studienhäuser ermöglichen aber lediglich kostengünstiges Wohnen, begleitet von guten Lern- und Arbeitsbedingungen. Evangelische Studienhäuser gibt es außer in Tübingen, wo neben dem Stift auch noch das Albrecht-Bengel-Haus existiert, in Göttingen (u.a. Theologisches Stift, Gerhard-Uhlhorn-Studienkonvikt, Reformiertes Studienhaus), Greifswald (Evangelisches Studienhaus), Halle (Reformiertes Convict, Evangelisches Konvikt), Schriesheim bei Heidelberg (Friedrich-Hauss-Studienzentrum), Mainz (Spenerhaus), Marburg (Bodelschwingh-Studienhaus), Jena (Karl-von-Hase-Haus), Münster (Hammanstift), Leipzig, Liemehna bei Leipzig und in Basel. Das Wohnen in einem Studienhaus bedeutet Leben unter Gleichgesinnten, verbunden mit spirituellen Angeboten. Die Häuser besitzen eigene Bibliotheken und bieten das Studium begleitende Lehrveranstaltungen an. Eine Gefahr ist allerdings darin zu sehen, dass man sich dort ständig im Elfenbeinturm eines kirchlichen Milieus befindet. Es spricht vieles dafür, dass sich Theologen, um auf ihren Beruf vorbereitet zu sein, den gesellschaftlichen Realitäten aussetzen, auch der kirchenfernen, agnostischen oder gar antichristlichen Einstellung vieler Mitstudierender anderer Fächer. Damit wird man im normalen Studierendenwohnheim eher konfrontiert als in einem kirchlichen Haus.

4. Professoren, Professorinnen und andere Dozierende

Das Lehrangebot für Theologie wird an den Universitäten durch einen breiten Personenkreis bereitgestellt. Im Zentrum stehen die Professorinnen und Professoren. Sie haben sich für ihre Tätigkeit in der Regel durch Promotion und Habilitation qualifiziert, also mindestens zwei große wissenschaftliche Arbeiten verfasst, und verfügen oftmals über langjährige Lehr- und Forschungserfahrungen an verschiedenen Universitäten. In der katholischen Theologie gibt es eine ganze Reihe von Professoren, die Priester sind und regelmäßig die Messe lesen und vielleicht sogar nebenher eine Gemeinde betreuen, und in der evangelischen Theologie sind einige Professorinnen und Professoren ordinierte Pfarrerinnen und Pfarrer ihrer jeweiligen Landeskirche und halten ab und zu eine Predigt. Statt vom Professor spricht man vereinzelt auch noch vom Lehrstuhlinhaber oder Ordinarius. Der erste Begriff hängt damit zusammen, dass es im Mittelalter und in der Frühen Neuzeit für die Lehrtätigkeit spezielle, in Museen noch zu besichtigende Lehrstühle oder Katheder gab. Der zweite, lateinische Begriff hat als deutsches Äquivalent die Bezeichnung „ordentlicher Professor" (lat.: *ordo* = Ordnung). Ein Ordinarius ist ein richtiger, eigentlicher Professor auf einer dauerhaft bestehenden Stelle, eben auf einem Lehrstuhl. Eine Frau auf einer solchen Stelle nennt man Ordinaria.

Ordinarien

Professuren sind in Deutschland in zwei Gruppen eingeteilt (C 3, C 4; in Zukunft W 2, W 3), die sich in der Ausstattung (Sekretärinnen, Assistierende) und in der Bezahlung, nicht aber in der Qualifikation und in der praktisch geleisteten Arbeit unterscheiden. In Deutschland stehen die meisten Professoren im Beamtenverhältnis. Neben den 8–9 Stunden Lehre, zu denen sie im Semester verpflichtet sind, arbeiten sie an Forschungen und Publikationen. Im Laufe der Jahre kommen bei Professoren zehn bis zwanzig Bücher und mehrere hundert sonstige Publikationen zusammen. Viel Zeit wird ferner für Sitzungen benötigt, für Korrekturen und Prüfungen und für das Verfassen von Gutachten, was anders als in vielen anderen Fächern auch nicht extra vergütet wird. Der Professorenberuf bietet zwar im Vergleich zu anderen sehr viel Freiheit, aber die Arbeitsbelastung ist für jeden, der diesen Beruf ernst nimmt, immens und weit überdurchschnittlich. Sobald man als Studierender die ersten schriftlichen Arbeiten verfasst, be-

Aufgaben der Professoren

kommt man eine Ahnung davon, was es heißt, regelmäßig dicke Bücher und umfangreiche Aufsätze zu publizieren, für die es in der Theologie übrigens allenfalls eine gewisse Aufwandsentschädigung, aber keine richtige Bezahlung gibt. Nur wenige Theologen sind durch ihre Publikationen reich geworden.

Wer sich als Studierender für die Biografie oder die Publikationen eines bestimmten Professors interessiert, wird häufig im Internet fündig, denn viele Professoren haben heute eine eigene Homepage. Außerdem steht als universales Nachschlagewerk der ›Kürschner‹ (s. u. S. 189) zur Verfügung.

Den Titel Professor tragen manchmal auch weitere Dozierende. Es gibt außerplanmäßige Professuren (Sonderstellen), Gastprofessuren (auswärtige Dozenten), Honorarprofessuren (punktuelle, bezahlte Lehrtätigkeit) und Juniorprofessuren (Nachwuchswissenschaftler). Sie ergänzen das Lehrangebot. Auch pensionierte bzw. emeritierte Professorinnen und Professoren beteiligen sich gelegentlich noch an der Lehre.

Assistenten
Neben den Professorinnen und Professoren tragen die Assistierenden zum Lehrangebot bei. Assistentinnen und Assistenten sind einzelnen Professuren zugeordnet, teilweise auch einer ganzen Fakultät, und zeitlich befristet angestellt. Manchmal sind sie auf dem Wege zur Promotion, manchmal bereits promoviert, manchmal auf dem Wege zur Habilitation, manchmal bereits habilitiert. Assistierende wissen zwar weniger als Professoren und haben weniger Erfahrung als diese, aber sie versuchen das auszugleichen durch größeres Engagement und bessere Vorbereitung ihrer Lehrveranstaltungen. Es muss also kein Nachteil sein, „nur" bei einem Assistierenden im Seminar zu sitzen.

Lehrbeauftragte und Privatdozenten
Ferner gibt es an allen Universitäten so genannte Lehrbeauftragte, das sind Personen von außerhalb, die gezielt, zu speziellen Themen das Lehrangebot bereichern und in der Regel dafür auch bezahlt werden. Ohne Bezahlung arbeiten die Privatdozenten. Sie haben sich habilitiert, warten auf eine feste Stelle und sind so lange zur unentgeltlichen Beteiligung an der Lehre verpflichtet.

Für Studierende ist es interessant, zumindest einzelne Dozierende auch außerhalb der Lehrveranstaltungen näher kennen zu lernen und auf diese Weise auch einmal hinter die Kulissen zu blicken. In der Theologie sind die Dozierenden in der Regel dafür aufgeschlossen. Vielfach ist es im Umfeld von Lehrveranstaltungen üblich, eine private Einladung auszusprechen. Außerdem gibt es das Fakultätsfest und den Studientag (*dies academicus, dies communis*), bei denen sich Dozierende und Studierende begegnen können. Wo Angebote fehlen, sollten sich die Studierenden nicht scheuen, solche zu initiieren und selbst auf die Dozierenden zuzugehen.

5. Lehrformen und Lehrveranstaltungen im Studium

Zur Theologie gehören bestimmte Inhalte, und zum Studieren gehören bestimmte Formen, mithilfe derer die Inhalte vermittelt werden. Den Studierenden der Theologie begegnen die traditionellen und allgemein üblichen Lehrveranstaltungen.

Vorlesung
Die so genannte Vorlesung ist die Grundform der universitären Lehre seit

dem Hohen Mittelalter. Der Name spiegelt noch die Art und Weise, wie im Mittelalter gelehrt wurde: Die Professoren haben ihren Text vorgelesen, ja regelrecht diktiert. Die Studenten, die sich Bücher wegen des hohen Preises nicht leisten konnten, haben alles genau mitgeschrieben und besaßen somit am Schluss der Veranstaltung ein eigenes Buch. Heute wird in Vorlesungen in der Regel nicht mehr einfach vorgelesen, geschweige denn diktiert. Eine Vorlesung ist heute eine im Vortragsstil gehaltene Veranstaltung, die ein Themengebiet zusammenhängend darstellt. Die Präsentation wird durch den Einsatz von Medien und die Möglichkeit, Fragen zu stellen oder Diskussionsbeiträge einzubringen, aufgelockert.

Vorlesungen vermitteln in der Regel Überblickswissen zu Grundthemen, manchmal auch einen Überblick über ein Spezialthema. Besonders lohnend sind Vorlesungen, die eine Thematik behandeln, für die es noch keine einschlägigen Lehrbücher gibt, oder in denen der Dozierende neue, noch nicht publizierte Ergebnisse eigener Forschungen vorträgt. Häufig kann man sich das gleiche Wissen, das Vorlesungen vermitteln, auch durch individuelle Lektüre aneignen. Wegbleiben und zu Hause lesen kann man jedoch nur, wenn die Vorlesung nicht zum Pflichtprogramm gehört und ihr Besuch nicht nachgewiesen werden muss. Außerdem setzt das Zu-Hause-Lesen ein hohes Maß an Selbstdisziplin voraus. Viele Studierende schaffen **hören und lesen** es zwar, wöchentlich regelmäßig zwei Stunden lang einigermaßen aufmerksam an einer Veranstaltung teilzunehmen, jedoch nicht, wöchentlich regelmäßig zu einer bestimmten Zeit ein bestimmtes Pensum zu lesen. Fleißiger Vorlesungsbesuch ist nützlich für anstehende Examina, denn geprüft wird in der Regel nur, was auch in Vorlesungen behandelt wurde. Vorlesungen sind für Studierende vergleichsweise wenig arbeitsintensiv. Eine Vor- und Nachbereitung ist zwar sinnvoll, aber nicht notwendig. Der Minimalaufwand eines Vorlesungsbesuchs besteht in der bloßen Teilnahme an der Veranstaltung.

Als Studierender kann man in einer Vorlesung entweder einfach nur zuhören und mitdenken, oder man kann Zusammenfassungen des Vorgetragenen oder auch nur einzelne wichtige Gedanken und weiterführende Hinweise mitschreiben (s. u. S. 176 f.). Der Lernerfolg eines Vorlesungsbesuchs wird häufig am Ende des Semesters durch eine schriftliche oder mündliche Prüfung kontrolliert. Zur Vertiefung des Vorlesungsthemas ist es sinnvoll, gleichzeitig oder im darauf folgenden Semester zum gleichen oder einem eng verwandten Thema ein Proseminar, ein Seminar oder eine Übung zu besuchen.

Proseminare und Seminare sind interaktive Lehrveranstaltungen, die auf **interaktive Lehrver-** der Basis von Beiträgen der Teilnehmenden in gemeinsamer Diskussion **anstaltungen** theologische Themen bearbeiten. Sie sind zentraler Bestandteil der theologischen Ausbildung. Es werden nicht nur Inhalte – Forschungsergebnisse – vermittelt, sondern die Forschungswege und Erkenntnisprozesse, die zu diesen Inhalten und Ergebnissen geführt haben, werden rekonstruiert und kritisch überprüft. Das Proseminar führt in ein Fachgebiet ein, indem Me- **Proseminar** thoden vorgestellt und eingeübt und Überblicke über die fachlichen Inhalte und den aktuellen Forschungsstand vermittelt werden. Proseminare sind für Studienanfänger und -anfängerinnen gedacht. Häufig werden sie von Assistierenden abgehalten.

Seminar Seminare als Unterrichtsform sind erst im 19. Jahrhundert aufgekommen. In den mittelalterlichen und frühneuzeitlichen Disputationen kann man eine Vorform sehen. Seminare sind erheblich aufwändiger als Vorlesungen. Man muss ohne weiteres mit einer mehrstündigen Vor- und Nachbereitungszeit rechnen, hinzu kommt unter Umständen der Aufwand für die Vorbereitung von Referaten oder das Abfassen schriftlicher Arbeiten.

Seminare, im Unterschied zu den Proseminaren auch Hauptseminare genannt, vertiefen ein einzelnes Thema in gemeinsamer wissenschaftlicher Arbeit und führen in den wissenschaftlichen Diskurs ein. Im Proseminar liegt der Schwerpunkt auf Fragen der Methodik, im (Haupt-)Seminar auf dem Thema, das aber unter Anwendung der erlernten wissenschaftlichen Methoden erarbeitet wird. Von den Teilnehmenden wird erwartet, dass sie ansatzweise zur selbstständigen wissenschaftlichen Arbeit in der Lage sind. In der Regel wird deswegen für den Besuch eines Seminars ein Proseminar desselben Faches vorausgesetzt. Für Studienanfänger sind Seminare also nicht geeignet. Sie haben ihren Platz im Hauptstudium oder allenfalls am Ende des Grundstudiums.

Der Erfolg eines Seminars basiert wesentlich auf der aktiven Teilnahme der Studierenden. Diese umfasst die mündliche Beteiligung im Seminar durch Diskussionsbeiträge und Referate, das Selbststudium zu Hause und die Teilnahme an selbstorganisierten studentischen Arbeitsgruppen in gleicher Weise. Oberseminare bauen auf den Seminaren auf und sind in der Regel für weiter fortgeschrittene Studierende gedacht. Für den Arbeitsaufwand gilt das bereits im Zusammenhang mit dem Proseminar Gesagte.

Übung Übungen sind wie Seminare interaktive Lehrformen. Sie haben eine geringere Verbindlichkeit als Seminare, sind mit einem gemäßigten Arbeitsaufwand verbunden und wenden sich spezielleren Stoffen zu. Deswegen stehen sie meistens außerhalb des Kerncurriculums, d. h., sie zählen nicht zu den unabdingbaren Pflichtveranstaltungen. Die kleineren Gruppen ermöglichen es den Dozierenden, stärker auf die Wünsche und Voraussetzungen der Studierenden einzugehen.

In Übungen werden beispielsweise längere Texte gemeinsam gelesen, seien es Quellen oder Beiträge zur wissenschaftlichen Literatur. Manchmal ergänzen und vertiefen Übungen eine Vorlesung durch begleitende Lektüre oder durch die Diskussion der in der Vorlesung angesprochenen Fragen (Kolloquium, Konversatorium). Teilweise dienen sie zur Verbesserung der Kenntnisse in den alten Sprachen (Latein, Griechisch, Hebräisch) oder zum Erwerb speziellerer altsprachlicher Kenntnisse (z. B. Syrisch), oder sie dienen der Übung in modernen Fremdsprachen. Auch Exkursionen, z. B. zu kirchengeschichtlich relevanten Stätten, können im Rahmen von Übungen angeboten werden.

Tutorium/ Übungen vergleichbar sind so genannte Tutorien/Mentorien, d. h. von Tu-
Mentorium toren (lat.: *tutor* = Vormund) oder Mentoren (griech.: *mentor* = Erzieher) betreute Übungen. Als Tutoren werden – in der Regel gegen Bezahlung – fortgeschrittene Studierende eingesetzt. In Tutorien wird begleitend zu Vorlesungen und Seminaren insbesondere Anfängerinnen und Anfängern die Möglichkeit gegeben, nicht verstandene Dinge nachzufragen und zu klären.

Repetitorium In Repetitorien oder Examenskolloquien wird der prüfungsrelevante Stoff eines Fachgebiets wiederholt (lat.: *repetitio* = Wiederholung). Sie sind für fortgeschrittene Studierende geeignet, die vor dem Examen stehen. Die einzelnen Sitzungen werden in der Regel von den Teilnehmenden vorbereitet. Nicht alle Studienorte bieten die bei Studierenden beliebten Repetitorien an.

Für fortgeschrittene Studierende und für Doktorierende werden spezielle Lehrveranstaltungen angeboten (Kolloquium, Sozietät, Oberseminar, Doktorandenseminar, Privatissimum), in denen auf hohem wissenschaftlichen Niveau neuere Forschungen, teilweise erste Forschungsergebnisse der Teilnehmenden selbst, diskutiert werden. Häufig wird zur Durchführung der Typ einer Blockveranstaltung gewählt, d. h., es wird außerhalb des Semesters oder an einem Wochenende mehrere Tage hintereinander am Stück gearbeitet. Zur Anmeldung ist meist eine persönliche Rücksprache mit den Dozierenden erforderlich.

Kolloquium, Sozietät

6. Studienvoraussetzungen und Studienordnungen

Der Zugang zum Studium und der Ablauf eines Studiums sind streng reglementiert. Alles ist durch manchmal mehr, manchmal weniger verbindliche Ordnungen geregelt, über die man sich bereits vor Studienbeginn kundig machen und die man während des Studiums regelmäßig konsultieren sollte.

a) Studienvoraussetzungen

Zu den formalen Voraussetzungen eines Theologiestudiums gehört die allgemeine Hochschulreife (Abitur, Matura). Ferner werden Kenntnisse der alten Sprachen Latein, Griechisch und Hebräisch erwartet (s. u. S. 143–145), allerdings in einem je nach Studiengang, Bundesland und Studienort unterschiedlichen Maß. Bei der Wahl des Hochschulortes und des konkreten Studiengangs sollte also die Sprachenfrage mitbedacht werden. Wer diese Sprachen nicht schon auf der Schule gelernt hat, kann sie in der Regel noch während des Studiums entweder an der Universität oder in separaten Schnellkursen erlernen.

Abitur

Um ein Theologiestudium zu beginnen, muss man nicht unbedingt Mitglied der Kirche sein, deren Theologie man studiert, ja man kann sogar Theologie studieren, ohne überhaupt Mitglied einer Kirche zu sein. In der Regel wird nach der Kirchenmitgliedschaft erst bei der Anmeldung zu Prüfungen gefragt oder beim Eintritt in die 2. Ausbildungsphase. Für kirchliche Examina ist die Kirchenmitgliedschaft unabdingbar. Für universitäre reicht die Zugehörigkeit zu einer Mitgliedskirche des Ökumenischen Rates aus, d. h. lediglich Mitglieder von Sondergemeinschaften (z. B. der Zeugen Jehovas) sind ausgeschlossen. Über Ausnahmen aller Art entscheiden die Fakultäten. Vereinzelt kann man also ohne Kirchenangehörigkeit Theologie studieren und Examen machen. Berufliche Perspektiven eröffnen sich dadurch allerdings höchstens in speziellen religiös-kulturellen Nischen. Ein Theologiestudium im Nebenfach eines Magisterstudiengangs kann allerdings auch ohne kirchliche Bindung Sinn machen.

kirchliche Bindung

Spiritualität

Vielfach wird nach den spirituellen Voraussetzungen eines Theologiestudiums gefragt: Braucht man, um Theologie studieren zu können, ein überdurchschnittliches Maß an Frömmigkeit? Eigene Erfahrungen im Glauben sind begrüßenswert, aber ein besonders fester und erprobter Glaube ist nicht Voraussetzung dafür, dass ein Theologiestudium Sinn macht und zum Erfolg führt. Allerdings sollte zumindest ein Interesse an Glaubenserfahrungen anderer und eine positive Sicht von Christentum und Kirche vorhanden sein sowie ein positiver Bezug zu den Arbeits- und Handlungsfeldern der Theologin und des Theologen. Gut, aber ebenfalls nicht zwingend notwendig sind eigene praktische Erfahrungen mit dem kirchlichen Leben und der kirchlichen Arbeit. Für Studierende, die das Gemeindepfarramt anstreben, ist die Bedeutung solcher spiritueller und praktischer Erfahrungen höher als für Studierende des Lehrberufs. Vielleicht kann man den Theologen mit einem Psychoanalytiker vergleichen. Als Psychoanalytiker kann nur arbeiten, wer eine eigene Analyse durchgemacht hat und sich selbst kennt. Ein Theologe, der als Prediger und Seelsorger arbeiten will, sollte dementsprechend eigene religiöse Erfahrungen gemacht und diese theologisch reflektiert haben. Aber das muss nicht unbedingt bereits vor dem Studium erfolgt sein, sondern kann auch während des Studiums und in den ersten Jahren des Berufslebens geschehen.

Schwierigkeiten beim Studienbeginn

Ein Studienbeginn ist ein lebensgeschichtlicher Einschnitt. Mehr oder weniger abrupt werden die bisherigen Bezugsfelder Familie und Schule verlassen. Ein Studium stellt vor neue Anforderungen, die sich von denen der Schule unterscheiden. Gleichzeitig ist es häufig nötig, sich in einen neuen Wohnort einzugewöhnen und in das Wohnen alleine und neue Freundschaften aufzubauen oder alte trotz geografischer Distanz zu pflegen. Grundsätzlich ist es sinnvoll, sich beim Studienbeginn vom Elternhaus weitgehend zu lösen, wenn dem nicht zwingende praktische Gesichtspunkte entgegenstehen. Liegt die Universität in der Nähe des Heimatortes, sind viele Studierende so genannte Wochenendfahrer, die am Freitag den Studienort verlassen und am Montag zurückkehren. Der studentischen Lebens- und Freizeitkultur am Hochschulort gereicht dies allerdings zum Nachteil.

b) Wehr- und Zivildienst

Wehrdienstbefreiung

Angehende Pfarrer unterliegen in Deutschland nicht der Wehrpflicht und werden deswegen weder zum Wehr- noch zum Zivildienst herangezogen. Die katholische, weniger die evangelische Kirche legt Wert auf die Aufrechterhaltung dieser durch das Reichskonkordat von 1933 geschaffenen und garantierten Ausnahmeregelung, die letztlich damit zusammenhängt, dass in der katholischen Kirche für Priester andere, strengere Moralvorschriften gültig sind als für normale Christen, so genannte Laien. Ein Priester ist zur Keuschheit verpflichtet und darf nicht heiraten, und ein Priester darf auch nicht töten. Von der Wehrpflicht befreit wird man, indem man sich bei seiner Kirche als künftiger Pfarrer anmeldet, angenommen wird und die „Vorbereitung auf das geistliche Amt" bescheinigt bekommt. Wenn man sich während oder nach dem Studium das Berufsziel noch einmal anders überlegt, wird die Befreiung hinfällig, und es ist dann prinzipiell möglich, aber nicht unbedingt wahrscheinlich, dass man doch noch „dienen" muss.

Jeder Theologiestudent mit dem Ziel Pfarramt kann sich also von der Wehrpflicht befreien lassen, aber niemand muss diesen Weg gehen. Es ist ohne weiteres denkbar, vielleicht sogar zu empfehlen, auf die Befreiung zu verzichten, sich für oder gegen den Wehrdienst zu entscheiden und dann Wehr- oder Zivildienst zu leisten. Wehr- und Zivildienst vermitteln späteren Pfarrern Erfahrungen mit fremden gesellschaftlichen Milieus. Begegnungen mit Menschen, die zu den Kirchen, ja sogar zum Christentum Distanz haben, sind für Theologen wichtig, da sie es im Beruf später fast ausschließlich mit kirchlich gesinnten Menschen zu tun haben oder mit solchen, die von der Kirche etwas wollen.

Argumente für Wehr- und Zivildienst

c) Die alten Sprachen

Zu den Eigenheiten des Theologiestudiums gehört die Notwendigkeit, alte Sprachen zu lernen und mit Texten, die in diesen Sprachen verfasst sind, umzugehen. Es handelt sich um Latein, Griechisch und Hebräisch. Für den Erwerb dieser Sprachen werden den Studierenden über die Regelstudienzeit hinaus bis zu drei Semester eingeräumt. Bei Studierenden für den Lehrberuf werden geringere sprachliche Fertigkeiten erwartet als bei Studierenden mit dem Berufsziel Gemeindedienst, und bei katholischen Studierenden geringere als bei evangelischen. Wer den Lehrberuf in der Grund-, Haupt- oder Realschule anstrebt, kommt normalerweise ohne Sprachkenntnisse aus. Für andere Studiengänge und an manchen Fakultäten braucht man dagegen gute Kenntnisse aller drei alten Sprachen.

Latein war die Wissenschaftssprache des Mittelalters und der Frühen Neuzeit. Ältere theologische Texte sind deswegen lateinisch verfasst. Nur die wichtigsten von ihnen hat man übersetzt, aber jede Übersetzung ist eine Interpretation. Auch die theologische Sprache der Gegenwart bedient sich lateinischer Termini und zitiert lateinischsprachige Definitionen und Formeln großer Theologen der Vergangenheit. Dogmatische Erklärungen und kirchenrechtliche Normen der katholischen Kirche in der Gegenwart ergehen noch immer in lateinischer Sprache und gründen sich auf die lateinische Bibelübersetzung, die ›Vulgata‹. Für die wissenschaftliche Arbeit in der Theologie sind deswegen, von wenigen Themenfeldern abgesehen, gute Lateinkenntnisse unabdingbar. Das Erlernen der lateinischen Sprache und das Ablegen der traditionellen staatlichen Lateinprüfung (Latinum) sind deshalb in vielen theologischen Studiengängen und an vielen theologischen Ausbildungsstätten Pflicht. Für katholische Theologiestudierende ist das Latein wegen der Traditionsverbundenheit der katholischen Kirche wichtiger als für evangelische, und für Studierende, die in der Gemeinde arbeiten wollen, wichtiger als für künftige Religionslehrerinnen und -lehrer.

Latein

Wer heute Latein lernt, beschäftigt sich mit dem klassischen Latein der Antike und liest Caesar und Cicero. Das Latein des Mittelalters und der Neuzeit unterscheidet sich aber – teilweise erheblich – vom antiken Latein. Ein erfolgreich absolvierter Lateinsprachkurs befähigt dazu, mit lateinischen Begriffen umzugehen und kürzere, einfache Texte zu lesen und zu übersetzen oder deutsche Übersetzungen am lateinischen Originaltext zu überprüfen, aber eine fließende Lektüre längerer und schwieriger lateinischer Texte aus der christlichen Tradition ist nur denjenigen möglich, die sich ständig mit lateinischen Texten befassen. Die Ansprüche, die im Studium nach wie vor hinsichtlich der lateinischen Sprache gestellt werden, können in der Praxis also kaum mehr eingelöst werden. In der evangelischen Theologie wird deshalb inzwischen das Erlernen der lateinischen Sprache mancherorts in Frage gestellt.

Jeder, der im 15. und 16. Jahrhundert Theologie studierte, war in der lateinischen Sprache zu Hause wie in seiner Muttersprache. Die Reformation des 16. Jahrhunderts forderte von den Studenten jedoch zusätzlich sehr gute Kenntnisse des Hebräischen und des Griechischen. Die Theologiestudenten sollten befähigt werden, die Bibel – das Wort Gottes! – im hebräischen und griechischen Urtext zu lesen, um nicht mehr auf – interpretierende – Übersetzungen angewiesen zu sein. Seither mussten evangelische Studenten, später auch die katholischen, Griechisch und Hebräisch lernen. Die Absolvierung der entsprechenden Sprachkurse und die ständige Anwendung der beiden biblischen Sprachen versetzt Studierende in die Lage, tatsächlich den Urtext der Bibel verstehen und mit ihm umgehen zu können. Dies wird während des Studiums ständig praktiziert und in den Examina dann auch vorausgesetzt. Die Übertragung dieser Fertigkeit auf außerbiblische hebräische Texte oder griechische Texte aus der Zeit der Alten Kirche ist jedoch nicht einfach.

Das Griechische hat in vielen Studiengängen und bei katholischen wie evangelischen Fakultäten gleichermaßen einen hohen Rang. Katholische Fakultäten schreiben allerdings statt des Graecums, einer staatlichen Prüfung im klassischen Griechisch als „Ergänzungsprüfung zum Zeugnis der Hochschulreife", nur Bibelgriechisch vor. Evangelische Studierende für den Lehrberuf erwerben häufig nur „fachbezogene Griechischkenntnisse". Die hebräische Sprache spielt in katholischen Fakultäten eine geringere Rolle als in evangelischen. Lehramtsstudierende beider Konfessionen müssen in der Regel nicht Hebräisch lernen. Die Hebräischprüfung (Hebraicum) ist eine universitätsinterne Prüfung.

In früheren Zeiten haben Theologiestudierende in den meisten Fällen Kenntnisse aller drei alten Sprachen mitgebracht, wenn sie ihr Studium aufnahmen, zumindest besaßen sie aber gute Lateinkenntnisse. Heute hat ein Studienanfänger allenfalls noch Kenntnisse der lateinischen Sprache, aber in der Regel keine ausreichenden. Die meisten Studierenden müssen alle erforderlichen Sprachen nachlernen, vor oder zu Beginn des Studiums, entweder an der Universität in regulären Lehrveranstaltungen oder in Kompakt- und Schnellkursen. Letztere werden immer beliebter. Sie vermitteln allerdings keine wirklich fundierten Sprachkenntnisse, sondern ermöglichen im Prinzip nur einen formalen Nachweis, denn das schnell Erlernte wird auch wieder schnell vergessen. Eine Übersicht über Ferienkurse in den biblischen Sprachen und Fernstudien-Angebote bietet ein Sprachenmerkblatt, das vom Kirchenamt der EKD im März jeden Jahres neu herausgegeben wird (Kirchenamt der EKD, Ausbildungsreferat, Herrenhäuser Str. 12, 30419 Hannover).

Anspruch und Wirklichkeit

Bibelsprachen

Griechisch

Hebräisch

Sprachkurse

Das Erlernen von drei alten Sprachen stellt an Studierende eine große Anforderung, über deren weitere Reduzierung immer wieder diskutiert wurde und wird. Während die formalen Sprachvoraussetzungen recht einheitlich gehandhabt werden, gibt es hinsichtlich des konkreten Stellenwerts der alten Sprachen im Lehrbetrieb von Universität zu Universität und auch bei der Durchführung der Examina beträchtliche Unterschiede. Nach Abschluss des Studiums werden die erworbenen Sprachkenntnisse in der Regel leider rasch vergessen. Nur ausnahmsweise bereiten sich Pfarrerinnen und Pfarrer unter Einbeziehung des griechischen Urtextes auf eine Predigt vor, und die hebräische Bibel wird noch seltener konsultiert. Im Religionsunterricht egal welcher Schulart und Schulstufe gibt es Schülerinnen und Schülern aber einen authentischen Eindruck, wenn ein Lehrer einmal etwas in diesen fremden Sprachen sagen oder an die Tafel schreiben kann. Besonders das Hebräische ist für Schüler interessant, weil es merkwürdige Schriftzeichen hat, auf Vokale verzichtet und von rechts nach links geschrieben wird.

alte Sprachen – relevant im Beruf?

d) Studiengestaltung und -ablauf

Am Anfang des Studiums steht die Bewerbung und – nach der Zulassung – die Einschreibung (Immatrikulation) an einer bestimmten Universität. Die freie Einschreibung ohne eigentliche Bewerbung ist beim Theologiestudium der Normalfall. Die Semester (Studien-Halbjahre) beginnen am 1. Oktober (Wintersemester) und am 1. April (Sommersemester), wobei vielfach der Studienbeginn nur zum Wintersemester möglich ist. Die Lehrveranstaltungen fangen meistens erst einige Tage nach dem Semesteranfang an und erstrecken sich auch nur über 14–15 Wochen, nicht über sechs Monate. Die genauen Regelungen sind aber von Land zu Land und von Universität zu Universität unterschiedlich. Bereits einige Monate vor dem gewünschten Studienbeginn sollte, spätestens einige Wochen vorher muss man sich von der Universität, an der man studieren will, die Unterlagen für die Einschreibung besorgen und diese dann alsbald abgeben. Nur in Ausnahmefällen ist eine Einschreibung noch unmittelbar zu Semesterbeginn möglich. Vom Numerus clausus ist die Theologie nicht betroffen. Allenfalls wenn man die Theologie mit einem Studienfach kombiniert, für das es einen NC gibt (z. B. Biologie, in Lehramtsstudiengängen auch Deutsch), muss man sich unter Beachtung der festgelegten Termine (15. Januar und 15. Juli) über die Zentralstelle für die Vergabe von Studienplätzen (ZVS) bewerben und kann möglicherweise nicht an der Universität seiner Wahl studieren. In Nordrhein-Westfalen sind mehr Fächer als in anderen Bundesländern in das ZVS-Vergabeverfahren einbezogen (z. B. auch Geografie, Kunstgeschichte, Sportwissenschaft).

Studienzulassung

Numerus clausus?

Die erste Studienphase (Studieneingangsstufe) ist ein in der Regel viersemestriges propädeutisches, das heißt auf das wissenschaftliche Arbeiten vorbereitendes und einführendes Grundstudium (in der katholischen Theologie teilweise als „Philosophicum" bezeichnet). Wer in dieser Zeit eine oder mehrere alte Sprachen nachholen muss, braucht in der Regel länger. Für Anfängerinnen und Anfänger gibt es häufig spezielle Angebote wie Ein-

Grundstudium

führungs- oder Orientierungsseminare, die mit dem Fach und der Hochschule vertraut machen und den Studierenden eine nochmalige Überprüfung ihrer Studieneignung und fachlichen Studienentscheidung ermöglichen. Außerdem sollten Studierende im ersten Semester („Erstis") gleich zu Beginn an einer Bibliotheksführung teilnehmen, um die Benutzungs-

Belegen von Lehrveranstaltungen

modalitäten kennen zu lernen. Das Belegen von Lehrveranstaltungen richtet sich nach den jeweiligen Studien- und Examensordnungen, die von Anfang an genau beachtet werden sollten. Die Lehrerausbildung erfolgt teilweise schulformbezogen, d. h. in unterschiedlichen Studiengängen für unterschiedliche Schulformen (Grundschule, Haupt- und Realschule, Berufsschule, Gymnasium), teilweise schulstufenbezogen, d. h. gegliedert in Primarstufe (Grundschule), Sekundarstufe I (unabhängig vom Schultyp) und Sekundarstufe II (Gymnasium, Berufsschule). Es gibt in allen Studiengängen verpflichtende Veranstaltungen und freiwillige. Auch innerhalb des Pflichtbereichs gibt es manchmal Wahlmöglichkeiten. Bei manchen Lehrveranstaltungen ist eine persönliche Anmeldung beim Dozierenden erforderlich oder das Eintragen in eine Liste, bei anderen ist der Zugang frei und unbegrenzt möglich und man geht einfach am ersten Termin hin. Über solche Details informieren Aushänge und Kommentierte Vorlesungsverzeichnisse. Generell bietet das Theologiestudium vergleichsweise viele Möglichkeiten, eigenen Interessen und Neigungen nachzugehen. In den ersten Semestern absolviert man vor allem Proseminare und Überblicksvorlesungen in allen theologischen Disziplinen. Auch das eine oder andere Hauptseminar kann bereits besucht werden. Das Grundstudium schließt mit einer von Ort zu Ort unterschiedlich gestalteten Zwischenprüfung.

Bibelkunde

Teil des Grundstudiums sind in der evangelischen Theologie Bibelkundevorlesungen oder -kurse. In der Theologie wird fast ständig mit der Bibel argumentiert und auf die Bibel Bezug genommen. Um mitzukommen, muss man sich in der Bibel gut auskennen. Früher waren bei Theologiestudierenden fundierte Bibelkenntnisse selbstverständlich, heute nicht mehr. In den siebziger Jahren wurde deshalb Bibelkunde als neue, obligatorische Lehrveranstaltung eingeführt. Die Studierenden werden mit dem Aufbau und dem Inhalt der wichtigsten biblischen Bücher vertraut gemacht. Am Schluss der durch Einprägung und Auswendiglernen gekennzeichneten und besonders zeitaufwändigen Lehrveranstaltung steht eine Wissensprüfung (Biblicum). Jeder Studierende tut gut daran, seine Bibelkenntnisse durch eigenständige, regelmäßige Bibellektüre zu pflegen, zu festigen und zu erweitern. Bei der späteren beruflichen Tätigkeit kann es ansonsten zu peinlichen Situationen kommen, wenn sich herausstellt, dass sich einzelne Schüler in der Bibel besser auskennen als die Religionslehrerin und einzelne Gemeindeglieder besser als der Pfarrer. In katholischen Studiengängen werden bibelkundliche Fragen vergleichsweise weniger betont in den so genannten Einleitungswissenschaften abgehandelt.

Hauptstudium

Auf das Grund- folgt das Hauptstudium. Die Lehrveranstaltungen bauen auf denen des Grundstudiums auf. Das wissenschaftliche Niveau wird nun höher, und von den Studierenden wird mehr selbstständige Arbeit erwartet. Im Hauptstudium werden Seminare und Spezialvorlesungen besucht und Übungen belegt. Ein Studium der Evangelischen Theologie dauert im

Durchschnitt dreizehn Semester, das der katholischen elf. Die Regelstudienzeit liegt je nach Studiengang allerdings nur bei 8–10 Semestern.

Über die besuchten Lehrveranstaltungen werden Bescheinigungen, so genannte Scheine, ausgestellt. Die genauen Regelungen unterscheiden sich von einer Universität zur anderen. Grundsätzlich gibt es bei universitären Lehrveranstaltungen eine Teilnahmepflicht, d.h., die Teilnahme wird nur dann bescheinigt, wenn man nicht öfter als zweimal im Semester gefehlt hat. Zur Kontrolle führen Dozierende Anwesenheitslisten. Zu unterscheiden sind bloße Teilnahme- und so genannte Leistungsscheine. Letztere werden nur ausgestellt, wenn ein Referat gehalten, eine Hausarbeit geschrieben oder der gelernte Stoff mündlich oder schriftlich überprüft wurde. Scheine

Der Erfolg eines Studiums hängt von der Motivation und dem Engagement der Studierenden ebenso ab wie von der Qualität der Lehrveranstaltungen. Um den Dozierenden qualifizierte Rückmeldungen über die Stärken und Schwächen ihrer Lehrveranstaltungen zu geben und hohe Qualitätsstandards zu erreichen, haben einzelne Universitäten die regelmäßige Evaluation von Lehrveranstaltungen zur Pflicht gemacht. An Universitäten ohne solche Vorschriften gibt es Dozierende, die aus eigener Initiative Evaluationen durchführen. Es ist im Interesse der Studierenden und dient der Verbesserung des Lehrangebots, sich daran zu beteiligen. In der Regel werden anonyme Fragebogen verteilt, die auszufüllen sind. Auch mündliche Evaluationsgespräche (Feed-back-Runden) können stattfinden. Evaluationen

Immer wieder fragen Theologiestudierende sich selbst oder ihre Dozierenden, was bestimmte Lehrinhalte mit der Praxis – in Schule und Gemeinde – zu tun haben. Diese Frage, die in vielen anderen Studienfächern genauso gestellt wird, ist grundsätzlich berechtigt. Besonders stark empfinden die Diskrepanz Studierende, die in der Grundschule Religion unterrichten wollen. Dazu ist Folgendes zu sagen: Theologiestudierende streben zwar in aller Regel einen praktischen Beruf an, sie wollen im Pfarr- oder Schuldienst arbeiten, aber ein wissenschaftliches Studium ist nicht in gleicher Weise wie die Lehre in einem Betrieb eine praxisorientierte Ausbildung. Ein Studium für die Tätigkeit als Lehrer oder Pfarrer kann nicht nur unter der Fragestellung erfolgen: „Was brauche ich für die Praxis?", sondern muss allgemeintheologisches Hintergrundwissen vermitteln. Studierende werden in eine Fachwissenschaft eingeführt, d.h., sie betreten eine höhere Ebene und blicken hinter die Kulissen. Nicht alles kann deswegen praxisrelevant sein. Wissenschaftliche Erkenntnis folgt in manchen Bereichen ihren eigenen Prinzipien und Gesetzen. Nur auf Umwegen wird dann ein Bezug zur Praxis wieder deutlich. Ein guter Lehrer, ein guter Pfarrer muss sehr viel mehr wissen und können als das, was sie beispielsweise ihren Predigthörern und ihren Schülerinnen und Schülern vermitteln. Auch Grundschullehrerinnen sind, wenn sie Theologie studiert haben, Expertinnen in Fragen der Religion, wobei sie als solche natürlich weniger stark von ihren Schülerinnen und Schülern gefordert werden als von ihren Kolleginnen, von den Eltern und von der Schulleitung. Studierende sollten die vier oder fünf Studienjahre deshalb als einmalige Chance des Lernens begreifen, die sich in aller Regel in ihrem Leben nie wieder eröffnen wird. Dreißig oder gar vierzig Jahre praktische Arbeit werden folgen. Praxisrelevanz

Freiräume

Ein Theologiestudium bot traditionell viel Freiraum, eigenen Interessen nachzugehen und selbst zu entscheiden, welche Lehrveranstaltungen man besucht und welche nicht. In den letzten Jahren wurde dieser Freiraum in den meisten Studiengängen und an den meisten Universitäten enger, da immer detailliertere Studien- und Prüfungsordnungen geschaffen wurden, die genau festlegten, was man belegen und wo man welchen Schein erwerben muss. Damit stieg in der Regel auch die Semesterstundenzahl an, also die Zahl der Stunden, die man während eines bestimmten Semesters in Lehrveranstaltungen zubringt. Wer noch an einer Universität studiert, die viel Freiraum lässt, oder einen Studiengang belegt hat, der nicht alles

Schwerpunktbildung

vorschreibt, sollte diesen Freiraum nutzen, und das heißt, Schwerpunkte bei eigenen Interessen setzen und nur solche Seminare und Vorlesungen besuchen, von denen er auch profitiert. Es ist besser, wenige Dinge intensiv zu machen und Zeit zu haben, um zu Hause zu lesen und in Ruhe Seminararbeiten zu schreiben, als jeden Tag sechs oder gar acht Stunden in Lehrveranstaltungen zu verbringen. Der Trend zur Reglementierung des Studienablaufs und zur Steigerung der Stundenzahl ist zwar von Vorteil für solche Studierende, die aus eigenem Antrieb nichts tun würden. Doch für Studierende, die gute Voraussetzungen mitbringen und selbstständig arbeiten können, ist er von Nachteil. Man wird auch die Frage stellen müssen, ob dieser anhaltende Trend zur Verschulung des Studiums Menschen auf die spätere Berufsrealität wirklich angemessen vorbereitet. In einer Konsumentenhaltung viel gehört zu haben, nützt der Lehrerin und der Pfarrerin später wenig, und erst recht hat derjenige nichts davon, der als Theologe einen eigenen Berufsweg jenseits von Pfarr- und Schuldienst sucht. Mehr denn je wird in der Berufswelt von morgen Mobilität, Flexibilität und Eigenständigkeit gefordert sein und die Fähigkeit, sich auf Neues einzulassen und sich selbstständig einarbeiten zu können. Wo es im Studium – noch – möglich ist, sollte man deshalb genau das versuchen.

e) Studien- und Berufsberatung

Jeder Studierende braucht Beratung, und zwar sowohl hinsichtlich des Studiums als auch hinsichtlich des Berufs. An vielen Universitäten sind Bera-

obligatorische
Beratungen

tungsgespräche obligatorisch und müssen durchgeführt und bescheinigt werden. Auch die Kirchen schreiben ihren Studierenden mit dem Ziel Pfarramt beratende Gespräch vor oder bieten sie zumindest an. Neben den obligatorischen Beratungen gibt es eine Fülle von Anlässen, nach Rat zu fragen. Banale Fragen des Studienalltags, der Studienfinanzierung und der Examensvorbereitung können ebenso Anlass sein, eine Beratung aufzusuchen, wie grundsätzliche Probleme hinsichtlich der Studien- und Berufsentscheidung sowie einschneidende Lebenskrisen.

Die Dozierenden sind während des Studiums nicht nur für den Lehrbetrieb und das Prüfungswesen da, sondern sie stehen den Studierenden auch zu Beratungsgesprächen in allen mit dem Studium zusammenhängenden Fragen zur Verfügung. Dies gilt grundsätzlich für jeden Dozierenden an jeder Universität. Häufig haben Studierende jedoch eine Scheu davor, an Professorinnen und Professoren heranzutreten. Doch es ist ihr gutes Recht, das zu tun. Professorinnen und Professoren werden auch dafür bezahlt, dass sie Studierende beraten. Manchmal gibt es allerdings eine Aufgabenteilung und spezielle Beratungszuständigkeiten sind an einzelne Dozierende delegiert. In der Regel werden von diesen feste Sprechstundentermine angeboten, die ausgehängt werden, in Vorlesungsverzeichnissen stehen und im Internet abgefragt werden können. Es lassen sich aber auch individuelle Termine vereinbaren, denn meistens werden außer den festen Terminen auch solche „nach Vereinbarung" angeboten. Das heißt, man kann Dozierende um einen Extratermin bitten. Wegen eines Sprechstundentermins sollte man nämlich, wenn es sich vermeiden lässt, keine Lehrveranstaltung versäumen. Vielfach empfiehlt sich heute die Kontaktaufnahme und Terminvereinbarung mit Dozierenden per E-Mail. Auch telefonische Anfragen sind möglich. An personell gut ausgestatteten Lehrstühlen werden die Termine durch Sekretärinnen koordiniert. Vor dem Aufsuchen einer Sprechstunde sollte man sich genau überlegen, was man fragen will, und sich gegebenenfalls entsprechende Notizen machen.

Nicht immer ist es sinnvoll, um eine bestimmte Frage zu klären, die Sprechstunde des Dozierenden aufzusuchen. Man kann Dozierende auch am Rande einer Lehrveranstaltung ansprechen, man kann eine E-Mail schicken oder einen Brief und man kann anrufen. Besonders bei kleinen, unproblematischen Fragen ist der Gang zur Sprechstunde und das damit häufig verbundene längere Warten vor der Tür des Dozierenden viel zu aufwändig. Aber man muss selbst ein Gespür dafür entwickeln, wie man mit welcher Frage am besten an einen Dozierenden herantreten kann. Es hängt auch von den jeweiligen Dozierenden ab und den Vorgaben, die sie machen.

Außer den Dozierenden stehen universitäre, staatliche und kirchliche Stellen zur Beratung der Studierenden zur Verfügung und Institutionen, die Stipendien vergeben. Für psychische Probleme und Krisen gibt es spezielle Beratungsstellen. Für allgemeine berufliche Fragen muss man sich an örtliche oder regionale Arbeitsämter wenden.

Sprechstunden

Kontaktaufnahme mit Dozierenden

f) Praktika

Die meisten Theologiestudierenden wollen später in den Gemeinde- oder Schuldienst, streben also ausgesprochen praktische Berufe an, die ein sehr spezielles und nicht gerade einfaches Profil haben. Es ist deshalb gut, schon vor und während des Studiums Einblicke in die Berufspraxis zu nehmen, um die eigene Berufsentscheidung bedenken und im Zusammenhang mit einzelnen praxisorientierten Lehrveranstaltungen die spätere Berufspraxis reflektieren zu können. Jeder Theologiestudierende kennt zwar die Schule, aber er hat Schulunterricht noch nicht aus der Perspektive des Lehrenden erlebt. Nur noch ein Teil der Studierenden für den Seelsorgedienst bringt intensive Erfahrungen mit der Arbeit in der Gemeinde mit, aber auch sie haben die Gemeindearbeit noch nicht aus der Perspektive des Pfarrers und der Pfarrerin selbst erlebt.

Manche Kirchen schreiben ihren Studierenden Praktika vor, die teilweise bereits vor, teilweise während des Studiums zu absolvieren sind. Außer der

Einblicke in die berufliche Praxis

Kirchengemeinde sind auch das Krankenhaus, das Gefängnis und Behindertenheime, ferner kirchliche Akademien und sogar Industriebetriebe Orte, an denen Theologiestudierende hilfreiche Einblicke in kirchliche Arbeitsfelder und in Lebensrealitäten der heutigen Welt gewinnen können. Für Studierende, die in einem Pfarrhaus geboren und aufgewachsen sind und selbst den Pfarrdienst anstreben, ist es wichtig, Einblicke in Lebensbereiche außerhalb des kirchlichen Milieus zu gewinnen. Von Seiten der Universität werden häufig religionspädagogische und homiletische Seminare mit praktischen Übungen verbunden. In den Studiengängen für den Lehrberuf sind mehrere Praktika, darunter Schulpraktika mit eigenen Unterrichtsversuchen, generell vorgeschrieben. Sie finden in der vorlesungsfreien Zeit statt. Vereinzelt sind sogar ganze Praxissemester vorgesehen.

Einblicke durch Praktika

Praktika sind also sehr sinnvoll, wenn auch stets zeitaufwändig und anstrengend. Wer keine Praktika ableisten muss, sollte freiwillig und aus eigener Initiative das eine oder andere kirchliche oder gesellschaftliche Arbeitsfeld erkunden.

g) Examina

Im Theologiestudium gibt es drei mögliche Instanzen für Prüfungen: die Universität, die Kirche und den Staat. Man unterscheidet folglich Hochschulprüfungen, kirchliche Examina und Staatsprüfungen. Am breitesten, was das Angebot von Titeln anbelangt, sind die Hochschulprüfungen. Man kann den Magister (Magister Artium = M.A., Magister Theologiae = Mag. theol.), das Diplom (Dipl.-Theol.), das Lizentiat (Lic. theol.), den Bachelor (BA), den Master (MA) und den Doktor (Dr.) erwerben. Der Magistergrad ist anders als das Diplom ein international üblicher akademischer Grad. Bei einer Magisterprüfung kommt der wissenschaftlichen Hausarbeit mehr Gewicht zu als bei einer Diplomprüfung. Das Lizentiat in Theologie ist ein akademischer Abschluss, der die Befähigung nachweist, Theologie zu vermitteln, und vom wissenschaftlichen Niveau her zwischen Diplomprüfung und Promotion steht. Im katholischen Bereich wird er häufig angeboten, im evangelischen nur selten. Wer einen Magister-, Lizentiats- oder Diplomstudiengang absolviert, wird automatisch von seiner Fakultät geprüft. Studierende der Religionslehre werden im Ersten Staatsexamen (Wissenschaftliche Prüfung) von staatlichen Behörden geprüft. Dieses Examen ermöglicht eigentlich nur den Zugang zum Referendariat, es wird aber von einigen Kirchen auch bei Bewerbungen um kirchliche Stellen akzeptiert. Evangelische Studierende mit dem Ziel Pfarrdienst werden in der Regel von kirchlichen Instanzen geprüft (Kirchliches Examen, Erste Theologische Prüfung, Theologische Aufnahmeprüfung). Die eigentlich Prüfenden sind jedoch in den meisten Fällens Professorinnen und Professoren, die man im Studium kennen gelernt hat, manchmal aber auch Dozierende benachbarter Universitäten desselben Bundeslandes und wissenschaftlich qualifizierte Theologinnen und Theologen im kirchlichen Dienst. Priesteramtskandidaten beenden ihr Studium mit dem Diplom, in Österreich mit dem Magister, also mit Universitätsprüfungen, oder mit der Theologischen

Abschlüsse

Hauptprüfung, einem – in den Anforderungen ganz identischen – kirchlichen Examen. Vereinzelt werden auch von evangelischen Studierenden Diplomstudiengänge belegt. Dies kann vor allem dann sinnvoll sein, wenn man sein Examen an einem Hochschulort ablegen will, der nicht zu der Landeskirche gehört, in der man in den Pfarrdienst möchte. Ferner ist die Belegung eines Diplomstudiengangs für evangelische Studierende sinnvoll, die in einer Freikirche arbeiten wollen, und für Studierende, die von vornherein nicht die Absicht haben, in einer Kirche zu arbeiten.

Üblich sind im Laufe des Studiums zwei Prüfungen: eine relativ harmlose Zwischenprüfung (auch: Kolloquium, Vordiplom, Diplom-Vorprüfung, Propaedeutikum), an der kaum jemand scheitert, und ein anspruchsvolles Abschlussexamen, das nicht alle bestehen. Für die Schlussprüfung muss eine größere schriftliche Arbeit (Examensarbeit, Hausarbeit, Zulassungsarbeit, Diplomarbeit, Magisterarbeit, Magisterschrift, Masterarbeit) von wissenschaftlichem Niveau verfasst werden zu einem Thema, für das man sich in der Regel selbst entscheidet. Eine solche Arbeit erfordert, je nach verlangter Länge, einen zeitlichen Aufwand von mehreren Wochen oder gar Monaten, bis zu einem halben Jahr. Zum Abschlussexamen gehören ferner mehrstündige Klausuren, d. h. schriftliche Arbeiten unter Aufsicht, in denen Texte bearbeitet oder Überblickswissen präsentiert werden müssen. Die Themen hierfür sind vorgegeben und werden erst zu Beginn der Prüfung bekannt gemacht. Auch mündliche Prüfungen finden statt, die bis zu 60 Minuten dauern können und in denen Spezial- oder Überblickswissen abgefragt wird, teilweise zu Themen, die mit den Prüfenden zuvor abgesprochen wurden. Bei Klausuren und bei mündlichen Prüfungen kommt es übrigens nicht nur darauf an, möglichst viel zu wissen, sondern auch auf die Art der Präsentation. Eine Klausur muss einen durchdachten Aufbau und eine gut gelungene sprachliche Form haben. Bei mündlichen Prüfungen müssen die Antworten begrifflich klar und inhaltlich präzise sein.

Am Schluss des Studiums steht also die Examensphase, die etwa zwölf Monate umfasst. Hier erfolgt die konkrete Vorbereitung auf die Prüfungen. Es wird wiederholt, was man während des Studiums gelernt hat, und es werden die Dinge erarbeitet, die man während des Studiums nicht gelernt hat, aber für das Examen braucht. Manchmal werden für diesen Zweck Repetitorien (s. o. S. 140 f.) angeboten oder studentische Arbeitsgruppen organisiert. An verschiedenen Universitäten wurden in jüngerer Zeit Regelungen für so genannte Freie Prüfungsversuche (Freiversuche) geschaffen. Ein Freiversuch ist ein frühzeitig abgelegtes Examen oder Teilexamen, das im Falle des Nichtbestehens nicht zählt und außerdem die Chance bietet, die erreichte Note beim eigentlichen Examenstermin doch noch zu verbessern. Durch solche Regelungen soll erreicht werden, dass sich Studierende zeitig in das Examen wagen und die Entscheidung, sich zum Examen anzumelden, nicht immer weiter hinauszögern.

Examina bedeuten Stress: Dieser aber bzw. die Belastbarkeit gehört im Grunde unausgesprochen zu den Dingen, die geprüft werden. Es geht also nicht bloß um Wissen, sondern auch um die Kunst der Prüfungsvorbereitung und die Kunst der Stressbewältigung. Am wichtigsten dabei ist, die Nerven zu bewahren und ruhig zu bleiben. Sobald man nervös wird, vergisst man Dinge, die man eigentlich weiß. Der Abbau von Prüfungsangst

Prüfungen

Freiversuche

Examensstress

kann während des Studiums trainiert werden. Hierzu gibt es Angebote. Wichtig ist, vor allem unmittelbar vor der Prüfung, dass man sich nicht verrückt machen lässt durch alle möglichen Gerüchte über unerwartete Anforderungen, die von den Prüfenden angeblich gestellt werden. Ein gewisser, auch räumlicher Abstand von den anderen Kandidatinnen und Kandidaten kann deshalb durchaus förderlich sein. Niemand kann alle Fragen beantworten, die bei einer mündlichen Prüfung gestellt werden. Doch es kommt auch darauf an, wie man mit dem eigenen Nicht-Wissen umgeht.

h) Studienreform

Wie zu praktisch allen Studiengängen gibt es auch zum Theologiestudium eine ständige Reformdiskussion. Eine Reform gestaltet sich jedoch vergleichsweise schwierig, weil staatliche und kirchliche Interessen ineinander verwoben sind und staatliche, kirchliche und universitäre Gremien kooperieren müssen.

Seit den 60er-Jahren gab es Bemühungen der evangelischen Landeskirchen und der evangelisch-theologischen Fakultäten, die Studieninhalte, die Studienordnungen und die Prüfungsbestimmungen zu vereinheitlichen, die in den 80er- und 90er-Jahren konkrete, offiziell gutgeheißene Ergebnisse hatten. Die katholische Kirche hat ihre Vorstellungen in rechtsverbindlichen Rahmenbedingungen festgelegt (s. u. S. 156 f.). Die Landesregierungen haben ihre Ordnungen für das Lehramtsstudium alle paar Jahre verändert. Überwiegend wird Theologie heute nach Regelungen studiert, die erst wenige Jahre alt und das Ergebnis intensiver Reformdiskussionen sind. Vielerorts sind wegen der gebotenen Wahrung von Übergangsfristen sogar noch gleichzeitig die vorausgegangenen Ordnungen in Kraft.

neue Entwicklungen   Eine erneute, nicht von der Theologie ausgehende, aber diese einbeziehende Reformdiskussion, die möglicherweise tiefgreifendere Veränderungen als alle bisherigen mit sich bringt, hat vor kurzem begonnen. Im Zuge der Vereinheitlichung des europäischen Hochschulwesens wird auf die Universitäten die Einführung des European Credit Transfer Systems zukommen und die Konzipierung von Bachelor- und Masterstudiengängen und damit eines zweistufigen Studiums. An den schweizerischen und österreichischen Universitäten wurden diese Dinge schnell in Angriff genommen und sind teilweise bereits umgesetzt, während in Deutschland infolge der Bildungshoheit der Länder und der komplizierten Abstimmungsprozesse zwischen Bund, Ländern und Universitäten Veränderungen nur langsam vorankommen. Vielerorts wurden aber bereits Modellversuche eingerichtet. Bis zum Jahr 2010 soll eine komplette Umstellung erfolgt sein. Das haben die europäischen Bildungsminister so vereinbart. Die Widerstände gegen diese Umstrukturierung sind jedoch gerade im Bereich der Theologie noch groß.

ECTS und CPS, Module und Workloads   Das European Credit Transfer System, kurz ECTS genannt und in deutscher Sprache „Europäisches System zur Anrechnung von Studienleistungen", verfolgt das Ziel, Leistungen an verschiedenen europäischen Universitäten vergleichbar und damit übertragbar zu machen. In der Folge soll eine gegenseitige Anerkennung möglich und die Mobilität der Studierenden gefördert werden. Konkret sieht es so aus, dass für bestimmte Lehrveranstaltungen nach einheitlichen Maßstäben Credit Points (CP) – Kreditpunkte (KP), Leistungspunkte (LP) – vergeben werden, die unbenotete Leistungsnachweise darstellen. Gemessen wird nicht die Qualität der Leistung, sondern der quantitative Arbeitsaufwand, die zeitliche Belastung, die mit einer Lehrveranstaltung, dem Verfassen einer schriftliche Arbeit oder einer Prüfungsvorbereitung verbunden ist. Die inhaltlichen Qualitäten werden daneben wie bisher durch Noten bewertet. Um dieses Credit Point System (CPS) einzuführen, genügt es nicht, den Lehrveranstaltungen des bisherigen Studienplans einfach Punkte zuzuordnen, sondern das gesamte Studium muss auf der Grundlage einer genauen Berechnung und Abwägung der Anforderungen neu konzipiert werden. Eine Überforderung der Studierenden ist ebenso zu vermeiden wie eine Unterforderung. Es werden nicht mehr wie bisher einfach Lehrveranstaltungen aufgelistet und als verpflichtend bezeichnet, sondern der Arbeitsaufwand (Workload) – einschließlich der Zeit für die Vor- und Nachbereitung zu Hause – wird jeweils genau berechnet und festgelegt. Die Gesamtbelastung eines durchschnittlichen Studierenden darf die Zahl von 900 Arbeitsstunden pro Halbjahr, das entspricht 30 CP, nicht übersteigen. Für 30 Arbeitsstunden gibt es dann also einen Punkt. In anderen Modellen wird für 25 Stunden ein Punkt gegeben und die Gesamtbelastung mit 750 Stunden angesetzt. Mit dem ECTS geht die Gliederung des Curriculums in so genannte Module einher, das sind lernorientierte thematische Einheiten. Dadurch sollen Lehrveranstaltungen sinnvoll aufeinander abgestimmt werden. Zum ECTS gehört ferner die konsequente Leistungsüberprüfung in den besuchten Lehrveranstaltungen. Eine bloße Zuschauer- und Konsumentenhaltung von Studierenden wird nicht mehr möglich sein. Ohne erfolgte Überprüfung darf es keine Teilnahmescheine mehr geben. *Neukonzipierung des Studiums*

Für die Studierenden bringt das ECTS den Vorteil eines kalkulierbaren, planbaren Studiums mit klaren Anforderungen. Viele haben sich schon lange gewünscht, nach einem genauen Plan studieren zu können. Die Dozierenden werden gezwungen, ihr Lehrangebot an den Erfordernissen des Curriculums auszurichten und nicht beliebig eigenen Interessen nachzugehen. Die Kehrseite ist allerdings die weitgehende Verschulung des Studiums, die viele Freiheiten einschränkt, die es gerade im Theologiestudium bislang gab. Bei der konkreten Ausgestaltung des ECTS kann allerdings darauf geachtet werden, Wahlmöglichkeiten und Freiräume bewusst einzuplanen. Zu den Vorteilen des neuen Systems gehört, dass infolge der kontinuierlich stattfindenden Leistungsüberprüfung die Examina deutlich entlastet werden. Eine herkömmliche Zwischen- und Abschlussprüfung erübrigt sich. Die während des ganzen Studiums erbrachten Leistungen und erworbenen Noten werden Teil des Examens. *Vor- und Nachteile*

Weitere einschneidende Veränderungen könnten für das Theologiestudium die Einführung von Bachelor- und Master-Studiengängen mit sich bringen. Die europäischen Bildungsminister haben im Jahre 1999 in Bologna ein Abkommen getroffen, das die Einführung dieses zweistufigen, konsekutiven, in England, Amerika und weiteren Ländern schon lange praktizierten Studiensystems vorsieht. Der Bachelor (BA) ist ein universitärer Abschluss nach sechs Studiensemestern, der berufsqualifizierend sein *Bachelor und Master* soll und auf jeden Fall mehr darstellt als eine Zwischenprüfung. Er erleichtert Wechsel und die Kombination der Fächer innerhalb der Universität und den Hochschulwechsel. Der Master (MA) ist ein wissenschaftlicher Studienabschluss, vergleichbar dem Diplom oder Magister, nach vier weiteren Semestern. BA und MA sind international anerkannte Abschlüsse, die anders als das in Deutschland übliche Diplom internationale berufliche Mobilität ermöglichen.

Sonderweg der Theologie?

Wenn Bachelor- und Masterstudiengänge neben die bisherigen treten, kann für die Theologie theoretisch alles so bleiben, wie es ist. Studierende für den Pfarr- bzw. Pastoraldienst, sofern sie kirchliche Examina ablegen, und Studierende für das Lehramt wären nicht betroffen. Sollten sich Kultusbehörden, Universitäten und Theologische Fakultäten für diesen konservativen Weg entscheiden, würde die Theologie allerdings eine Chance verspielen, sich auf neue Weise international mit anderen Hochschulen und inneruniversitär mit anderen Fächern zu vernetzen. Langfristig könnte ein solches bewahrendes Verhalten der Theologie als Universitätswissenschaft Schaden zufügen und ihren Status im Chor der Wissenschaften in Frage stellen. Die Umstellung auf Bachelor- und Masterstudiengänge würde eine Neukonzeption des Grundstudiums erfordern, verbunden mit der Frage, ob und wie an den drei alten Sprachen festgehalten werden kann. Eine solche Neukonzeption könnte das Theologiestudium attraktiver machen und zu einer Steigerung der Zahl der Studierenden führen, was sowohl für die Fakultäten als auch für die Kirchen von Vorteil wäre. Für die evangelischen Kirchen könnte angesichts eines sich abzeichnenden Pfarrermangels die mit dem neuen System möglicherweise verbundene Eröffnung alternativer, flexibler Zugangswege zum Pfarrdienst von Interesse sein. Ein theologisches Kurzstudium mit einem Bachelor-Abschluss wäre ferner attraktiv für Studierende, die eine theologische Ausbildung wollen, ohne den Pfarr- oder Lehrberuf anzustreben.

Chancen einer Neukonzeption

Theologiestudierende werden nicht für einen europäischen oder internationalen Arbeitsmarkt ausgebildet. Unter diesem Aspekt ist die anstehende Reform für sie irrelevant. Vorteile bietet sie dennoch. Studienabbrecher haben nicht mehr nur eine wertlose Bescheinigung über eine Zwischenprüfung, sondern mit dem BA einen echten universitären Titel und einen akademischen Abschluss, der ihnen vielleicht eine berufliche Chance eröffnet, die sie sonst nicht gehabt hätten. Das bisher für Lehrberufsstudierende bestehende Junktim zwischen der bestandenen Ersten Staatsprüfung und dem anschließend ermöglichten Referendariat soll nach den bisherigen Plänen auch für die neuen Studiengänge gelten. Die Absolventen eines Lehrer-Masters haben einen Anspruch, in das Referendariat übernommen zu werden und damit eine abgeschlossene Berufsausbildung zu erhalten. Mit Risiken behaftet ist das neue Studienmodell im Bereich der Lehrerausbildung dennoch, da Deutschland am althergebrachten, aber im übrigen Europa so nicht üblichen Zweifächerstudium festhalten will. Ob sich dieses in einem modularisierten Bachelor-Master-Studiengang sinnvoll durchführen lässt und sich die damit verbundenen organisatorischen Probleme befriedigend lösen lassen, wird erst die Praxis zeigen. Nicht auszuschließen ist, dass schon in wenigen Jahren alles neu überdacht werden muss.

offene Fragen der Reform

Für alle, die heute mit einem Studium beginnen, sind diese Eventualitäten nicht entscheidend. Grundsätzlich gelten bis zum Examen immer die Rahmenbedingungen, unter denen man das Studium begonnen hat. Selbst für den Fall, dass sich einzelne Bundesländer und Universitäten zu einer raschen Umstellung entschließen, wird es wieder Übergangsfristen geben. Allenfalls könnte es für Studierende die freiwillige Option geben, während des Studiums auf die neuen Studiengänge umzustellen. Bei der Entscheidung für einen bestimmten Studienort sollte dennoch die Frage mitbedacht werden, ob dort bereits die neuartigen Studiengänge angeboten werden oder nicht und wie sie konkret gestaltet sind. Je nach persönlichen Neigungen wird man sich dann für oder gegen diesen Ort entscheiden. Grundsätzlich ist zu sagen: Die Einführung der neuen Studiengänge erfolgt infolge politischen Drucks auf eine so überstürzte und unausgegorene Weise, dass mit großen Komplikationen bei der praktischen Durchführung und bald notwendigen erneuten Veränderungen zu rechnen ist. Wer auf Nummer sicher gehen will, wird deswegen einem traditionellen Studiengang den Vorzug geben. Anders als in den Naturwissenschaften sind in den Geisteswissenschaften und speziell in der Theologie damit auch sicherlich keine beruflichen Nachteile verbunden.

Übergangsfristen

i) Die zweite Ausbildungsphase

Ein abgeschlossenes Theologiestudium ist noch keine abgeschlossene Berufsausbildung. Unverzichtbar ist die so genannte zweite, die praktische Ausbildungsphase, die mit den konkreten beruflichen Aufgaben vertraut macht. Dieser Vorbereitungsdienst heißt im Lehrberuf Referendariat, im evangelischen Pfarrdienst Vikariat. Dem entsprechen die Titel Referendar/in und Vikar/in. Katholische Priester tragen in ihren ersten Dienstjahren, in denen sie einem Pfarrer unterstellt sind, ebenfalls die Bezeichnung Vikar. Mancherorts werden sie auch Kaplan genannt.

Das Vikariat dauert in der Regel zweieinhalb Jahre und schließt sich als praktische Ausbildungsphase unmittelbar an ein erfolgreich abgeschlossenes Studium an. Es ist in den einzelnen Landeskirchen unterschiedlich gestaltet. Kurse und praktische Tätigkeiten – teilweise in verschiedenen kirchlichen Arbeitsfeldern – wechseln sich ab. Betreut werden die Vikare und Vikarinnen von speziellen kirchlichen Lehrkräften in so genannten Pfarrseminaren, Predigerseminaren oder Pastoralseminaren und von persönlichen Mentoren oder Ausbildungspfarrern. Am Ende des Vorbereitungsdienstes steht bei evangelischen Pfarrern eine weitere kirchliche Dienstprüfung (2. Kirchliches Examen, Theologische Aufnahmeprüfung).

Vikariat

Priesteramtskandidaten haben ebenfalls eine etwa zweijährige praktische Ausbildungsphase, Pastoralkurs genannt und unterteilt in Diakonatskurs und Presbyteratskurs, der von den Priesterseminaren, in der Regel in der jeweiligen Bischofsstadt, durchgeführt wird und an dessen Ende die Priesterweihe erfolgt. Ungefähr ein Jahr vor der Priesterweihe empfangen sie die Diakonenweihe und arbeiten neben der weiteren Vorbereitung auf den Dienst als Priester schon als Diakone in den Gemeinden. Das Weihesakrament kann nur ein getaufter Mann empfangen, der damit auch die

Priesterseminar

Zölibatsverpflichtung eingeht. Nach einigen weiteren Jahren als Vikar oder Kaplan in einer Gemeinde wird die Dienstprüfung (Pfarrexamen) abgelegt.

Die praktische Ausbildung der Diplomtheologen zu Pastoralreferenten dauert drei Jahre und wird von den jeweiligen Diözesen in besonderen Einrichtungen und beim praktischen Einsatz in kirchlichen Arbeitsfeldern vorgenommen.

schulpraktische Ausbildung

Die schulpraktische Ausbildung der Lehramtsstudierenden erfolgt in einer zweiten Ausbildungsphase, die bislang zwei Jahre, manchmal auch nur eineinhalb Jahre dauert und sich ebenfalls an ein erfolgreich bestandenes Examen anschließt. Unter der Betreuung durch Ausbildungslehrer und -lehrerinnen findet eine schulpraktische Ausbildung statt, die durch Kurse in Studienseminaren ergänzt wird. Hierbei stehen anders als beim Studium die Pädagogik und die Didaktik, nicht die Fachwissenschaft im Vordergrund. Am Ende folgt die Zweite Staatsprüfung. Für Lehramtsstudierende gibt es eine Frist von üblicherweise drei, vier oder fünf Jahren, je nach Bundesland, zwischen dem Examen und dem Antritt des Vorbereitungsdienstes, die beachtet werden muss. Lässt man sich z.B. wegen einer Promotion zu lange Zeit, so kann man u.U. den Anspruch auf Übernahme in den Vorbereitungsdienst verlieren.

7. Theologiestudium und Kirche

Eine Besonderheit der Theologie im Vergleich zu allen anderen Fächern ist, dass neben dem Staat auch außerhalb der Universität stehende Institutionen Einfluss auf das Studium nehmen, nämlich die Kirchen.

a) Einflüsse der Kirchen auf das Studium

Die Kirchen haben in einem unterschiedlichen Ausmaß und in von Bundesland zu Bundesland unterschiedlicher Weise Einfluss auf die rechtlichen und inhaltlichen Rahmenbedingungen des Theologiestudiums, auf die Besetzung der Professuren und auf die Examina. Sie finanzieren einzelne universitäre Stellen, betreuen die Studierenden und halten Kontakt zu den Dozierenden. Ferner gestalten sie die Lehrpläne, nach denen Theologinnen und Theologen Religionsunterricht an öffentlichen Schulen erteilen. Generell hat übrigens die katholische Kirche, weil sie sich mehr darum bemüht hat, größeren Einfluss auf den theologischen Lehrbetrieb an den Universitäten und nimmt diesen auch häufiger wahr als die evangelischen.

Regelungen der katholischen Kirche

Das katholische Theologiestudium ist durch kirchliche Vorschriften genau geregelt. Die staatlichen Fakultäten haben in der katholischen Kirche auch einen Ort im kirchlichen Recht, sie sind kirchlich approbierte Institutionen. Die katholischen Theologiedozierenden sind aufgrund von ›Sapientia Christiana‹ (s.o. S. 46) verpflichtet, ihre Arbeit „nach Maßgabe der katholischen Lehre" und „in enger Gemeinschaft mit dem Leitungsamt der Kirche" zu tun und zur „Glaubensverkündigung" der Weltkirche beizutragen. Sie sind gehalten, für ihre theologischen Lehrbücher und für Sammelausgaben kirchlicher Dekrete eine kirchliche Druckerlaubnis einzuholen, die in der Regel der Generalvikar des Bischofs erteilt. Auch alle anderen Veröffentlichungen theologischen Inhalts sollen möglichst dem jeweiligen Oberhirten vorgelegt werden. Das so genannte Imprimatur oder Imprimi potest (lat.: *imprimere* = drucken; lat.: *potest* = es kann), versehen mit Datum und Aktenzeichen, ist Ausdruck des kirchlichen Einflusses auf die Theologie. In der evangelischen Theologie gab es früher vergleichbare Formen der Kontrolle und Zensur, heute aber nicht mehr.

Druckerlaubnis für theologische Literatur

Auch diese Festlegungen der katholischen Kirche sind freilich unterschiedlich interpretier- und gestaltbar. Solange es durch Publikationen und öffentliche Erklärungen zu keinem offenen Konflikt kommt, können katholische Theologiedozierende ihre Disziplin in großer Freiheit und Eigenständigkeit entfalten. Blickt man auf das gesamte Spektrum der theologischen Veröffentlichungen, so kann man vielleicht im Bereich der Systematischen Theologie bei katholischen Theologen eine größere Verbundenheit mit der eigenen Kirche und ihrer Tradition und größere Einheitlichkeit in Inhalt und Stil feststellen, während in der evangelischen Theologie das Spektrum dessen, was theologisch gewagt wird, größer ist, insgesamt unterscheidet sich aber in Deutschland, Österreich und der Schweiz die katholisch-theologische Arbeit nur wenig von der evangelisch-theologischen.

Die katholische Kirche hat ihr Verständnis eines ordnungsgemäßen Theologiestudiums durch Vereinbarungen mit dem Staat, so genannte Konkordate, in die Gestaltung des Studiums eingebracht. Staatliche katholische Fakultäten, die Priesteramtskandidaten ausbilden, verfügen deswegen selbst bei geringen Studierendenzahlen über eine sehr gute personelle Ausstattung, während evangelische Fakultäten in der gleichen Situation häufig mit Stellenstreichungen rechnen müssen. Auch an Universitäten, die für den Religionsunterricht ausbilden, sind katholische Professuren rechtlich häufig besser abgesichert als evangelische. Nur indirekt, dadurch, dass vom Staat die evangelische Theologie gegenüber der katholischen nicht benachteiligt werden darf, kommen diese Regelungen auch der evangelischen Theologie zugute.

Konkordate

Die theologischen Professuren sind konfessions- bzw. kirchengebundene Staatsämter. Katholische Universitätstheologen und -theologinnen bedürfen, bevor sie berufen werden können, der Zustimmung des zuständigen Bischofs und des Vatikans: das so genannte „Nihil obstat" („es steht nichts im Wege"). Die Zustimmung kann nicht nur versagt werden, wenn Einwendungen gegen die Lehre vorliegen, sondern auch, wenn der Lebenswandel Anlass zu Beanstandungen gibt. Das vor einer Berufung erteilte Nihil obstat kann später widerrufen werden. Der Staat muss dann dem kirchlichen Interesse genügen, indem er eine andere Person (natürlich erneut im Einvernehmen mit der Kirche) mit den Aufgaben betraut. Faktisch muss er also eine neue Stelle schaffen und den Vorgänger oder die Vorgängerin, die ja ihren Beamtenstatus nicht verlieren können, mit einer neuen Aufgabe außerhalb der Fakultät beauftragen.

Nihil obstat

Gelegentlich kommt es in katholischen Berufungsverfahren dazu, dass der Wunschkandidat der universitären Gremien verhindert wird, und gelegentlich kommt es sogar dazu, dass Hochschullehrer im Zusammenhang mit ihrer Amtsausübung gemaßregelt werden. Der Liturgiewissenschaftlerin Teresa Berger, die mit feministisch-theologischen Forschungen Anstoß

Lehrbeanstandungen

erregt hatte, wurde Anfang der 90er-Jahre von Rom zweimal die Genehmigung für Lehrstühle verweigert. 1979 hat der damalige Erzbischof von München und Freising Ratzinger die Berufung von Metz (s. o. S. 89) auf den Lehrstuhl für Fundamentaltheologie in München verhindert. Der ehemalige Marburger Sozialethiker Stephan Pfürtner bekam 1972 wegen abweichender Auffassungen zur Sexualethik Probleme mit der päpstlichen Glaubenskongregation. Der besonders spektakuläre „Fall Küng" wurde hier bereits behandelt (s. o. S. 106). Insgesamt betrachtet sind die Fälle, in denen die Kirche interveniert, aber selten.

Regelungen im evangelischen Bereich

In den evangelischen Kirchen gibt es kein kirchliches Hochschulrecht. Dies ist eine Nachwirkung der staatskirchlichen Strukturen, die in Deutschland bis 1918 bestanden und unter denen es für ein kirchliches Hochschulrecht keine Notwendigkeit gab. Die evangelischen Kirchen haben aber ebenfalls in bestimmten, die Fakultäten betreffenden Angelegenheiten ein Mitspracherecht. Die rechtlichen Rahmenbedingungen wurden in Deutschland durch Kirchenverträge der Bundesländer festgelegt. Grundlegende Bedeutung hat der Niedersächsische Kirchenvertrag von 1955, auch Loccumer Vertrag genannt, der 1966 ergänzt wurde. An ihn lehnten sich die später abgeschlossenen Kirchenverträge von Schleswig-Holstein (1957), Hessen (1960), Rheinland-Pfalz (1962) und Nordrhein-Westfalen (1984) weitgehend an.

Loccumer Vertrag

Der Loccumer Vertrag sieht die einvernehmliche Regelung von Streitfällen zwischen Staat und Kirche vor und sichert die Existenz der theologischen Fakultät Göttingen. Den Kirchen wird das Recht einer gutachterlichen Stellungnahme vor der Anstellung eines Professors zugesichert, wobei Bedenken nur hinsichtlich der Lehre und des Bekenntnisses geäußert werden können. Die kirchliche Stellungnahme bindet den Staat nicht, und ein nachträgliches Beanstandungsrecht ist ebenfalls nicht vereinbart. Die Kirchen haben also auf dieser Grundlage kaum Möglichkeiten, ihre Verantwortung für die theologische Lehre und eine ihren Anforderungen gerecht werdende Ausbildung der Theologinnen und Theologen wahrzunehmen.

In Bayern wurde die Existenzsicherung der evangelisch-theologischen Fakultät München 1967 vertraglich geregelt. Nordrhein-Westfalen hat den Kirchen 1985 bindende Mitwirkungsrechte bei der Gestaltung von Studien-, Prüfungs- und Habilitationsordnungen in den evangelisch-theologischen Fakultäten eingeräumt.

Regelungen in den neuen Bundesländer

In Sachsen-Anhalt, Mecklenburg-Vorpommern, Thüringen und Sachsen wurden 1993/94 Kirchenverträge abgeschlossen, die den Kirchen ein dezisives Mitwirkungsrecht bei der Anstellung des hauptamtlichen Lehrpersonals zusprechen. Gegen die gutachterlich geäußerten Bedenken der Kirchen hinsichtlich der Lehre und des Bekenntnisses eines Anzustellenden können die Landesregierungen die Berufungen nicht einleiten und die Anstellungen nicht vornehmen. Dies gilt nicht nur für Theologinnen und Theologen an theologischen Fakultäten, sondern auch für solche in reinen Lehramtsstudiengängen. Auch Prüfungs-, Promotions- und Habilitationsordnungen sind kirchlich zustimmungspflichtig. Diese neueren Regelungen gewähren den evangelischen Kirchen also wesentlich mehr Einfluss auf das Theologiestudium.

der „Fall Lüdemann"

Der letzte spektakuläre Fall, in dem eine evangelische Landeskirche gegen einen Hochschullehrer einschritt, war der „Fall Lüdemann". Der

Göttinger Neutestamentler Gerd Lüdemann erregte seit 1994 öffentliches Aufsehen, weil er die Auferstehung Jesu bestritt (›Die Auferstehung Jesu‹, 1994) und polemisch als „Humbug" bezeichnete (›Der große Betrug‹, 1998, Zitat ebd., 16). Er äußerte zwar keinerlei neue Gedanken, sondern brachte Argumente vor, die schon 150 Jahre zuvor von kritischen evangelischen Theologen formuliert worden waren, aber es wurde in der kirchlichen Öffentlichkeit als problematisch empfunden, dass ein Theologe mit solchen Gedanken künftige Pfarrerinnen und Pfarrer ausbilde. Lüdemann behauptete dann auch die Hinfälligkeit der altkirchlichen Bekenntnisse, kritisierte die kirchliche Ordinationspraxis, forderte die Umwandlung der theologischen in religionswissenschaftliche Fakultäten und sagte sich schließlich öffentlich vom Christentum los. Die Kirchen reagierten zunächst 1996, indem sie ihn nicht mehr als Prüfer in kirchlichen Examina einsetzten, und erklärten dann 1998 dem niedersächsischen Wissenschaftsminister, dass die kirchliche Zustimmung zu Lüdemanns Berufung zurückgenommen werden müsse und forderten seine Versetzung. Das Land entsprach jedoch aus beamten- und verfassungsrechtlichen Gründen der kirchlichen Forderung nicht. Lüdemann ist weiter Theologieprofessor in Göttingen und gehört auch weiterhin der Theologischen Fakultät an. Er ist Leiter der schon 1983 für ihn geschaffenen „Abteilung Frühchristliche Studien", seine kirchen- und christentumskritischen Lehrveranstaltungen werden aber außerhalb der Studiengänge zur Ausbildung des theologischen Nachwuchses, einschließlich des Lehrberufs, angeboten. Das heißt: Wer in Göttingen Theologie studiert, darf an Lüdemanns Veranstaltungen teilnehmen und es kann Studierenden daraus auch kein Nachteil entstehen, aber im Rahmen der für einen bestimmten Studiengang erforderlichen Leistungen können sie nicht angerechnet werden. Konfliktfälle wie dieser sind ausgesprochen selten, kommen aber vor.

Bei den Prüfungen hängt die Einflussnahme der Kirchen von der Art der Prüfungen ab. Kirchliche Examina werden von der Kirche selbst organisiert und verantwortet, aber als Prüfer werden Dozierende der im Bereich der Landeskirche angesiedelten Universitäten herangezogen. Bei Staatsexamina haben die Kirchen im Prinzip ein Anwesenheits- und Mitwirkungsrecht, das sie aber ihrerseits auf die Theologiedozierenden delegieren können, die ja ihr Amt mit Einwilligung der Kirche bekleiden und teilweise sogar als ordinierte Pfarrer und Pfarrerinnen bzw. als Priester einen kirchlichen Status haben. Außerhalb der Kooperation bei Examina kommt es gelegentlich zu offiziellen Begegnungen von Dozierenden mit Kirchenleitungen, bei denen gemeinsame Fragen besprochen werden. Außerdem sind die evangelisch-theologischen Fakultäten in den jeweiligen Landessynoden vertreten.

kirchliche Mitwirkung bei Prüfungen

Zum kirchlichen Engagement im Zusammenhang mit dem Theologiestudium gehört auch die Förderung der wissenschaftlichen Arbeit, z. B. durch die Vergabe von Stipendien, durch Druckkostenzuschüsse bei Dissertationen, durch die Finanzierung von Assistierendenstellen und wissenschaftlichen Stellen in Forschungsprojekten und durch die finanzielle Förderung von wissenschaftlicher Kommissionsarbeit. Eine direkte oder indirekte Einflussnahme der Kirchen auf das Studium erfolgt ferner durch die individuelle Betreuung von Studierenden. In den übergeordneten Leitungsgre-

finanzielle Hilfe

mien der Universitäten (Kuratorien, Hochschulräte) sitzen häufig ebenfalls Vertreter der Kirchen.

b) Beziehungen der Studierenden zu Kirchen

kirchliches Engagement

Ohne Kirchen gäbe es keine Theologie als Studienfach und keine Berufsperspektiven wie Pfarramt und Religionsunterricht. Dass Studierende der Kirche angehören, deren Theologie sie erlernen, ist – von ganz speziellen Ausnahmen (s. o. S. 141) einmal abgesehen – selbstverständlich. Es ist darüber hinaus aber gut, als Studierender Kontakt zu einer Kirchengemeinde zu haben, so wie sich z. B. auch ein Sportstudierender in einem Sportverein engagieren wird. Allerdings gibt es für Theologiestudierende die Qual der Wahl: Zu welcher Kirchengemeinde soll man Kontakt halten? In Frage kommen die Heimatgemeinde, aus der man stammt, die Kirchengemeinde am neuen Wohnort, zu der man offiziell gehört, und die Studierendengemeinden ESG und KHG am Hochschulort. Für diejenigen, die in einem theologischen Studienhaus leben, gibt es als vierte Möglichkeit diese kleine Hausgemeinde. Für alle Zugehörigkeiten lassen sich Argumente finden, und manch einer wird zwei oder gar drei Zugehörigkeiten in irgendeiner Weise miteinander kombinieren. Wie sich die Zugehörigkeit zu einer Kirchengemeinde konkret gestaltet, ist dann eine zweite, ebenfalls wichtige Frage. Das kirchliche Engagement eines Studierenden kann ganz unterschiedliche Intensität haben, vom gelegentlichen Gottesdienstbesuch bis zur aktiven und leitenden Mitarbeit in Gemeindekreisen.

Gottesdienstbesuch

Nicht alle Theologiestudierenden sind praktizierende Christinnen und Christen, die regelmäßig den Gemeindegottesdienst besuchen. Gottesdiensterfahrungen sind jedoch durchaus wichtig, für diejenigen, die in den Gemeinden arbeiten wollen, ohnehin, aber auch für angehende Lehrerinnen und Lehrer. Bezüge zum Gottesdienst sind bei vielen Themen der Theologie vorhanden, und man versteht vieles im Studium einfach besser, wenn man gelegentlich am Gottesdienst teilnimmt. Von Priesteramtskandidaten wird die regelmäßige Feier der Liturgie und die Einübung von Spiritualität verlangt und in den Priesterseminaren und Theologenkonvikten gefordert und gefördert. Es ist gut, wenn künftige Pastorinnen und Pastoren Erfahrungen mit der Arbeit in der Gemeinde haben. Es wäre aber schlecht, wenn sich Studierende während ihres Studiums bereits stark in praktische Gemeindearbeit involvierten. Die Studienphase ist eine Zeit, die für intensives theoretisches Lernen genutzt werden sollte, denn für die meisten Menschen gibt es im späteren Leben nie wieder die Möglichkeit, sich so konzentriert mit Wissenschaft auseinanderzusetzen. Gemeindepraktische Aktivitäten sollten aus diesem Grund eher zurückgestellt werden.

Gemeindekontakte

Abgesehen vom Kontakt zu einer Einzelgemeinde sollten sich Studierende auf dem Laufenden halten mit dem, was im Bereich der Kirchen geschieht. Hierzu bietet sich die Lektüre kirchlicher Zeitschriften und Mitteilungsblätter an. Auch die Teilnahme an Kirchentagen vermittelt ein Bild von dem, was in den Kirchen auf der Tagesordnung steht.

Der Kontakt der Studierenden zu den Kirchen hat neben diesen freiwillig-informellen Dimensionen für diejenigen, die den Gemeindedienst anstreben, auch noch eine offizielle Ebene. Nicht zwingend vorgeschrieben, aber üblich ist es, sich als evangelischer Studierender mit dem Ziel Pfarramt bei einer Landeskirche konkret anzumelden. Hierzu setzt man sich mit der kirchenleitenden Behörde (Oberkirchenrat, Konsistorium, Landeskirchenamt) in Verbindung. Die Landeskirchen führen Listen (Anwärterliste, Landesliste) ihrer potenziellen künftigen Pfarrerinnen und Pfarrer. In der Regel meldet man sich bereits vor oder zu Studienbeginn bei der Landeskirche an, in der man seinen Wohnsitz zum Zeitpunkt des Abiturs hatte. Aber auch der Schul- oder Hochschulort kann den konkreten Bezugspunkt bilden. Im Zweifelsfall sollte man sich wegen des breiteren Spektrums beruflicher Möglichkeiten lieber für eine große als für eine kleine Landeskirche entscheiden. Ein späterer Wechsel ist trotz Eintragung nicht ausgeschlossen. Wer in eine Liste aufgenommen wurde, profitiert davon. Die Kirchen bemühen sich um intensiven Kontakt zu den Studierenden. Es gibt Büchergelder, Informationsmaterialien und Angebote besonderer kirchlicher Begleitung, aber auch Vorschriften über zu leistende kirchliche Praktika. Die Landeskirchen haben für das Studium eigene Ordnungen, die in der Regel mit parallelen universitären Studienordnungen korrespondieren. Die zweite, kircheninterne Ausbildungsphase ist gesetzlich geregelt.

Anwärterlisten

Ein katholischer Student, der das Priesteramt anstrebt, meldet sich bei seiner Kirche, d.h. bei der Diözese seines Heimatortes, an (Links zu den Bistümern unter http://katholische-kirche.de). Die katholische Kirche versucht ihre künftigen Priester bereits während des Studiums sehr viel stärker zu binden und zu prägen, als dies die evangelischen Kirchen tun. Die Leitbilder, nach denen diese Prägung stattfinden soll, sind in der katholischen Kirche klarer, strenger und einheitlicher als in den evangelischen. Katholische Studenten, die Priester werden wollen, werden seit dem 16. Jahrhundert in Priesterseminaren ausgebildet. Diese Seminare stehen in kirchlicher Trägerschaft und sind von den katholisch-theologischen Fakultäten, selbst denen in kirchlicher Trägerschaft, zu unterscheiden. Ein Priesterseminar ist eine geschlossene Einrichtung ausschließlich für angehende Priester, in der nicht nur theologisches Wissen vermittelt wird, sondern auch an der Persönlichkeitsentwicklung im allgemein menschlichen und im spirituellen Bereich gearbeitet und eine pastoralpraktische Ausbildung vorgenommen wird. Priesteramtskandidaten sollen bereits während ihres Studiums hineinwachsen in die priesterlichen Lebensvollzüge. Ähnliche Intentionen verfolgen im evangelischen Bereich einzelne Studienhäuser (s.o. S. 136f.). Das eigentliche Studium der Kandidaten erfolgt an einer theologischen Fakultät, an der ein Diplomstudiengang in katholischer Theologie absolviert wird, aber auch im Priesterseminar gibt es Lehrveranstaltungen. In einigen deutschen Diözesen wohnen die künftigen Priester nicht im Priesterseminar, sondern in einem Theologenkonvikt oder Theologenstift. Es ist im Unterschied zum Priesterseminar nur für Studenten gedacht und nicht für die pastoralpraktische Ausbildung zuständig. Seit 1978 gibt es für den Bereich der Deutschen Bischofskonferenz eine ›Rahmenordnung für die Priesterausbildung‹, die 1988 geringfügig überarbeitet wurde.

Heimatdiözese

Priesterseminare

Theologenkonvikte

Auch künftige Pastoralassistenten und -assistentinnen melden sich vor Studienbeginn bei ihrer Kirche. Für sie gibt es eine studienbegleitende Ausbildung, die verschiedene Praktika und spirituelle Angebote umfasst.

c) Glaube und Spiritualität im Studium

Glauben und Wissen

Um Theologie zu studieren, muss man nicht besonders fromm sein, sondern wissenschaftlich interessiert, und ein Theologiestudium soll auch nicht fromm machen, sondern es soll bilden. Das Studium dient nicht dem Erwerb von Glauben, sondern der kritischen Reflexion über den Glauben. Die Theologie unterstützt den Glauben, indem sie über ihn reflektiert, aber sie lehrt nicht zu glauben. Bei den Examina wird Wissen überprüft und die Fähigkeit, eigene Positionen zu vertreten, aber es werden keine Glaubensüberzeugungen beurteilt. Auch ein Agnostiker mit Interesse an der christlichen Religion und formell bestehender Kirchenmitgliedschaft kann Theologie studieren, als Berufsziel kommt dann allerdings allenfalls das Lehramt in Frage.

Gottes- und Selbsterkenntnis

Wer Theologie studiert, bekommt es aber nicht nur mit einer Wissenschaft, sondern immer auch mit sich selbst zu tun. In der Theologie stehen Gotteserkenntnis und Selbsterkenntnis in einem unauflöslichen Zusammenhang. Wer als Fragender und Suchender ein Theologiestudium aufnimmt, empfängt vielfache Impulse und Anregungen, die ihm unter Umständen bei der Klärung eigener Glaubens- und Lebensfragen weiterhelfen. Theologie kann zur Beantwortung eigener Grundfragen beitragen. Persönliche Lebensfragen und Grundprobleme der Gegenwart werden ins Gespräch gebracht mit der christlichen Tradition. In und hinter den Streitfragen der Vergangenheit können die eigenen Fragen entdeckt und aus den Antworten der Tradition können Ansätze zu eigenen, aktuellen Antworten entwickelt werden.

Der Glaube ist für das Christsein fundamental, und ohne den Glauben gäbe es auch keine Theologie. Der Glaube ist so gesehen das Primäre, die Theologie immer das Sekundäre. Sie baut auf dem Glauben auf und folgt aus ihm. Dieser Glaube ist allerdings keine einheitliche, definierbare Größe. Es gibt nicht den Glauben, sondern es gibt nur unterschiedliche

verschiedene Glaubensweisen

Glaubensweisen, höchst verschiedenartige, mehr oder weniger fragmentarische Glaubensversuche von angefochtenen, zweifelnden, suchenden Menschen. Innerhalb der Christenheit gab und gibt es unterschiedliche Gottesbilder und unterschiedliche Weisen der Gottesverehrung, und so gibt es auch unterschiedliche Glaubensformen. Das Theologiestudium macht damit bekannt und relativiert deshalb notwendig den eigenen, mitgebrachten Glauben. So kann eine Glaubenskrise neben die allgemeine Orientierungskrise treten, die fast jeder Studierende zu Beginn seines Studiums erlebt.

Gefährdung und Festigung des Glaubens

Wer als ausgesprochen frommer, glaubensgewisser Mensch ein Theologiestudium beginnt, wird in seinen Glaubensüberzeugungen zunächst häufig verunsichert. Studierenden der Theologie wird zugemutet, lebensgeschichtlich erworbene und lebensweltlich eingespielte Orientierungen im Studium zu thematisieren und damit in Frage zu stellen. In frommen Kreisen wird manchmal gesagt, Theologie gefährde den Glauben. In der Tat wird die Infragestellung des eigenen Glaubens vielfach als Bedrohung erlebt, sie kann aber auch eine befreiende Wirkung haben. Theologie stärkt und festigt den Glauben indirekt, indem sie dabei mithilft, ihn auf eine höhere, reflektiertere Ebene zu heben. Die Um- und Neugestaltung des Glaubens und die Sammlung von Glaubenserfahrungen ist ein Prozess, der neben dem eigentlichen Studium abläuft, in der individuellen Auseinandersetzung, im persönlichen Gespräch mit Mitstudierenden und mit Dozierenden. Das Ergebnis ist offen. Wer sich die Theologie zum Beruf machen will, muss die Infragestellung, Relativierung und Transformation des eigenen Glaubens erleben und hinter sich bringen, denn nur so wird er in die Lage versetzt, tolerant und konstruktiv mit Menschen umzugehen, die gar nicht oder anders glauben als er selbst.

Es ist sinnvoll, aber nicht notwendig, sich vor und während des Studiums um spirituelle Erfahrungen zu bemühen. Wer ohne einen spirituellen Zugang zum Glauben Theologie studiert, wird allerdings den existenziellen Gehalt der christlichen Botschaft niemals wirklich verstehen. Die Studienphase ist ein Freiraum, den man zum Experimentieren nutzen kann. Wer eigene Glaubenserfahrungen hat und spirituell lebt, kann viele Phänomene der Christentumsgeschichte besser verstehen als jemand, der einen rein intellektuellen oder ethischen Zugang zur christlichen Religion wählt. Im Studium gibt es Angebote der Kirchen und der Studierendenpfarrämter, z. T. von Studierenden selbst organisiert, welche die Pflege religiöser Praxis, das Einüben christlicher Spiritualität und das Gespräch über den Glauben ermöglichen. Studierende sollten die Chancen nutzen, gerade fremde Dinge kennen zu lernen, z. B. ostkirchliche Gottesdienste und charismatische Gemeindeversammlungen. Auch Begegnungen mit Klöstern und Kommunitäten sind empfehlenswert und natürlich das Kennenlernen von Gottesdiensten der anderen großen Konfession.

spirituelle Erfahrungen

Theorie und Praxis

VI. Wissenschaftlich arbeiten in der Theologie

selbst forschen

Wer Theologie studiert, macht nicht einfach eine praxisorientierte Ausbildung für den angestrebten Beruf im Lehr- oder Pfarramt, sondern beschäftigt sich mit einer Wissenschaft und lernt wissenschaftlich zu arbeiten. Jeder Studierende ist also zumindest ansatzweise ein Wissenschaftler, ein Forschender.

1. Was heißt wissenschaftlich arbeiten?

fehlender
Praxisbezug?

Eine Ausbildung an einer Universität ist immer eine wissenschaftliche Ausbildung. Man kann dies hinterfragen. Besonders Studierende für den Lehrberuf an der Grundschule, sofern sie an der Universität studieren und nicht wie in Baden-Württemberg an einer Pädagogischen Hochschule, stellen den Sinn dieser wissenschaftlichen Ausbildung in Frage. In der Tat haben viele Dinge, die an der Universität gelernt und geübt werden, mit der Arbeit in der Schule und in der Gemeinde nur wenig oder gar nichts zu tun. Viele Studierende sind am Anfang ihres Studiums nicht darauf eingestellt, dass sie lernen müssen, wissenschaftlich zu arbeiten, und manche sind damit sogar überfordert, denn das Gymnasium als Massenschule bereitet darauf heute nicht mehr hinlänglich vor.

sehen, wie
Erkenntnisse
gewonnen werden

Was heißt es nun, wissenschaftlich zu arbeiten? Es geht darum, nicht nur Erkenntnisse anderer aufzunehmen, auswendig zu lernen und zu rekapitulieren, sondern diese kritisch zu reflektieren, selbstständig zu verarbeiten und weiterzudenken, ja sogar neue, eigene Erkenntnisse zu gewinnen, also in einem gewissen – bescheidenen – Maß selbst zur Forschung beizutragen. Wer wissenschaftlich arbeiten lernt, sieht, wie Erkenntnisse gewonnen werden, und begreift damit auch die Relativität und Begrenztheit wissenschaftlichen Erkennens. So wird er dagegen gefeit, wissenschaftsgläubig zu werden. Das ist wichtig für alle Wissenschaftler, besonders aber für Theologinnen und Theologen.

Zu den Grundprinzipien wissenschaftlicher Arbeit gehören die Anwendung reflektiert eingesetzter Methoden, die logische Argumentation und der genaue Nachweis der einzelnen Stationen auf dem Weg des Erkenntnisgewinns. Das wissenschaftlich Erarbeitete muss nachprüfbar sein, so dass es jeder nachvollziehen kann und dabei im Idealfall zu denselben Ergebnissen kommt.

2. Umgang mit Literatur

Wer studiert, bekommt es mit Büchern zu tun, mit vielen Büchern. Fast zu jedem Thema, das im Studium behandelt wird, gibt es auch ein Buch, ja mehrere oder sogar viele. Geeignete Bücher bekommt man von Dozierenden empfohlen, man muss aber auch in der Lage sein, selbst Literatur zu einem Thema zu finden.

a) Literatursuche

Wie sucht und findet man Literatur zu einem bestimmten Thema? Die
Suche ist heute komfortabler denn je. Fast alle Bibliotheken haben ihren
Bücherbestand inzwischen ganz oder teilweise und dann vor allem die
neueste Literatur elektronisch erfasst, und man kann am Computer, sogar
per Internet von zu Hause aus, in den Beständen der Bibliotheken eine
Stichwortsuche durchführen. Ein großer Vorteil dieses Vorgehens besteht
darin, dass man nicht nur Literatur zum Thema findet, sondern dass man
gezielt die Literatur findet, die vor Ort vorhanden und in der Regel ausleih-
bar ist und die durch einfaches Anklicken gleich bestellt werden kann.

Bibliothekskataloge

Über das Internet lassen sich auch die Kataloge fremder Bibliotheken
durchstöbern, die mit theologischer Literatur unter Umständen besser be-
stückt sind als die eigene. Hierbei empfiehlt sich besonders die Universitätsbibliothek Tübingen, für die Theologie eine der besten, auch mit internationaler Literatur ausgestatteten Bibliotheken.

Sachkataloge

Als Ergänzung zur modernen Methode der themenbezogenen Literatursuche am Computer gibt es in manchen Bibliotheken noch so genannte
Sachkataloge. Das sind aus Karteikarten bestehende Kataloge, in denen Literatur nach Sachgesichtspunkten unter Schlagworten geordnet wurde. Relevant sind sie für noch nicht elektronisch erfasste Bestände. Neben Sach-
katalogen gibt es in den meisten Bibliotheken auch noch alphabetisch geordnete Kataloge, in denen die Bücher unter den Namen der Verfasser oder
der Herausgeber verzeichnet sind. Diese braucht man, wenn man einen
konkreten Titel sucht, der zu einem noch nicht elektronisch erfassten Bestand gehört.

Wer den geschilderten Weg der Literatursuche geht, steht schnell vor
einem neuen Problem: Für manche Themen gibt es viel zu viel Literatur,
und man weiß nicht, wie man unter dem Gefundenen auswählen soll.
Welche Bücher sind gut, welche weniger? Nicht immer ist das neueste
Werk auch das beste. Nicht jedes Werk eignet sich als Lehrbuch für die
Hand der Studierenden; in der Regel ungeeignet, da meistens viel zu kom-
pliziert, sind Dissertationen (in elektronischen Verzeichnissen meist als
„Diss." ausgewiesen). Nicht jedes Werk spiegelt den Konsens der Forschung, denn manche Autoren vertreten ausgesprochene Außenseiterposi-
tionen. Im Grunde ist die einfache und beliebte Literatursuche mit elektronischen Hilfsmitteln nur für Fortgeschrittene geeignet, die bereits über Kriterien verfügen, unter dem Gefundenen auszuwählen. Welche Alternativen
gibt es, geeignete Literatur zu finden?

Auswahl geeigneter Literatur

Eine zweite Möglichkeit der Suche, ausgehend von einem bestimmten
Thema, bieten die Lesesäle der Universitäts- oder Seminarbibliotheken.
Bibliotheken haben ihre Bestände in der Regel mehrfach aufgeteilt. Es gibt
ein geschlossenes Magazin, zu dem nur Mitarbeitende Zugang haben.
Wer ein Buch aus diesem haben will, muss zunächst über den Katalog
dessen Signatur finden und kann dann bestellen und ausleihen. Es gibt
ferner den so genannten Freihandbereich bzw. das Freihandmagazin. Im
Zuge von Sparmaßnahmen wurden sie in den vergangenen Jahren an vielen Bibliotheken eingerichtet. Hier hat der Benutzer den direkten Zugriff
auf ein Buch, das er ausleihen möchte. Aber auch in diesem Fall muss zu-

Lesesäle

erst über den Katalog die Signatur ermittelt sein. Als dritten Bereich gibt es den Lesesaal mit seinem Präsenzbestand. Die am häufigsten benötigten Bücher sind hier nach Fachgebieten geordnet aufgestellt und stehen zur Benutzung an Ort und Stelle zur Verfügung. Auch innerhalb der Fachgebiete sind hier die Bücher übersichtlich systematisch geordnet. Deswegen eignen sich Lesesäle auch zur Literatursuche. Wer z. B. etwas über den Propheten Jesaja herausbekommen muss, kann im Lesesaal den Bereich der Theologie aufsuchen und findet dort einige Regale, in denen die alttestamentliche Literatur steht. Neben Wörterbüchern und Lexika zum Alten Testament, neben methodischen Einführungen und Gesamtdarstellungen der Geschichte Israels finden sich die verschiedenen einschlägigen Kommentarreihen zu den biblischen Büchern. Ohne großen Suchaufwand kann man auf Literatur über Jesaja zugreifen. Diese Bücher der Präsenzbestände dürfen allerdings häufig nur kurzfristig, zum Kopieren, über Nacht oder über das Wochenende, jedoch nicht für mehrere Wochen ausgeliehen werden.

Lexika Eine weitere Möglichkeit, Literatur zu einem bestimmten Thema zu finden, bieten Nachschlagewerke. Bei fast jedem Thema ist die Suche mit Hilfe eines Lexikons ein geeigneter Weg, gerade für Studierende in den Anfangssemestern. Für die Theologie stehen mehrere Lexika zur Verfügung (s. u. S. 188 f.). Man greift zu einem dieser Lexika, und zwar unbedingt zu einem in neuester Auflage, schlägt dort das entsprechende Thema auf und findet in der Regel am Ende des Artikels eine Auswahl der für das Thema relevanten Literatur. Sie wurde von Fachleuten vorgenommen, so dass man sich als Studierender in der Regel darauf verlassen kann, hier nur gute und nur die wichtigste Literatur genannt zu bekommen.

Wer ein Buch zu seinem Thema gefunden hat, dem erschließt sich mit dessen Hilfe rasch weitere thematisch relevante Literatur. Die Literatursuche mit Hilfe eines Buches, das man bereits besitzt, ist die vierte Möglichkeit, Literatur zu einem Thema zu finden. Insbesondere von einem neueren Buch ausgehend, findet man weitere, ältere Literatur, denn fast jedes Buch verfügt über ein thematisch ausgerichtetes Literaturverzeichnis. Sehr schnell macht man die Erfahrung: Es gibt – zu den meisten Themen – mehr Literatur, als man zunächst gedacht hat.

Bibliografien Als fünfte Möglichkeit der Literatursuche bieten sich Bibliografien an. Geeignet ist diese Form der Suche jedoch nur für fortgeschrittene Studierende, geboten ist sie für Doktorierende und wissenschaftlich Tätige. Bibliografien sind gedruckte oder elektronische Verzeichnisse der für ein Fachgebiet oder einen größeren Themenkomplex relevanten Literatur, und zwar in der Regel nicht nur der relevanten Bücher, sondern auch der relevanten Aufsätze und sogar der Lexikonartikel. In der Theologie gibt es verschiedene Bibliografien, die einmal erstellt wurden oder in Fortsetzung regelmäßig erscheinen. Ein Beispiel ist die im belgischen Löwen seit dem Jahr 1900 erscheinende große kirchengeschichtliche Bibliografie ›Revue d'histoire ecclésiastique‹ (RHE), die nach Epochen, Regionen und Themen übersichtlich gegliedert nahezu alles präsentiert, was weltweit zu kirchengeschichtlichen und verwandten Themen erscheint.

Bibliografien sind in sich systematisch geordnet. Grundsätzlich findet man in ihnen alles, was zu einem bestimmten Thema geschrieben wurde.

Eine Bibliografie benutzt also in erster Linie derjenige, der Vollständigkeit anstrebt oder Literatur zu einem sehr speziellen Thema sucht, zu dem es kaum welche gibt. Eine Bibliografie benutzt ferner, wer sich regelmäßig über Neuerscheinungen informieren und den Gang der Forschung verfolgen will. Theologisch relevante Zeitschriftenaufsätze werden auch durch den Tübinger Zeitschrifteninhaltsdienst Theologie (ZID) erfasst. Es handelt sich um eine Datenbank mit allen dazugehörenden Recherchemöglichkeiten, die allerdings nicht frei im Internet zugänglich ist, sondern gekauft werden muss. An größeren Universitäten, nicht nur an theologischen Fakultäten, ist sie jedoch häufig vorhanden und intern benutzbar. Nähere Informationen findet man u. a. auf der Homepage der Universitätsbibliothek Tübingen. Eine Einführung in die Literatursuche hat Gerhard Schwinge veröffentlicht (›Wie finde ich theologische Literatur?‹, [3]1994).

Zuletzt soll noch auf zwei umfassende elektronische Hilfsmittel hingewiesen werden, die sich fortgeschrittenen Studierenden für die gezielte Suche nach Literaturtiteln empfehlen: der Karlsruher Virtuelle Katalog (KVK) und das Verzeichnis lieferbarer Bücher (VLB). Letzteres nennt alle VLB im Buchhandel erhältlichen deutschsprachigen Bücher. Man kann sich hier rasch informieren, ob es von einem bestimmten Buch inzwischen eine neue Auflage gibt, oder was ein evtl. anzuschaffendes Buch kosten würde. Auch über die neuesten Publikationen eines Dozierenden, mit dem man zu tun hat, kann man sich kundig machen. Das Verzeichnis steht gedruckt in Bibliotheken zur Verfügung. Im Internet erreicht man es auf folgendem Pfad: http://www.mvb-vlb.de/. Als Variante des VLB steht auch ein weiteres Buchhändlerverzeichnis zur Verfügung: http://www.buchhandel.de/.

Der Karlsruher Virtuelle Katalog (KVK) ist ein umfassender, weltweit ausgerichteter Verbundkatalog, der im Prinzip alle elektronisch erfassten Bücher erschließt, alte und neue, lieferbare und vergriffene. Einsetzen kann man ihn, wenn ein Buch in der örtlichen Bibliothek nicht vorhanden ist und man wissen will, ob es in einer anderen erreichbaren steht. Brauchbar ist er auch, wenn man nur über ungenaue oder fehlerhafte Titelangaben verfügt und präzise bibliografieren möchte. Doch Vorsicht ist geboten: Die Arbeit mit dem Katalog ist nicht ganz einfach, da die verbundenen Bibliothekskataloge unterschiedlich gestaltet sind und nicht auf alle Suchkriterien (z. B. Verlag, Jahr) gleichermaßen reagieren. Außerdem ist auch dieser Katalog natürlich nicht vollständig, da bislang nicht alle Bücher elektronisch erfasst wurden. Es gibt Bibliotheken, die nur die ganz alten Bücher erfasst, und solche, die sich auf die neuen konzentriert haben. Besonders schwierig ist es, auf elektronischem Weg Bücher zu suchen, die zwischen 1850 und 1970 erschienen sind. Es ist denkbar, dass man bei der elektronischen Literatursuche kein erreichbares Exemplar eines bestimmten Buches findet, das man für eine anstehende Aufgabe braucht, und dass es doch am eigenen Hochschulort vorhanden ist. Im Internet erreicht man den KVK auf folgendem Pfad: http://www.ubka.uni-karlsruhe.de/kvk.html. Im KVK ist übrigens das VLB nicht integriert, da der traditionelle Buchhandel sich nicht auf die Ebene der dort berücksichtigten konkurrierenden Internet-Buchhandlungen stellen möchte. Einbezogen sind jedoch antiquarische Buchangebote. Medien aus kirchlichen Bibliotheken in Deutschland und

VThK Österreich weist der Virtuelle Katalog Theologie und Kirche (www.vthk.de) nach.

Auflagen-bezeichnungen Manche Bücher haben verschiedene Auflagen oder wurden mehrfach gedruckt. Welche Auflage soll man dann benutzen? Falls es sich bei Neuauflagen um bloße Nachdrucke handelt, ohne dass Veränderungen vorgenommen wurden, kann man eine beliebige Auflage verwenden. Ansonsten greift man in der Regel zur neuesten. Ob Veränderungen vorgenommen wurden, erfährt man aus dem Titelblatt oder aus der ihm folgenden Seite, die das Impressum enthält. Es gibt „veränderte" (ver.), „bearbeitete" (bearb.), „aktualisierte" (aktual.), „vollkommen neu gestaltete" oder auch nur „durchgesehene" (durchges.), „verbesserte" (verb.), „korrigierte" (korr.) oder „berichtigte" (ber.) Auflagen. In jedem dieser Fälle wurden jedoch mehr oder weniger umfangreiche Veränderungen vorgenommen. Nur wenn ausdrücklich von einem „Nachdruck" (Nachdr.) oder einem „Reprint" (Repr.) die Rede ist oder von einer „unveränderten" (unver.) Neuauflage, kann man davon ausgehen, dass alles so dasteht wie in der älteren Auflage. Grundsätzlich verwendet man also in der wissenschaftlichen Arbeit die neuesten, aktuellsten und damit in der Regel auch besten Ausgaben. Es gibt aber Ausnahmen von dieser Regel, denn es sind Fragestellungen denkbar, bei denen nicht interessiert, was ein Autor heute zu einem Thema sagt, sondern das, was er vor zehn, zwanzig oder gar fünfzig Jahren dazu gesagt hat. Dann muss man zur älteren Auflage greifen. Bei manchen Fragestellungen kann es sogar geboten sein, die Positionsveränderungen eines Autors von einer Auflage zur nächsten zu verfolgen und kommentierend auszuwerten. Doch dieser Fall tritt nur bei speziellen Themen auf.

divergierende Ausgaben [margin]

b) Bücher kaufen?

Ein Wort zum Bücherkauf. Für jeden Studierenden empfiehlt sich der Aufbau einer kleinen Handbibliothek, die nicht für das Studium, sondern auch für den späteren Beruf hilfreich sein wird. Bücher sind in der Regel teuer, aber es gibt auch preiswerte Verlage und Reihen und es gibt von besonders erfolgreichen Büchern vergünstigte Sonderausgaben. In so genannten modernen Antiquariaten kann man zu sehr günstigen Preisen Bücher kaufen, entweder Mängelexemplare, d.h. leicht beschädigte Stücke, oder Bücher aus Buchbeständen, die von den Verlagen – oft schon wenige Jahre nach dem Erscheinen – aus ökonomischen Gründen abgestoßen wurden. Moderne Antiquariate gibt es in größeren Universitätsstädten und als Versandbuchhandlungen (theologisch relevante Literatur bieten u.a.: Akzente, Lahnstein; Skulima, Westhofen). Auch in traditionellen Antiquariaten und einfachen Second-Hand-Buchhandlungen oder entsprechenden Bücherständen auf Flohmärkten und vor der Universitätsmensa kann man mitunter ein echtes Schnäppchen machen und wichtige Bücher von bleibendem Wert in einem gut erhaltenen Zustand zu einem günstigen Preis erwerben. Viele Antiquariate stellen ihre Angebote inzwischen ins Internet und ermöglichen eine problemlose Bestellung und die Bezahlung gegen Rechnung (www.zvab.com, www.antiquariate.de).

Antiquariate [margin]

Für die Anschaffung empfehlen sich vor allem Lexika, Überblickswerke,

Lehrbücher und Quellensammlungen und natürlich Bücher, die für die spätere Arbeit von unmittelbarer praktischer Relevanz sind. Dazu gehören für Studierende, die den Dienst in der Gemeinde anstreben, Kommentare zu biblischen Büchern und Predigthilfen, und für Studierende, die in der Schule arbeiten werden, Unterrichtsmodelle für den Religionsunterricht. Ferner empfiehlt sich die Anschaffung einzelner zentraler theologischer Werke aus Geschichte und Gegenwart. Evangelische Studierende sollten einige Werke Luthers besitzen und katholische wenigstens Thomas von Aquin und einiges aus der Feder großer katholischer Theologen des 20. Jahrhunderts. Unabdingbar ist ferner für katholische Theologen der Denzinger-Hünermann, das zweisprachige ›Kompendium der Glaubensbekenntnisse und kirchlichen Lehrentscheidungen‹ ([39]2001), und für evangelische die Sammlung ›Die Bekenntnisschriften der evangelisch-lutherischen Kirche‹ ([12]1999), kurz BSLK, oder wenigstens die populäre Ausgabe der Bekenntnisschriften ›Unser Glaube‹ ([4]2000). Im Einzelfall kann auch die Anschaffung einer Monografie erwägenswert sein, z. B., wenn man sich für ein Thema oder einen Autor stark interessiert und ein Buch wirklich durcharbeiten will.

Anschaffungs-vorschläge

c) Lesen und Bearbeiten von Büchern

Dem Suchen folgt das Auswerten, dem Finden das Lesen. Auch das Bücherlesen will gelernt sein. Als Grundregel gilt für Studierende am Anfang des Studiums: Besser wenige, nicht zu umfangreiche Bücher gründlich durcharbeiten, als in vielen Büchern nur zu blättern oder sie nur anzulesen. Bücherlesen ist anstrengend. Viele Studierende lesen deshalb zu wenig. Das hat aber negative Konsequenzen für den Studienerfolg.

Grundsätzlich gibt es zwei Möglichkeiten, mit Büchern umzugehen: das genaue Lesen von vorne bis hinten und das gezielte Auswerten. Studierende der Anfangssemester müssen sich zunächst im genauen Lesen üben. Ein Buch gründlich zu lesen heißt, es Satz für Satz langsam zu lesen und dabei das Gelesene zu bedenken. In der Regel bearbeitet man dabei den Text durch Anstreichungen im Buch oder durch Exzerpieren.

Anstreichungen sind natürlich nur möglich in einem Buch, das man selbst besitzt, also gekauft oder kopiert hat. Streng verboten ist es, ausgeliehene Bücher mit Anstreichungen zu versehen, auch wenn sie „nur" mit Bleistift vorgenommen würden. Sie sind ärgerlich für spätere Benutzer, insbesondere für solche, die sich Texte aus dem Buch kopieren wollen, und können auch teuer zu stehen kommen. In Bibliotheken werden Bücher bei der Rückgabe zumindest stichprobenweise durchgeblättert. Werden dabei Anstreichungen entdeckt, ist der Entleiher zum Schadenersatz verpflichtet. Insbesondere bei nicht mehr käuflichen Büchern kann dies teuer werden, denn sie müssen aus Antiquariaten beschafft oder durch Kopieren neu hergestellt werden.

Anstreichen in Büchern

Wie geht man vor, wenn man ein eigenes Buch mit Anstreichungen bearbeitet? Jeder entwickelt da im Laufe der Zeit seine eigene Methode. Wichtige Dinge (Namen, Zahlen, Stichwörter, Thesen) werden durch An- oder Unterstreichen hervorgehoben. Eventuell kann man dabei auch verschiedene Farben einsetzen und wichtigen Dingen zuordnen (Namen, Zahlen etc.). Am besten eignen sich dafür so genannte Textmarker, spezielle Filzstifte mit leuchtenden, nicht deckenden Farben. Bei besonders wichtigen Sachverhalten kann man am Rand ein Ausrufezeichen setzen. Textstellen, die man gern hinterfragen möchte, versieht man mit Wellenlinien und/oder Fragezeichen am Seitenrand. Ein auf diese Weise bearbeitetes Buch oder ein so bearbeiteter Text eignet sich für die spätere rasche Durchsicht und für das Lernen vor Prüfungen. Wer während seines Studiums sukzessive die grundlegende Literatur so durcharbeitet, hat also später bei der Examensvorbereitung weniger Mühen.

Exzerpieren von Texten Als Alternative zum Anstreichen gibt es die klassische Methode des Exzerpierens. In früheren Zeiten, als man noch nicht kopieren konnte und der Etat der Studierenden kaum Bücherkäufe zuließ, wurde überwiegend diese Technik angewandt, um Bücher durchzuarbeiten und sich anzueignen. Sie ist auch heute noch empfehlenswert, da man dabei das Gelesene noch besser aufnimmt und verarbeitet und sich selbst ein noch besseres Hilfsmittel für die spätere Examensvorbereitung schafft. Beim Exzerpieren legt man ein DIN-A4-Blatt oder eine DIN-A5-Karteikarte neben den Text und notiert sich stichwortartig wichtige Sachverhalte, Namen, Zahlen. Zentrale Aussagen werden ganz abgeschrieben. Auf diesem schriftlichen Auszug aus dem Werk, dem so genannten Exzerpt, strukturiert man den Stoff gleichzeitig auf eine optisch einprägsame Weise durch Groß- und Kleinschrift, durch Einrücken, Spiegelstriche, Farben usw. Der Fantasie sind keine Grenzen gesetzt. Wenn man eher großzügig mit dem vorhandenen Platz umgeht, hat man die Möglichkeit, später weitere auf das Thema bezogene Informationen in das Exzerpt einzubauen. So gestaltete Exzerpte sind eine ideale Hilfe bei der Examensvorbereitung. Insbesondere Personen mit einem gut entwickelten fotografischen Gedächtnis werden von grafisch durchdacht gestalteten Exzerpten profitieren, da sich im Gedächtnis Inhalte fest mit der äußeren Form verknüpfen und dadurch leichter abrufbar werden.

gezielte Auswertung von Literatur Neben dem gründlichen Lesen gibt es als Methode für Fortgeschrittene die gezielte Auswertung eines Buches. Im fortgeschrittenen Studium und insbesondere, wenn man größere schriftliche Arbeiten verfasst, liest man nur noch wenige Bücher von vorne bis hinten durch, sondern wertet sie gezielt unter bestimmten Fragestellungen aus. Im Inhaltsverzeichnis sucht man die relevanten Kapitel heraus, man liest das Vor- und das Nachwort, die Einleitung und den Schluss, man achtet auf Zusammenfassungen von Ergebnissen am Ende der einzelnen Kapitel, man sucht in den Registern nach relevanten Orts- und Personennamen, nach relevanten Bibelstellen und Sachbegriffen. Auch diese Methode muss im Studium gelernt und geübt werden. Für die gezielte Auswertung eignen sich manche Bücher mehr, andere weniger. Leider gibt es Bücher, die kaum für eine gezielte Auswertung geeignet sind, weil Überschriften ungeschickt formuliert und auf Zusammenfassungen und Register verzichtet wurde. Solche Bücher offenbaren die mangelhafte schriftstellerische Begabung ihrer Verfasser und die mangelhafte lektorale Betreuung durch den jeweiligen Verlag.

Das Lesen von Büchern will geübt sein. Infolge der unruhigen und flüchtigen Medienkultur, in der wir leben, sind die meisten Menschen nicht mehr in der Lage, längere Zeit konzentriert zuzuhören und längere Zeit konzentriert zu lesen. Beides ist aber notwendig, wenn man mit Gewinn und Erfolg studieren möchte. Das disziplinierte Lesen kann erlernt werden. Wenn man sich zu Semesterbeginn entschieden hat, parallel zu einer Vorlesung ein bestimmtes Buch zu lesen, sollte man sich einen Zeitplan erstellen und ein Pensum festlegen, wie viele Seiten pro Tag oder pro Woche bewältigt werden sollen, und diesem Plan dann konsequent folgen. Sobald man hinterherhinkt, muss man sich selbst unter Druck setzen, um aufzuholen, sobald man aber das Wochenpensum erfüllt hat, kann man getrost die Freizeit genießen und etwas anderes tun. Ein solch disziplinierter Umgang mit der Zeit ist eine gute Übung für die Examensvorbereitung und die spätere Berufstätigkeit.

Disziplin bei der Arbeit

d) Titelangaben

Studierende müssen nicht nur lernen, Literatur zu suchen, zu lesen und auszuwerten, sondern auch, Literaturtitel korrekt zu zitieren und in eine selbst gestaltete Bibliografie aufzunehmen. Jede schriftliche Arbeit, selbst ein schriftlich ausgearbeitetes Kurzreferat, enthält eine kleine Bibliografie, ein Literaturverzeichnis, welches die benutzte Literatur nachweist. Es ist in der Regel zweigeteilt in Quellen und Sekundärliteratur. Manchmal erfolgt auch eine Dreiteilung, indem zusätzlich die Hilfsmittel (Wörterbücher, Bibelausgaben etc.) von der Sekundärliteratur getrennt werden. Die einzelnen Verzeichnisse werden in sich alphabetisch (in seltenen Fällen chronologisch) geordnet.

Literaturnachweise

Der redliche und korrekte Nachweis der verwendeten Literatur ist ein wichtiges Element der wissenschaftlichen Arbeit, denn nur so ist es einem Dritten möglich, das Gesagte oder Geschriebene nachzuprüfen. Bei der Aufnahme von Literaturtiteln und der Gestaltung einer solchen Mini-Bibliografie kann nicht nach Gutdünken verfahren werden. Man darf nicht einfach Titelblätter von Büchern abschreiben und oder eigene Gestaltungsregeln schaffen, sondern muss sich innerhalb gewisser Konventionen bewegen. Für Studierende der Anfangssemester kann die Aufnahme von Literaturtiteln schwierig sein, denn es gibt kein einfaches und verbindliches Regelsystem, sondern verschiedene Wissenschaften gehen unterschiedlich vor, und jeder Dozent und jeder Buchautor hat seine Besonderheiten. Grundsätzlich gilt: Die Titelangabe muss einheitlichen Regeln folgen und so ausführlich sein, dass ein Auffinden des gemeinten Buches oder Textes eindeutig und ohne größeren Aufwand möglich ist.

Einheitlichkeit und Eindeutigkeit

Auf jeden Fall gehören zur Titelangabe von Büchern Name und Vorname des Verfassers, Titel, Erscheinungsort und Erscheinungsjahr. Der Vorname sollte ausgeschrieben werden, denn im Falle einer Abkürzung ist für den Leser nicht mehr eindeutig erkennbar, um wen es sich handelt. Es ist z.B. nicht erkennbar, ob es sich um einen Mann oder eine Frau handelt, was bei manchen Themen (vor allem bei frauengeschichtlichen und feministisch-theologischen) nicht irrelevant ist. Auch das Auffinden des Titels in einem traditionellen Katalog, der noch aus Karteikarten besteht, kann schwierig werden, wenn z.B. ein „H. Müller" oder ein „M. Schmidt" ge-

Namen

sucht werden muss. Man hat lange zu blättern, um in solchen Fällen den gemeinten Titel zu finden. Vornamen, zumindest der erste Vorname, sollten also in einer Bibliografie ausgeschrieben werden. Was macht man aber, wenn der Vorname auf dem Titelblatt selbst nur in abgekürzter Form vermerkt wurde? Bei älteren Büchern ist das nicht selten der Fall. Solche abgekürzten Vornamen müssen eigenständig ergänzt werden. Man muss also recherchieren, wie der Mann oder die Frau heißt. Das ist in der Regel nicht schwierig, da Bibliothekskataloge, das Internet oder Lexika rasch weiterhelfen. Aber Vorsicht ist geboten, denn es kann unter Umständen geschehen, dass man eine falsche Identifizierung und damit eine falsche Namensergänzung vornimmt. Aus diesem Grund wird der selbstständig ergänzte Teil des Vornamens mit einer eckigen Klammer versehen (Beispiel: H[erbert] Müller). Der Leser der Bibliografie weiß dann, dass eine Ergänzung vorgenommen wurde. In der Regel genügt es, den ersten Vornamen zu ergänzen und auszuschreiben. Zu beachten ist bei der Aufnahme des Namens ferner, dass Titel und Funktion generell nicht mit genannt werden. In älteren Büchern wird bei den Autoren manchmal der Magistertitel (M.), der Doktortitel (Dr., D.) oder die Berufsbezeichnung Pfarrer (Pfr.) oder Pater (P.) angeführt. Sie werden generell nicht übernommen. In der katholischen Literatur ist es noch verbreitet, hinter den Namen gegebenenfalls auf die Ordenszugehörigkeit hinzuweisen, z. B. OSB bei einem Benediktiner. Auch dies wird bei der Titelangabe nicht berücksichtigt. Ein weiterer, letzter Punkt, der zu beachten ist: Handelt es sich bei der Person nicht um einen Autor, sondern um einen Herausgeber, so muss dieser als solcher bezeichnet werden. Hinter dem Namen steht dann in runden Klammern „Hg." oder „Hrsg.".

Titel und Funktion

Bei der Titelangabe ist nicht nur der Haupttitel des Buches zu nennen. Manche Bücher haben zwei oder sogar drei Titel, weil auf den Haupttitel Untertitel folgen. Häufig enthält nicht der Haupt-, sondern der Untertitel die eigentlichen Informationen darüber, um welches Thema es in dem Buch geht, denn Haupttitel werden unter Marketinggesichtspunkten gern so formuliert, dass sie Aufmerksamkeit erregen. Deswegen muss der Untertitel genannt werden. Wichtig ist ferner, den Titel nicht so zu zitieren, wie er auf dem Umschlag oder Einband steht, sondern sich an die Titelformulierung auf dem Titelblatt zu halten. Umschlagtitel sind nämlich manchmal gekürzt oder verzichten auf Satzzeichen. Von der Regel, dass zuerst der Autor und dann der Titel genannt wird, gibt es Ausnahmen. Bei Büchern, die primär unter ihrem Titel bekannt sind, z. B. bei Nachschlagewerken, nennt man den Autor oder die Autoren erst nach dem Titel.

Haupt- und Untertitel

Der Erscheinungsort ist ebenfalls eine wichtige Information, die in keiner Titelangabe fehlen darf. Der Ort wird genannt, um ein Buch einem Verlag zuordnen zu können. Wie zur Identifizierbarkeit einer Person ihr Geburtsort gehört, so zur Identifizierbarkeit eines Buches sein Erscheinungsort. Werden mehrere Orte genannt, so zählt man sie entweder alle auf oder beschränkt sich auf den erstgenannten, den Haupterscheinungsort. Anders als in früheren Zeiten ist es heute allerdings nicht mehr möglich, aus dem Ort auf einen Verlag zu schließen. Alle größeren Städte beheimaten heutzutage mehrere Verlage. Aus diesem Grund spricht vieles dafür, außer dem Erscheinungsort auch den Verlag zu nennen. Die Verlagsangabe gibt dem

Ort und Verlag

Leser einer Bibliografie wichtige Informationen, denn über den Verlag lässt sich der Charakter eines Buches einigermaßen einschätzen. Es gibt Verlage, die sich auf eine bestimmte wissenschaftliche Disziplin spezialisiert haben und z. B. vorwiegend historische oder sprachwissenschaftliche oder eben theologische Werke veröffentlichen. Im Bereich der Theologie existieren Verlage, die nur streng wissenschaftliche Literatur produzieren (z. B. Mohr), und andere, die vorwiegend fromme, erbauliche Werke herausgeben (z. B. Hänssler). Es gibt Verlage, die vor allem katholisch-theologische Werke produzieren (z. B. Herder), und solche, die fest mit der evangelischen Theologie verbunden sind (z. B. Neukirchener). Wenn man den Verlag weiß, in dem ein Buch erschienen ist, kann man daraus also brauchbare Rückschlüsse auf die Eigenart des Buches ziehen. Die Verlagsnennung bei Titelangaben hat sich allerdings im Studien- und Publikationswesen der Theologie noch nicht durchgesetzt.

Unbedingt muss das Erscheinungsjahr genannt werden. Erst diese Jahresangabe macht ein Buch eindeutig identifizierbar und ermöglicht seine Einordnung in die Forschungsgeschichte. Manche Bücher sind mehrfach erschienen, in verschiedenen Jahren. Falls dies der Fall ist, muss bei der Titelangabe außer dem Jahr auch die benutzte Auflage ausdrücklich genannt werden. Anders gesagt: Hat ein Buch nur eine einzige Auflage, wird dies nicht ausdrücklich erwähnt, hat ein Buch aber mehrere Auflagen, muss genau gesagt werden, welche Auflage man benutzt. Die Auflage kann auf zwei unterschiedliche Weisen angegeben werden. Empfehlenswert ist die ausführliche Variante, die wenn auch unter Verwendung von einschlägigen Abkürzungen (s. o. S. 168) alles Wesentliche zur Charakterisierung dieser Auflage sagt und vor dem Erscheinungsort platziert wird (Beispiel: 3., verb. u. erw. Aufl.). Wichtig ist in diesem Fall das Komma nach der Zählung, vor der Charakterisierung, denn es gibt nicht drei verbesserte Auflagen, sondern nur die dritte wurde verbessert. Vertretbar ist aber auch die einfache Auflagenbezeichnung durch die hochgestellte Auflagenzahl vor (oder auch nach) dem Erscheinungsjahr (Beispiel: ⁴2003). Bei Lexika ist es üblich, die Auflage durch eine Hochzahl nach der Titelabkürzung zu bezeichnen (Beispiel: LThK³).

Am Schluss einer Titelangabe steht gegebenenfalls die Reihe, in der das Buch erschienen ist. Viele wissenschaftliche Bücher erscheinen in bekannten Reihen, die einem bestimmten Verlag zugehören und einen oder mehrere prominente Herausgeber haben. Ein Beispiel aus der evangelischen Theologie ist die renommierte, seit 1929 erscheinende Reihe ›Beiträge zur historischen Theologie‹, die dem Tübinger Mohr-Verlag gehört und zurzeit von dem Kirchenhistoriker Albrecht Beutel herausgegeben wird. Die Angabe der Reihe erfolgt ohne einleitendes „in:" und ohne Angabe des Herausgebers in einer runden Klammer am Schluss der Titelangabe. Genannt werden der Reihentitel, wobei gern Abkürzungen verwendet werden, und die Bandzählung. Ein Beispiel: (BHTh, Bd. 95) oder: (Beiträge zur historischen Theologie; 95). Abkürzungen sind oftmals verwirrend, und sie werden leider uneinheitlich gehandhabt. Für die Entschlüsselung aufgefundener Abkürzungen und für die Gestaltung eigener empfiehlt sich das ›Abkürzungsverzeichnis‹ (²1994) der TRE (s. u. S. 188), zusammengestellt von Siegfried Schwertner.

Jahr und Auflage

Reihentitel

Formalien   Wie bereits ausgeführt, kann bei der formalen Gestaltung von Literaturnachweisen, d. h. bei der Reihenfolge der Einzelangaben und bei der Verwendung von Punkt, Doppelpunkt und Komma, unterschiedlich vorgegangen werden, solange man sich im Rahmen des im jeweiligen Fach Üblichen
bewegt. Im Zweifelsfall konsultiert man eine wissenschaftliche Veröffent-
lichung des Dozierenden, bei dem man die Arbeit schreibt. Seit 1984 gibt
DIN-Norm   es für die Gestaltung von Literaturnachweisen allerdings die DIN-Norm ›Titelangaben von Dokumenten: Zitierregeln‹ (Nr. 1505, Teil 2), die sich im Bi-
bliothekswesen inzwischen stark, im Publikationswesen jedoch nur begrenzt durchgesetzt hat (Details hierzu bei Raffelt: Theologie studieren,
68–84). Sie enthält einige unmittelbar einsichtige Festlegungen, aber auch
gewöhnungsbedürftige, fremdartige Regelungen. Dazu gehört die Unterscheidung zwischen Satzzeichen und so genannten Deskriptionszeichen.
Als Deskriptionszeichen werden an bestimmten Stellen der Titelangabe der
Doppelpunkt und das Semikolon eingesetzt. Bei dieser Verwendung stehen
sie nicht direkt hinter dem Wort, sondern zuvor kommt eine Leerstelle (Spatium). Auf diese Weise werden z. B. Haupt- und Untertitel – durch Spatium,
Doppelpunkt, Spatium (Beispiel: Theologie studieren : Eine Einführung) –
voneinander getrennt oder zwei Autoren – durch Spatium, Semikolon, Spatium (Beispiel: Hans Müller ; Christian Schmid). Auch Bandangaben mit den
dazugehörenden Bandtiteln und die unterschiedlichen Erscheinungsjahre
verschiedener Bände können so hintereinander gestellt werden (Beispiel:
Bd. 1 : Die Anfänge ; Bd. 2 : Die Folgen). Das Semikolon trennt gleichrangige
Angaben, der Doppelpunkt nach- oder untergeordnete. Diese Regeln ermöglichen es, eine Fülle von detaillierten Informationen auf einheitliche
und eindeutige Weise in einer Titelangabe unterzubringen und auch
schwierige Fälle zu lösen. Jedem Studierenden begegnen die vor zwanzig
Jahren aufgestellten Regeln bei der Titelpräsentation im Impressum neuerer
Bücher und bei Titeln, die mit elektronischen Literaturrecherchen gefunden
werden. Schon deswegen ist es sinnvoll, sich mit ihnen vertraut zu machen.
Seltener begegnen Titelangaben nach diesen Regeln in gedruckten Werken.
Ob man sich ihnen ganz, teilweise (bei den einleuchtenden Punkten) oder
gar nicht anschließt, kann jeder selbst entscheiden. Solange ein Literaturverzeichnis formal nach klaren, einheitlichen Regeln gestaltet ist und inhaltlich
die notwendigen Informationen in der gebotenen Ausführlichkeit enthält,
kann jeder nach eigenem Geschmack vorgehen.

Schemen   Schema einer in der Theologie verbreiteten Form der Titelangabe:
und Beispiele   Name, Vorname: Haupttitel. Untertitel. Ort, Auflagenbezeichnung [falls
        mehrere Auflagen erschienen] Jahr (Reihentitel, Bandzählung).
    Beispiel:
        Hauck, Friedrich u. Schwinge, Gerhard: Theologisches Fach- und Fremd-
        wörterbuch. Mit einem Verzeichnis von Abkürzungen aus Theologie und
        Kirche. Göttingen ⁹2002.
    Schema einer Titelangabe nach der DIN-Norm:
        Name, Vorname: Haupttitel : Untertitel. Auflagenbezeichnung [falls meh-
        rere Auflagen erschienen]. Ort : Verlag, Jahr (Reihentitel ; Bandzählung).
    Beispiel:
        Hauck, Friedrich ; Schwinge, Gerhard: Theologisches Fach- und Fremd-

wörterbuch : Mit einem Verzeichnis von Abkürzungen aus Theologie und
Kirche. 9., aktual. Aufl. Göttingen : Vandenhoeck & Ruprecht, 2002.
Auch folgende Form ist möglich:
Theologisches Fach- und Fremdwörterbuch : Mit einem Verzeichnis von
Abkürzungen aus Theologie und Kirche / Friedrich Hauck ; Gerhard
Schwinge. 9., aktual. Aufl. Göttingen : Vandenhoeck & Ruprecht, 2002.

Die bisherigen Ausführungen bezogen sich auf richtige Bücher, auf so
genannte selbstständige bibliografische Einheiten. Das sind Veröffentlichungen, die man unter ihrem Verfasser oder unter ihrem Titel in Katalogen findet. Einen Aufsatz oder einen Lexikonartikel findet man allerdings
nicht in einem Katalog, er wird deswegen als unselbstständig bezeichnet.
Bei so genannten unselbstständigen bibliografischen Einheiten muss man
bei der Titelangabe weitere Regeln beachten. Man beginnt zwar auch hier
mit dem Verfasser und dem Titel, aber dann kommt ein entscheidendes
„In:". Danach folgt die größere, die selbstständige bibliografische Einheit,
also das Buch oder die Zeitschrift, in der sich der Aufsatz oder Artikel befindet. Sie muss man auch in den Katalogen suchen, wenn man den Text
lesen will. Nach dem „In:" wird im Prinzip verfahren wie bei den selbstständigen bibliografischen Einheiten. Am Schluss muss dann aber noch gesagt werden, wo genau, auf welchen Seiten (oder Spalten), der Aufsatz
oder der Artikel steht. Hier genügt es nicht, nur den Beginn, also die erste
Seite zu nennen (Beispiel: S. 23 ff.), sondern es muss der genaue Umfang
des Beitrags angegeben werden (Beispiel: S. 23–39).
  Bei Zeitschriften und Lexika beschränkt man sich auf die Angabe von
Titel, Band und Jahr und nennt nicht Herausgeber, Verlag und Erscheinungsort. Hier unterscheidet sich die DIN-Norm kaum vom Üblichen.

unselbstständige Einheiten

Schema einer in der Theologie verbreiteten Form der Titelangabe (Aufsatz
  aus einem Buch):
  Name, Vorname: Haupttitel. Untertitel. In: Vorname Name (Hrsg.):
  Haupttitel. Untertitel. Ort, Auflagenbezeichnung [falls mehrere Auflagen
  erschienen] Jahr (Reihentitel, Bandzählung), Seitenzahlen.
Beispiel:
  Peters, Tiemo Rainer: Was ist Theologie? In: Andreas Leinhäupl-Wilke
  und Magnus Striet (Hrsg.): Katholische Theologie studieren. Themenfel-
  der und Disziplinen. Münster/Westf. 2000 (Münsteraner Einführungen:
  Theologie, Bd. 1), S. 105–119.
Schema einer Titelangabe nach der DIN-Norm (Aufsatz aus einem Buch):
  Name, Vorname: Haupttitel : Untertitel. In: Vorname Name (Hrsg.):
  Haupttitel : Untertitel. Auflagenbezeichnung [falls mehrere Auflagen er-
  schienen]. Ort : Verlag, Jahr (Reihentitel ; Bandzählung), Seitenzahlen.
Beispiel:
  Peters, Tiemo Rainer: Was ist Theologie? In: Andreas Leinhäupl-Wilke
  (Hrsg.) ; Magnus Striet (Hrsg.): Katholische Theologie studieren : Themen-
  felder und Disziplinen. Münster/Westf. : Lit, 2000 (Münsteraner Einfüh-
  rungen : Theologie ; 1), S. 105–119.
Schema für einen Zeitschriftenaufsatz:
  Name, Vorname: Titel. In: Titel der Zeitschrift Jahrgangsnummer (Jahr),
  Seitenzählung.

Schemen und Beispiele

Beispiel:
Moltmann, Jürgen: Die Zukunft des Christentums. In: EvTh 63 (2003), S. 110–126.

Schema für einen Lexikonartikel:
Name, Vorname: Titel. In: Titel des Lexikons mit Auflagenangabe Bandzahl (Jahr), Spaltenzählung.

Beispiel:
Wiedenhofer, Siegfried: Theologie. In: LThK³ 9 (2000), Sp. 1435–1444.

Bei Lexikonartikeln findet sich auch folgende Form, die auf den Charakter als Lexikonartikel explizit aufmerksam macht:
Wiedenhofer, Siegfried: Art. „Theologie". In: LThK³ 9 (2000), Sp. 1435–1444.

Formatierungen In den obigen Schemata und Beispielen wurden im Rahmen der Titelangabe keine besonderen Formatierungen wie Kursivschrift, Kapitälchen, Unterstreichungen verwendet. Man kann tatsächlich auf Formatierungen ganz verzichten, kann sie aber auch verwenden. Manchmal werden die Namen durch Kapitälchen hervorgehoben. Die Titel können kursiv geschrieben werden. Ferner ist es gelegentlich üblich, die Titelworte, die in den Anmerkungen als Kurztitel des Werkes verwendet werden, im Literaturverzeichnis zu unterstreichen.

Beispiel:
MOLTMANN, Jürgen: *Die Zukunft des Christentums. In: EvTh 63 (2003), S. 110–126.

Auf die Form der Kurztitel kann auch durch einen ergänzenden Hinweis aufmerksam gemacht werden:
Moltmann, Jürgen: Die Zukunft des Christentums. In: EvTh 63 (2003), S. 110–126. – Zitiert: Moltmann: Zukunft.

3. Mitarbeiten in Vorlesungen und Seminaren

Wer seine universitären Lehrveranstaltungen in einer Konsumhaltung absolviert, hat wenig davon. Am ehesten kann man sich noch in Vorlesungen auf ein bloßes Zuhören beschränken. Es macht durchaus Sinn, in einer Vorlesung nur zuzuhören und sich den Stoff – in der Regel handelt es sich um Überblickswissen – präsentieren zu lassen. Man bekommt ein Gesamtbild vermittelt, das in groben Umrissen und in manchen Details eine Zeit lang im Gedächtnis bleibt. Besser ist es jedoch, bei einer Vorlesung mitzuschrei-

mitschreiben ben. Das Mitschreiben will gelernt und geübt sein. Nur wenige beherrschen Stenografie und können in Windeseile jedes Wort notieren, das aus dem Munde des Dozierenden kommt. Doch dies ist auch gar nicht notwendig. Im Normalfall trifft man beim Mitschreiben eine Auswahl. Man versucht Struktur und Hauptgedanken zu erfassen. Notiert werden Namen, Fachbegriffe, Definitionen, Jahreszahlen, Bibelstellen, Literaturhinweise, Zusammenfassungen. Fortgeschrittene Studierende beschränken sich vielleicht sogar darauf, nur die Dinge zu notieren, die ihnen wirklich neu sind oder die sie für besonders bedenkenswert halten. Übrigens erleichtert das Mitschreiben bei Vorlesungen auch die Konzentration auf den Vortrag und wehrt der möglicherweise eintretenden Müdigkeit. Manche Studierende nehmen den Vortrag des Dozierenden mit einem Kassettenrekorder auf und tippen ihn zu Hause ab. In diesem Fall muss der Dozierende aber vorher um Erlaubnis gefragt werden. Das Gleiche gilt für das wörtliche Mitschreiben auf einem Laptop, denn elektronisch erfasste Texte werden in der Regel auch Dritten zur Verfügung gestellt, und das tangiert das Urheberrecht.

Besonders empfehlenswert ist es, eine Vorlesung durch begleitende Lektüre zu vertiefen. Dazu gibt es verschiedene Möglichkeiten, und meistens machen die Dozierenden auch diesbezügliche Empfehlungen. Denkbar ist, die Vorlesung durch die Lektüre von dazugehörenden Quellentexten oder von dazugehörender Sekundärliteratur zu ergänzen. Sinnvoll kann es ebenfalls sein, parallel zu einer Überblicksvorlesung ein – nicht vom selben Dozierenden stammendes – Buch zum gleichen Thema zu lesen. Dann erfährt man im Prinzip das Gleiche zum zweiten Mal. Redundanz ist für Lernprozesse immer förderlich. Die daneben festgestellten Differenzen schärfen den Blick und ermöglichen es dem Studierenden, an der einen oder anderen Stelle eine Rückfrage an den Dozierenden zu stellen. Durch Melden angezeigte Zwischenfragen sind in Vorlesungen erlaubt, auch wenn der Dozierende nicht ausdrücklich Diskussionen vorgesehen hat. Im Übrigen kann man auch eine Vorlesungspause oder die Zeit unmittelbar nach dem Ende der Vorlesung dazu nutzen, an den Dozierenden eine Rückfrage zu richten. Um ein Gespräch über den vorgetragenen Stoff zu ermöglichen, werden zu manchen Vorlesungen so genannte Kolloquien (Konversatorien) angeboten, in denen ausführlich gefragt und eingehend diskutiert werden kann.

In Seminaren ist bloßes Zuhören in der Regel nicht möglich. Hier wird die aktive Mitarbeit jedes Einzelnen erwartet. Sie besteht in der regelmäßigen Vorbereitung auf die Sitzungen, in der Beteiligung an den Diskussionen, in der Übernahme eines Referats, im Schreiben einer Hausarbeit (Seminararbeit) und in begleitender Lektüre von Quellen und Sekundärliteratur. Je mehr die Studierenden eigenständig arbeiten, desto mehr profitieren sie von der Lehrveranstaltung und desto spannender für alle Beteiligten werden die Sitzungen. Wenn die Studierenden gut vorbereitet sind und sich Kompetenz erworben haben, kann auch der Dozierende durch das gemeinsame Seminar noch etwas lernen. Im Idealfall durchbricht ein Seminar die übliche Einbahnstraße des universitären Wissensflusses und es entsteht eine interaktive Lernatmosphäre, die auch dem Dozierenden neue Erkenntnisse vermittelt.

In vielen Seminaren erwarten die Dozierenden von den Teilnehmenden die Abfassung eines Protokolls. Eine zu einem Seminar erstellte Protokollsammlung dient allen Teilnehmenden als Stütze der Erinnerung, sie ermöglicht es denjenigen, die bei einer Sitzung gefehlt haben, das Versäumte nachzuholen, und sie vermittelt dem Dozierenden einen Eindruck davon, wie gut oder wie schlecht seine Ausführungen verstanden wurden. Protokolle werden in aller Regel, bevor sie vervielfältigt oder abgelegt werden, von den Dozierenden oder ihren Assistierenden gelesen und verbessert. Sie können unterschiedlich gestaltet werden. Z.B. gibt es Verlaufsprotokolle, die möglichst alles festzuhalten suchen, und Ergebnisprotokolle, die nur

begleitende Lektüre

Mitarbeit

Protokoll

wichtige Dinge – eben Ergebnisse – festhalten. Was im Einzelfall verlangt wird, erfährt man vom jeweiligen Dozierenden.

4. Referate

Im Zusammenhang mit Seminaren kommt auf alle Studierende regelmäßig die Aufgabe zu, kürzere oder längere Referate zu halten. Sie sind in dreierlei Hinsicht eine gute Übung: 1. übt man, sich selbstständig in eine bestimmte Thematik einzuarbeiten. 2. übt man, einen Text abzufassen. 3. übt man, vor einer Gruppe ein Thema mündlich zu präsentieren und Rede und Antwort zu stehen. In vielen Studienordnungen werden als Studienleistungen Nachweise über gehaltene Referate verlangt.

Themenwahl   Referatsthemen werden grundsätzlich mit den Dozierenden vereinbart. Das Thema muss ja zur Konzeption des Seminars passen und an einer sinnvollen Stelle der Stundenfolge seinen Platz finden. Häufig nennen Dozierende zu Beginn des Semesters die Referatsthemen, die sie vorgesehen haben, und verteilen sie auf interessierte Studierende.

Ausarbeitung   Die Ausarbeitung eines Referats geschieht eigenständig. Wenn man sich bei der Gestaltung unsicher ist, kann man den Dozierenden um Rat fragen. Grundsätzlich sollten Referate schriftlich ausgearbeitet werden. Ein Referat zu halten lediglich auf der Grundlage von Stichworten, ist nur dem Fortgeschrittenen möglich und erlaubt. Im Idealfall hat man eine perfekte schriftliche Ausarbeitung vor sich liegen, die man aber so stark verinnerlicht hat, dass man sie relativ frei vortragen kann. Eine spontan und frei formulierte Vortragssprache ist für das Zuhören wesentlich angenehmer als das wörtliche Vorlesen eines schriftlich vorliegenden Textes. Diese Form des freien Vortrags muss aber geübt werden. An vielen Universitäten oder an örtlichen Volkshochschulen gibt es Möglichkeiten, die öffentliche Rede und das freie Sprechen zu trainieren. Wer diese Fähigkeit nicht gerade als Naturtalent und infolge früherer Übungen mitbringt, sollte diese Angebote nutzen, denn es wird sich nicht nur im Studium, sondern auch im Beruf auszahlen. Beratung gibt es auch in gedruckter Form (z. B.: Marita Pabst-Weinschenk: ›Reden im Studium‹, 2003).

Grundsätzlich sollte darauf geachtet werden, dass ein Referat nicht zu lang wird. Gewöhnlich unterschätzt man den beim Vortragen benötigten Zeitbedarf. Aus der Angst, mit zu wenig Stoff in der Hand vorne zu stehen, neigen Studierende ebenso wie Dozierende dazu, sich zu viel vorzunehmen. Lange Referate werden jedoch schnell langweilig und sind didaktisch nicht sinnvoll. In der Seminarstunde sollte Zeit bleiben für Rückfragen der Studierenden und Anmerkungen des Dozierenden und für die Diskussion. Ein Referat soll kurz, aber gehaltvoll sein. Das erreicht man, wenn man sehr viel mehr weiß, als man vorträgt. Bei der Ausarbeitung eines Referats sollte man sich Gedanken machen über die didaktische Präsentation. Ein bloßer mündlicher Vortrag ist einfallslos. Es gibt verschiedene Möglichkeiten der Ausgestaltung. Es hängt vom Thema und der Seminarsituation ab und von den zur Verfügung stehenden technischen

Präsentation   Möglichkeiten, welche Präsentationsformen man wählt. Fast immer ist es möglich, Tafelanschriebe zu machen (eventuell können sie schon vor Beginn der Seminarsitzung vorbereitet werden) oder eine Folie mithilfe eines Overheadprojektors an die Wand zu projizieren. Vereinzelt steht ein Beamer zur Verfügung, der auch die Präsentation von Bildern und Filmen und die Bearbeitung von Texten coram publico ermöglicht. Immer kann, ja sollte ein Thesenpapier oder ein Textblatt ausgeteilt werden („Handout"). Bei manchen Themen ist es sinnvoll, Bilder oder Karten einzusetzen. Relativ schwierig ist es für einen Studierenden, als Referent voll und ganz in die Rolle des Dozierenden zu schlüpfen und mit der Seminargruppe ein Lehrgespräch zu führen. Aber auch das kann mitunter sinnvoll sein und sollte dann versucht werden.

Handout

Je mehr Präsentationstechniken bei einem Referat genutzt werden, desto wichtiger ist die genaue Reflexion über deren jeweiligen, sich gegenseitig ergänzenden Einsatz. Doppelungen oder gar Verdreifachungen sind unbedingt zu vermeiden. Es ist schlecht, in einem Referat mündlich genau den Text zu präsentieren, der den Kommilitonen und Kommilitoninnen als Handout vorliegt und gleichzeitig auch noch mittels Folie oder Beamer an die Wand projiziert wird. Bei der Vorbereitung muss genau überlegt werden, was mit welchem Medium präsentiert und was damit erreicht werden soll. Das Handout kann sich z. B. auf die Gliederung beschränken, der Vortrag bietet Begründungen und Folie oder Beamer liefern vertiefende Bilder, Karten, Texte. Andere Aufgabenverteilungen sind natürlich denkbar. An vielen Universitäten gibt es Lehrveranstaltungen, in denen man Präsentationstechniken wie PowerPoint, die man später auch im Beruf braucht, lernen und einüben kann. Hilfreiche Tipps enthält auch das Studien- und Arbeitsbuch ›Visualisieren‹ (1997) von Joachim Stary.

Nach dem Vortrag des Referats und dem Ende der Stunde sollte der betroffene Studierende den Dozenten um ein Feedback bitten, wenn es der Dozierende nicht bereits von sich aus vorgesehen hat. Dabei geht es nicht nur um das inhaltliche Niveau, sondern auch um die Qualität der Präsentation und das Auftreten vor der Gruppe.

Beurteilung

Um einen Schein und eine Note zu bekommen, muss ein Referat in der Regel schriftlich ausgearbeitet werden. Dabei muss die Sprach- und Präsentationsgestalt nicht unbedingt deckungsgleich mit dem mündlichen Vortrag sein. Im Idealfall wird das schriftlich ausgearbeitete Referat stilistisch der Seminararbeit angenähert. Für die formale Gestaltung gelten dann im Prinzip dieselben, im Folgenden ausgeführten Regeln.

5. Seminararbeiten

Die wissenschaftlichen Höhepunkte des Studiums sind die selbstverfassten Seminar- und Examensarbeiten. Mit ihnen betreten die Studierenden tatsächlich den Boden eigenständiger Forschung, und manche Seminar- oder Examensarbeit wurde tatsächlich später als wissenschaftlicher Aufsatz gedruckt oder zur Grundlage einer Dissertation. Aber auch hier sind die ersten Schritte klein und bescheiden. Am Anfang des Studiums stehen Erfahrungen mit schriftlichen Referaten und Proseminararbeiten. Aber damit übt man sich im Schreiben und entwickelt während des Studiums immer größere Fertigkeiten darin. Grundsätzlich ist zu beachten: Schreiben unterscheidet sich vom Sprechen, und das wissenschaftliche Schreiben unterscheidet sich vom sonstigen Schreiben.

Themenstellung   Die Themenstellung einer schriftlichen Arbeit erfolgt in der Regel durch den Dozierenden. Er legt Vorschläge vor oder entwickelt sie im Gespräch mit den Studierenden, die eine Arbeit schreiben wollen, und nennt Quellen und Sekundärliteratur. Es kann auch sein, dass der Dozierende die Themensuche den Studierenden überlässt und ihre Vorschläge dann billigt oder – wenn sie ihm ungeeignet erscheinen – ablehnt. Nicht jedes Thema ist für jede Person und jeden Anlass geeignet. Es gibt schwierige und leichtere Themen, es gibt Themen für Anfänger und für Fortgeschrittene. Es gibt Themen, die man nur im Rahmen einer Dissertation angehen kann, und Themen, die sich auch für kleinere Arbeiten eignen.

Sobald ein Thema feststeht, beginnt die Literatursuche. Häufig machen die Dozierenden dazu konkrete Empfehlungen. Ansonsten sucht man eigenständig und liest sich in die Thematik ein. Sinnvoll kann es aber auch sein, zunächst die Literatur außen vor zu lassen und sich in die Quellentexte zu vertiefen, die bearbeitet werden sollen. Wiederholte Lektüre führt zu eigenen Beobachtungen und erzeugt selbstständige Ideen. Erst dann wird zur Ergänzung und Korrektur die Sekundärliteratur herangezogen.

Gliederungsstruktur   Als nächster Schritt folgt die Entwicklung einer Gliederung für die schriftliche Arbeit. Man legt die Schwerpunkte fest, die in der Arbeit behandelt werden sollen, und ihre Reihenfolge. Dabei ist es in der Regel nicht notwendig, alle Orientierungsschritte schriftlich zu wiederholen, die man selbst bei der Einarbeitung in die Thematik absolviert hat. Eine schriftliche Arbeit soll – zumal wenn sie nur vom Dozierenden gelesen wird – nicht alle Allgemeininformationen referieren, die zum Thema gehören, sondern kann gleich auf einer höheren Ebene einsetzen, dort, wo der Verfasser etwas Eigenständiges zu sagen hat. Nur bei Referaten ist das anders. Da muss man sich auf den Kenntnisstand der Zuhörer, also der Kommilitoninnen und Kommilitonen, einstellen.

Sobald man sich für eine Gliederung entschieden hat, beginnt die Abfassung der Arbeit. Beim Schreiben geschieht es mitunter, dass man plötzlich die zuvor gefundene Gliederung infolge neuer Erkenntnisse wieder über den Haufen wirft oder zumindest partiell umgestaltet. Das ist völlig normal, kostet allerdings auch Zeit und Kraft. Wer aus Unsicherheit zu oft in der Versuchung steht, zuvor getroffene Entscheidungen wieder anzuzweifeln, sollte sich Rat beim Dozierenden holen oder sich an einem bestimmten Punkt einfach sagen: Jetzt wird die Sache so durchgezogen und abgeschlossen, auch wenn es vielleicht nicht optimal ist.

Schema   Schema zum Aufbau einer wissenschaftlichen Arbeit:
Titelblatt
Inhaltsverzeichnis
Vorwort/Einleitung/Hinführung
Hauptteil (mehrfach untergliedert)
Schluss/Fazit/Ergebnis/Ausblick
Quellen- und Literaturverzeichnis

Zu jeder schriftlichen Arbeit gehört ein Titelblatt, das außer dem Titel der Arbeit auch deren Verfasser nennt, verbunden mit der Angabe der Adressen einschließlich der E-Mail-Adresse, der Matrikelnummer, der Studienfächer und der Semesterzahl. Außerdem wird angegeben, in welchem Semester, bei welchem Dozierenden und im Zusammenhang mit welcher konkreten Lehrveranstaltung die Arbeit geschrieben wurde. Empfehlenswert ist, auch den Abgabetermin anzuführen – dadurch werden nachlässige Dozierende daran erinnert, wie lange unter Umständen die Arbeit schon auf ihrem Schreibtisch ruht.

Zu jeder schriftlichen Arbeit gehört ferner ein Inhaltsverzeichnis, das aus den Kapitelüberschriften und den dazugehörigen Seitenangaben besteht. Bei der Gestaltung der Überschriften muss Überlegung walten. Einheitlichkeit des sprachlichen Stils und Kongruenz zwischen der Überschriftenformulierung und dem Inhalt des jeweiligen Kapitels sind unbedingt geboten. Der Lesende soll durch die Betrachtung des Inhaltsverzeichnisses einen Eindruck davon bekommen, wie der Argumentationsgang der Arbeit aussieht.

Beliebt, aber nicht unbedingt notwendig ist es, die Arbeit mit einem einleitenden Kapitel zu versehen, das je nach inhaltlicher Ausrichtung den Charakter eines persönlich gehaltenen Vorworts oder einer inhaltlich ausgerichteten Einleitung haben kann. Vorworte stehen in der Regel vor, Einleitungen nach dem Inhaltsverzeichnis. In einem solchen einleitenden Kapitel können Motive für die Themenwahl und Gründe für erfolgte thematische Eingrenzungen oder für eine einschränkende Quellenwahl genannt werden.

Sinnvoll ist es, eine Arbeit mit einem abschließenden Kapitel auszustatten, das Ergebnisse zusammenfasst und auf den Punkt bringt. Unbedingt notwendig ist am Ende der Arbeit ein Quellen- und Literaturverzeichnis, zu dem unter Umständen auch ein Abkürzungsverzeichnis hinzukommt.

Im Zentrum der Arbeit steht naturgemäß der mehrfach untergliederte Hauptteil, in dem die eigenen Forschungen und Positionen präsentiert werden. Umfangreiche Arbeiten werden nicht nur mit Zwischenüberschriften versehen, sondern es wird auch eine Zählung integriert, welche die verschiedenen Gliederungsebenen deutlich macht. Dabei können, je nach persönlicher Vorliebe oder je nach Angemessenheit, unterschiedliche Zählweisen verwendet werden. Man kann sich für das in den Naturwissenschaften beliebte Dezimalsystem entscheiden oder für die klassische Form der Kombination von Zahlen und Buchstaben. Auch eine Gliederung nach „Teilen" und Paragrafen (§) ist denkbar, ermöglicht aber anders als die beiden anderen Systeme nur zwei Gliederungsebenen.

Beispiele für Gliederungsmöglichkeiten
1.   Die Theologie
1.1. Die Disziplinen der Theologie
        1.1.1. Biblische Theologie
                1.1.1.1. Altes Testament
                1.1.1.2. Neues Testament
        1.1.2. Systematische Theologie
                1.1.1.1. Dogmatik
                1.1.1.2. Ethik

I. Die Theologie
A. Die Disziplinen der Theologie
  1. Biblische Theologie
    a) Altes Testament
    b) Neues Testament
  2. Systematische Theologie
    a) Dogmatik
    b) Ethik

Der Umgang mit dem Computer ist im heutigen Studium eine Selbstverständlichkeit. Eine Hausarbeit sollte mit Computer oder Schreibmaschine, nicht von Hand, geschrieben werden. Die Studierenden sollten – auch mit Hinblick auf die spätere Berufspraxis – das Zehnfingersystem beherrschen und auch längere Texte mit hoher Geschwindigkeit schreiben können. Dies kann man in Kursen, auch mit Bildschirmprogrammen, erlernen.

Rohmanuskript In einer ersten Phase sollte man ein Rohmanuskript erstellen, bei dem noch nicht jedes Wort wohl überlegt und jedes Argument voll durchdacht sein muss. Man schreibt möglichst schnell und lässt auch noch die eine oder andere Lücke im Text, die man durch Platzhalter (XXXX) kennzeichnen kann. Punkte, an denen man sich unsicher ist, kann man durch gehäufte Fragezeichen (???) markieren. In einer zweiten Arbeitsphase geht man dann langsam und sorgfältig durch das Rohmanuskript und verbessert es inhaltlich und sprachlich.

Beim Abfassen der Arbeit muss auf deren Länge geachtet werden. Dabei darf weniger auf die Seiten- als auf die Zeichenzahl geblickt werden, denn Seiten lassen sich heute am Computer sehr unterschiedlich einrichten. Häufig wird von Dozierenden für die Arbeit ein Mindest- und ein Höchstumfang genannt. Dies gilt besonders bei Examensarbeiten. Die Gefahr ist in der Regel nicht, dass zu wenig, sondern dass zu viel geschrieben wird. Bei der Arbeit mit dem Computer steht ein einfaches, leicht handhabbares Hilfsmittel zur Verfügung, um den Umfang der Arbeit ständig zu kontrollie-
Zeichenzahl ren. Am Beginn oder am Ende der Arbeit wird ein Feld eingefügt, das die erreichte Zeichenzahl automatisch anzeigt. So gibt es eine ständige Kontrolle über den Umfang.

Wer eine Seminararbeit verfasst, schreibt nicht nur eigene Gedanken nieder, sondern referiert Aussagen der verwendeten Quellen und Gedan-
Paraphrasen ken der gelesenen Sekundärliteratur. Diese Gedanken lassen sich frei para-
und Zitate phrasieren oder wörtlich zitieren. In beiden Fällen muss auf die zugrunde liegende Literatur verwiesen und im letzteren Fall müssen die Zitate durch Anführungszeichen kenntlich gemacht werden. Einfache Anführungszeichen werden verwendet, wenn innerhalb eines Zitats ein weiteres Zitat steht (Beispiel: Der Pfarrer sagte: „Ich bin kein Anhänger einer ‚modernen Theologie', sondern bleibe der Tradition treu.“). Eine Paraphrase ist die freie Wiedergabe von Gedanken eines Dritten. In eigenen Worten wird gesagt, was ein anderer gedacht hat. In schriftlichen Arbeiten wird häufig zu diesem Mittel gegriffen, denn wörtliche Zitate empfehlen sich nur bei Kernthesen, ausgefallenen Formulierungen und hervorgehobenen Einzelgedanken. Bei wörtlichen Zitaten muss auf äußerste Exaktheit geachtet werden. Dies ist ein wesentliches Element sorgfältiger wissenschaftlicher

Arbeit. Als grundlegende Regel gilt: Jedes wörtliche Zitat aus dem Werk eines anderen, auch wenn es nur aus Bruchstücken eines Satzes besteht, muss als solches kenntlich gemacht werden. Alles andere wäre geistiger Diebstahl und wird von demjenigen, der die Arbeit liest und korrigiert, entsprechend geahndet.

Innerhalb des wörtlichen Zitats muss alles exakt mit der Vorlage übereinstimmen. Auslassungen und Ergänzungen, ja auch die notwendige Anpassung einer Wortendung an den neuen grammatikalischen Kontext, müssen gekennzeichnet werden (Beispiel: Er sprach von der „moderne[n] Theologie".). Zur Kennzeichnung der Veränderungen verwendet man eckige Klammern. Auslassungen werden generell durch drei Punkte (die Verwendung von nur ein oder zwei Punkten ist unüblich), am besten ebenfalls durch eckige Klammern gerahmt, deutlich gemacht. Beim Zitieren ist ferner zu beachten, ob Satzzeichen wie z. B. Punkte am Schluss zum Zitat gehören oder nicht. Auch Hervorhebungen im Originaltext müssen beim Zitieren übernommen werden. Dabei kann aber die Art der Hervorhebung verändert, also z. B. Fettdruck mit Kursivschrift wiedergegeben werden.

Auslassungen, Ergänzungen, Hervorhebungen

Eigenarten der Orthografie, auch Fehler, werden beim Zitieren beibehalten und nicht verbessert. Damit der Lesende nicht denkt, der Schreibende selbst habe diese Fehler verschuldet, wird auf die Fehlerhaftigkeit der entsprechenden Stellen durch ein „sic!" in eckiger Klammer hingewiesen (lat.: *sic* = so). Diese Regel stößt jedoch rasch an Grenzen, wenn Texte aus dem 18. oder gar aus dem 16. Jahrhundert zitiert werden, wo jedes zweite Wort anders geschrieben wurde als heute. In diesen Fällen verzichtet man beim Zitieren auf die Kennzeichnung der Abweichungen und macht nur auf offensichtliche Druckfehler aufmerksam. Beispielsweise konnte damals statt „gehen" auch „geen", „gehn" oder „gehenn" geschrieben werden, aber nicht „gohen" oder „guhen". Letzteres wären Setzfehler und müssten als solche erkannt und gekennzeichnet werden. Manchmal ist es sinnvoll, in einem zitierten Text ein einzelnes Wort, z. B. eines, das man als besonders anstößig empfindet, hervorzuheben. Dies ist möglich, wenn man in der Anmerkung darauf hinweist, dass die Hervorhebung nicht vom zitierten Autor, sondern von einem selbst stammt („Hervorhebung von mir" oder: „Hervorhebung von M. Müller"). Wer sich bei Zitierproblemen in konkreten Fällen unsicher ist, sollte ein solides wissenschaftliches Buch, am besten eine Monografie des Dozierenden, bei dem die Arbeit geschrieben wird, in die Hand nehmen und dort nachschauen, wie ähnliche Fälle gelöst werden.

Von der Grundregel der äußersten Exaktheit werden bei manchen Spezialproblemen aus pragmatischen Gründen Abstriche gemacht. Z. B. können Ligaturen (Buchstabenverbindungen) aufgelöst und Umlaute an die heutige Schreibweise angepasst werden. Auch die Großschreibung von Wörtern am Satzanfang kann dem neuen Kontext angepasst werden. In alten, in Frakturschrift gedruckten Texten war es üblich, lateinische Begriffe in lateinischer Schrift (Antiqua) zu drucken. Dabei handelte es sich nicht um Hervorhebungen, sondern um eine sich im Druckbild niederschlagende Unterscheidung der beiden Sprachen. Beim Zitieren wird dies nicht reproduziert. Texte in Frakturschrift werden beim Zitieren generell in unsere

Exaktheit

lateinische Schrift umgewandelt, wobei auch die in der Frakturschrift üblichen, lediglich drucktechnisch bedingten Differenzierungen z. B. zwischen einem langen und einem runden S außer Acht gelassen werden.

Es mag sein, dass es ein Dozierender mit dem Zitieren nicht so genau nimmt wie ein anderer und sich auch nicht die Mühe macht, die Zitate beim Korrigieren der Arbeit zu überprüfen. Dennoch gilt: Lieber zu exakt sein als zu frei. Genauigkeit wird gewiss nicht bestraft, eventuell aber Ungenauigkeit. Es empfiehlt sich für die Praxis, als Selbstkontrolle nach der Fertigstellung der Arbeit auf zwei, drei Seiten stichprobenartig die Zitate zu überprüfen. Stellt man dabei keine oder nur wenige und nur geringfügige Fehler fest, kann man die Arbeit – wenn man keine Vollkommenheit und keine Spitzennote anstrebt – abgeben, wie sie ist. Stellt man aber viele und erhebliche Fehler fest, muss die ganze Arbeit unbedingt noch einmal korrigierend durchgesehen werden.

Anmerkungen   Im Prinzip gehört zu jedem Zitat auch eine Anmerkung, die exakt nachweist, wo das Zitierte gefunden werden kann. Lassen sich mehrere Zitate unter einer Anmerkung zusammenfassen, ohne dass es zu Missverständnissen kommen könnte, sollte man diesen, Anmerkungen einsparenden Weg gehen. Auch zu Paraphrasen gehören Anmerkungen, die zumindest summarisch angeben, woher die Informationen oder die Gedanken stammen. Alle Zitate und alle allgemeinen Bezugnahmen auf Quellen und Sekundärliteratur werden also in Anmerkungen belegt. Nur wenn sich die Bezugnahmen auf eine ausgesprochen geringe Anzahl von Literaturtiteln beschränken, sind Nachweise im laufenden Text, in runden Klammern hinter dem jeweiligen Zitat, erlaubt und sinnvoll. Anmerkungen stehen in der Regel als Fußnoten am Seitenende, nicht als Endnoten am Schluss der Arbeit. Die Nachweise können sich in den Anmerkungen auf Kurztitel beschränken, das heißt auf die Angabe des Verfassernamens, eines Titelstichwortes und der Seitenzahl (Beispiel: Müller: Theologie, S. 11). Alle weiteren bibliografischen Angaben stehen im ausführlichen Literaturverzeichnis. Wenn die Kurztitel sinnvoll und für jeden nachvollziehbar gewählt werden, müssen sie im Literaturverzeichnis nicht extra markiert oder benannt werden. Unüblich in der Theologie, aber nicht verboten ist die in anderen wissenschaftlichen Disziplinen praktizierte Zitierweise mit Namen und Erscheinungsjahr (Beispiel: Müller, 1984, S. 11). Wird in Anmerkungen mehrfach hintereinander derselbe Titel zitiert, kann man nach der ersten Nennung statt einer Wiederholung des Kurztitels „Ebd." (= ebenda) schreiben. Es empfiehlt sich allerdings, diese Umstellung auf Abkürzungen erst im allerletzten Stadium der Arbeit vorzunehmen, da sich ansonsten bei Zitatumstellungen, bedingt durch die Befehle Ausschneiden/Einfügen bei der Bildschirmarbeit, leicht Fehler einschleichen können.

Zitate aus dem Internet   Werden Texte aus dem Internet zitiert, gelten im Prinzip die gleichen Regeln wie beim Zitieren aus gedruckten Werken. Genaue Quellenangaben und ein konsequentes, sorgfältiges Vorgehen beim Zitieren sind notwendig. Es empfiehlt sich, das in einer Seminararbeit zitierte Internetdokument auszudrucken und der Arbeit im Anhang beizufügen. Beim Zitieren nennt man – wenn ersichtlich – den Namen des Verfasser, den Titel, das Erscheinungsdatum. Danach muss die Internetadresse angegeben werden, unter der man das Dokument gefunden hat, und zwar eingeleitet mit „URL". Die Adresse selbst setzt sich zusammen aus dem Protokoll (z. B. „http" oder „ftp" oder „news"), dem Namen des Servers (z. B. www.wbg-darmstadt.de), dem zum Dokument führenden Pfad und – in runden Klammern – dem Datum des Zugriffs. Als komplettes Beispiel hier der Zugriff auf den theologischen Zeitschrifteninhaltsdienst der Universitätsbibliothek Tübingen: URL: http://www-work.ub.uni-tuebingen.de/neuerwZID.htm (19.3.2004).

Anmerkungen dienen in wissenschaftlichen Arbeiten in erster Linie dem Nachweis von Zitaten. Gelegentlich kann eine Anmerkung auch die Funktion haben, exkursartig einen Gedanken oder eine Information unterzubringen, die im eigentlichen Text keinen Platz hat. Doch dies sollte eine Ausnahme bleiben und nicht zur Regel werden. Was wichtig ist, muss eigentlich im Text gesagt werden, was unwichtig ist, kann wegbleiben. Wer eine Arbeit schreibt, muss sich von dem Gedanken frei machen, er müsse irgendwie alles unterbringen, was er sagen kann. Unter darstellerischen Aspekten schlecht gelungen sind Arbeiten, die übersät sind mit vielen und langen exkursartigen Anmerkungen. Leider stehen in den Buchregalen viele Beispiele solch schlechter Vorbilder. Besonders ungünstig ist es überdies, wenn in solchen Anmerkungen Gedanken untergebracht sind, die eigentlich in den Textteil gehören.

Exkurse

In kleineren Arbeiten können Anmerkungen vom Anfang bis zum Ende durchgezählt werden. In größeren wird kapitelweise jeweils bei 1 angefangen. Dreistellige Anmerkungsziffern sollten vermieden werden. Beachtet werden muss die korrekte Platzierung der Anmerkungsziffer als Hochzahl im Text der Arbeit. Je nach dem Bezugspunkt steht sie hinter einem bestimmten Wort, hinter einem Zitat, am Ende eines Satzes oder am Ende eines Abschnittes. Anmerkungen beginnen generell mit Großbuchstaben und enden mit einem Punkt.

Anmerkungsziffern

Für den Ausdruck der Arbeit sollte man als Formatierung eine 12 Punkte-Schrift wählen, mit anderthalbfachen Zeilenabstand und Blocksatz, und ausreichend Rand für Bemerkungen des Dozierenden lassen. Nicht zu viele Absätze setzen: Ein Absatz umfasst in aller Regel mehrere Sätze, nicht nur einen. Ferner ist Silbentrennung durchzuführen. An Stellen, wo das automatische Trennprogramm versagt, muss von Hand nachgeholfen werden.

Ausdruck einer schriftlichen Arbeit

Bei der Arbeit mit dem Computer stellt sich die Frage der Formatierung. Ein Computer bietet heutzutage unendlich viele Möglichkeiten, Texte aufwändig zu gestalten. Grundsätzlich gilt jedoch für schriftliche Arbeiten im Bereich der Universität: mit Formatierungen sparsam sein! Eine Seminararbeit ist kein Werbeprospekt für Kunden und kein Handout für Schüler. Die Arbeit wird in einem einheitlichen Schrifttyp verfasst, höchstens Überschriften und Anmerkungen sollten sich hinsichtlich der Schriftgröße vom Text unterscheiden. Hervorhebungen kann es geben, auch Namen oder Buchtitel können z. B. durch Kursivschrift vom übrigen Text unterschieden werden. Aber der Gesamteindruck des Textes sollte nüchtern sein und dem eines wissenschaftlichen Aufsatzes entsprechen, wie man ihn in theologischen Zeitschriften betrachten und als Vorbild und Muster heranziehen kann.

Formatierung

Jede fertige wissenschaftliche Arbeit sollte nach dem Ausdruck noch einmal auf Rechtschreib- und Tippfehler durchgesehen werden. Es macht

Korrekturen

einen schlechten Eindruck auf den Dozierenden, wenn auf jeder Seite gleich mehrere solcher vermeidbarer Fehler ins Auge fallen. Perfektion ist zwar nicht erreichbar, das weiß jeder, der selbst Texte verfasst, jedoch sollten Rechtschreib-, Zeichensetzungs- und Tippfehler unbedingt auf ein Minimum reduziert werden. Die meisten Tipp- und grobe Rechtschreibfehler

Rechtschreibhilfe lassen sich verhindern, wenn die Rechtschreibhilfe des Textverarbeitungsprogramms aktiviert ist. Findet man auch nach dem zweiten, verbesserten Ausdruck noch einzelne Fehler, sollte man diese zumindest von Hand korrigieren. Handschriftliche Korrekturen in einem gedruckten Text sind besser als unkorrigierte Fehler in einem äußerlich sauberen Druck. Zu den notwendigen Kontrollen gehört auch die Überprüfung und Optimierung des Layouts. Stimmen die Seitenumbrüche? Stehen die Anmerkungstexte auf den gleichen Seiten wie die Anmerkungszahlen? Wird konsequent zwischen dem kurzen Bindestrich (er steht z. B. zwischen Wörtern) und dem längeren Gedankenstrich (er steht auch in der Bedeutung von „bis" zwischen Jahres- und Seitenzahlen) differenziert? Die Überschriften im Text müssen mit den Überschriften im Inhaltsverzeichnis verglichen und die Seitenangaben im Inhaltsverzeichnis überprüft werden. Die Textverarbeitungsprogramme bewahren an diesen Punkten nicht immer vor Fehlern.

Leerstellen Bei der kritischen Durchsicht und Korrektur der Arbeit muss auf die Leerstellen zwischen den einzelnen Zeichen geachtet werden. Hier werden häufig Fehler gemacht. Der Umgang mit Leerstellen (Spatia) ist nicht frei gestellt, sondern hat sich an den üblichen Regeln zu orientieren, die man sich anhand jedes gedruckten Textes vor Augen führen kann. Z. B. steht bei Seitenangaben zwischen dem „S." und der Seitenzahl immer eine Leerstelle. Vor und nach Bindestrichen stehen dagegen nie Leerstellen. Vor Satzzeichen wie Punkten, Kommata, Semikola und Doppelpunkten und nach öffnenden und vor schließenden Anführungszeichen stehen ebenfalls keine Leerstellen. Wer aus welchen Gründen auch immer von solchen Normen abweicht, muss unbedingt im ganzen Text nach exakt denselben Regeln verfahren, sonst entsteht der Eindruck von Willkürlichkeit und mangelnder Sensibilität für formale und sprachliche Feinheiten.

Abkürzungen Auf Abkürzungen sollte man in schriftlichen Arbeiten weitgehend verzichten, abgesehen von in der deutschen Sprache üblichen Standardabkürzungen wie „z. B.", „u. a." oder „usw.". Häufiger kann und darf man Abkürzungen bei den Literaturnachweisen gebrauchen, z. B. „Hg." für „Herausgeber" oder „RGG" für ›Religion in Geschichte und Gegenwart‹. Gern werden auch die Titel von Zeitschriften und wissenschaftlichen Reihen abgekürzt. Grundsätzlich gilt aber: Wer spezielle oder gar selbst geschaffene Abkürzungen verwendet, muss diese in einem der Arbeit beigegebenen Abkürzungsverzeichnis aufschlüsseln. Der einfachste Weg ist, wie gesagt, sich an einem üblichen Abkürzungsverzeichnis zu orientieren, nämlich an dem Abkürzungsverzeichnis eines der großen theologischen Lexika (RGG, LThK, TRE). Dann genügt der einfache Satz: „Alle Abkürzungen richten sich nach dem Abkürzungsverzeichnis der TRE." Diese Information kann in der Einleitung der Seminararbeit oder am Ende, vor oder nach dem Literaturverzeichnis, untergebracht werden.

noch einmal: Arbeitsdisziplin Zum Schluss muss noch einmal das Problem der Arbeitsdisziplin angesprochen werden. Grundsätzlich empfiehlt es sich, Seminararbeiten möglichst dicht im Anschluss an das Seminar zu schreiben, solange das dort Erarbeitete und Diskutierte noch frisch im Gedächtnis ist. Je länger das Seminar zurück liegt, desto schwerer fällt das Verfassen der Arbeit. Manche Dozierenden setzen allerdings Termine, bis zu denen Arbeiten, die im Zusammenhang mit einem bestimmten Seminar stehen, abgegeben werden müssen. Eine Seminararbeit sollte möglichst in einem Zug erarbeitet und geschrieben werden, also ohne größere zeitliche Unterbrechungen. Man sollte je nachdem zwei, drei oder vier Wochen einplanen, in denen man nur oder fast nur daran arbeitet. Jedes Unterbrechen und jeder Neubeginn ist nämlich mit Anlaufschwierigkeiten verbunden, die dazu führen, dass der Arbeitsaufwand insgesamt immer größer wird. Um sich selbst zu der notwendigen Disziplin zu zwingen, sollte man sich einen Zeitplan überlegen und schriftlich festhalten, in dem genau festgelegt wird, zu welchem Termin man welchen Schritt hinter sich haben will. Dies ist übrigens eine gute Übung für die spätere Berufstätigkeit. Im Schul- und Gemeindedienst steht man ebenfalls ständig vor der Notwendigkeit, bestimmte Arbeiten und Ausarbeitungen zu einem bestimmten Zeitpunkt abgeschlossen haben zu müssen.

Zeitplan

6. Nachschlagewerke und weitere Hilfsmittel

In jedem Studierzimmer muss zunächst und vor allem ein Rechtschreiblexikon stehen, und zwar eines, das auf den neuen Rechtschreibregeln basiert. Bei der Abfassung schriftlicher Arbeiten ist es nämlich unabdingbar, auf die korrekte Rechtschreibung zu achten, und nicht alle dabei auftauchenden Probleme werden von den Rechtschreibhilfen der Textverarbeitungsprogramme gelöst. Empfehlenswert ist auch die Anschaffung weiterer sprachlicher Hilfsmittel: Fremdwörterlexikon, Stilwörterbuch, Bedeutungswörterbuch, Grammatik. Die Weiterentwicklung der sprachlichen Kompetenz ist für Theologiestudierende, ganz gleich, welchen Beruf sie später ergreifen, immer wichtig. Viele Probleme zugleich löst übrigens der Duden ›Richtiges und gutes Deutsch‹ (^{5}2001), ein universales, gut handhabbares Hilfsmittel für fast alle sprachlichen Zweifelsfälle.

›Duden‹

   Sehr empfehlenswert ist es, ein einschlägiges Konversationslexikon zu besitzen. Viele inhaltliche Fragen, auf die man beim Studieren, insbesondere beim Schreiben von Referaten, Haus- und Examensarbeiten, stößt, lassen sich mit seiner Hilfe lösen. Im Gegensatz zu manchen spezielleren theologischen Lexika werden hier auch alle Fragen allgemeinverständlich beantwortet. Um ein Konversationslexikon zu besitzen, muss man nicht tief in die Tasche greifen. Es gibt preiswerte Sonder- und Taschenbuchausgaben (z. B. ›Bertelsmann Lexikon‹, 2003, und ›Meyers Großes Taschenlexikon‹, 2003), die den Bedürfnissen von Studierenden voll und ganz genügen und nur wenig Platz im engen Studierzimmer beanspruchen. Auch elektronische Lexikon-Ausgaben stehen zur Verfügung. Die bei Studierenden beliebte ›Microsoft Encarta Enzyklopädie‹ hat allerdings einen amerikanischen Entstehungskontext und wird den Bedürfnissen deutscher Benutzer nicht immer gerecht. Dies ist anders bei dem ebenfalls multimedial angebotenen ›Brockhaus‹.

Konversationslexika

theologische Lexika

RGG

LThK

EKL

TRE

Für speziellere Fragen steht den Theologiestudierenden ein breites Spektrum theologischer Nachschlagewerke zur Verfügung. Das Standardnachschlagewerk für evangelische Theologen ist die RGG, für katholische das LThK. Vor rund hundert Jahren erschien zum ersten Mal das Lexikon ›Die Religion in Geschichte und Gegenwart‹, kurz RGG genannt. Es wurde mit seinen bislang drei abgeschlossenen Auflagen zu dem Lexikon, das in jedem Pfarrhaus aufgestellt und auch von vielen Religionslehrern angeschafft wurde. Seit 1998 erscheint unter dem leicht veränderten Titel ›Religion in Geschichte und Gegenwart‹ eine völlig neu bearbeitete vierte Auflage. Als katholisches Pendant zur RGG kam erstmals in den Jahren 1930–1938 das ›Lexikon für Theologie und Kirche‹ (LThK) heraus. Von 1993–2001 ist es in einer völlig neu bearbeiteten dritten Auflage erschienen. Beide Lexika muss jeder Studierende kennen und nutzen. Je nach Fragestellung erhält man im einen oder anderen Lexikon die besseren Informationen: Speziellere, die katholische Kirche und ihre Geschichte betreffende Dinge schlägt man im LThK nach, speziellere Dinge aus Geschichte und Gegenwart des Protestantismus natürlich in der RGG. Sucht man Informationen zu Personen und Themen der Geschichte, wird man im LThK eher fündig als in der RGG. Die RGG behandelt dagegen systematische und ethische Fragestellungen der Gegenwart ausführlicher, allerdings nicht immer auf eine für Studierende verständliche Weise; manche Artikel der neuen Auflage scheinen entgegen der Intention des Lexikons für Fachkollegen und nicht für Pfarrer, Lehrer und Studenten geschrieben zu sein. RGG und LThK sind in jeder Bibliothek vorhanden und dort in Lesesälen aufgestellt. Die Anschaffung des einen oder beider Lexika ist empfehlenswert. Freilich sind die neuen Ausgaben teuer. Man kann allerdings für viele Themen noch die 3. Auflage der RGG aus den Jahren 1957–1965 und die 2. Auflage des LThK, ebenfalls aus den Jahren 1957–1965, benutzen. Beide kann man unter Umständen in Antiquariaten preiswert erwerben. Von der alten RGG gibt es außerdem eine günstige CD-ROM-Ausgabe.

Im evangelischen Bereich finden sich außer der RGG noch weitere allgemeine Nachschlagewerke, an denen katholische Theologinnen und Theologen mitgearbeitet haben und die – auch mit ihrer inhaltlichen Ausrichtung – für katholische Theologiestudierende relevant sind. Knapper gefasst und aktueller ausgerichtet als die RGG ist das ›Evangelische Kirchenlexikon‹ (EKL), das in den Jahren 1986–1997 erschienen ist. Es steht in einer preiswerten Studienausgabe zur Verfügung. Weitaus ausführlicher als die RGG ist die seit 1977 erscheinende, inzwischen beinahe abgeschlossene ›Theologische Realenzyklopädie‹, kurz TRE genannt. Sie ist auf insgesamt 37 Bände konzipiert. Die Lexikonartikel haben hier vielfach den Charakter und Umfang von Aufsätzen, mitunter sogar kleiner Bücher. Systematische und ethische Fragestellungen sind stärker gewichtet als historische Themen. Exegetische Sachverhalte werden ausführlich behandelt. Umfassend sind die den Artikeln beigefügten Bibliografien. Die TRE ist ein unentbehrliches Hilfsmittel für den fortgeschrittenen Studierenden. Auch sie ist in jeder Bibliothek vorhanden. Einzelne Artikel können kopiert und dann intensiv bearbeitet werden. Das gebundene Monumentalwerk erscheint auch in einer preiswerteren kartonierten Studienausgabe. Bei manchen Themen wird noch die Vorläuferin der TRE benutzt, die dritte Auflage der ›Realencyklo-

pädie für protestantische Theologie und Kirche‹, kurz RE genannt. Sie ist RE
schon in den Jahren 1896–1913 erschienen und damit in vielem veraltet,
aber wegen ihres geschichtlichen Schwerpunktes für manche kirchengeschichtliche Fragestellungen immer noch eine Fundgrube des Wissens.
Fortgeschrittene Studierende sollten sie kennen und benutzen. In neueren
Bibliotheken ist sie freilich nicht immer anzutreffen.

RGG, LThK, EKL, TRE und RE sind die wichtigsten allgemeinen Lexika
für das Theologiestudium. Gute Dienste leisten aber auch die kleineren, für
ein breiteres Publikum gedachten und leicht lesbaren Lexika ›Wörterbuch
des Christentums‹ (ökumenisch), ›Neues theologisches Wörterbuch‹ (katholisch), ›Neues Handbuch theologischer Grundbegriffe‹ (katholisch) und
das ›Evangelische Lexikon für Theologie und Gemeinde‹. Darüber hinaus
gibt es noch speziellere Nachschlagewerke für die einzelnen theologischen Disziplinen, z. B. exegetische Wörterbücher zum Neuen oder Alten
Testament und geschichtliche Lexika zu einzelnen Gebieten der Kirchengeschichte. Als Nachschlagewerk für das Studium der Theologie unverzichtbar ist ferner die schon erwähnte Sammlung der Bekenntnisschriften
BSLK und der ebenfalls bereits erwähnte „Denzinger-Hünermann".

Als umfassendes Nachschlagewerk beim Interesse an Personen aus dem biografische Lexika
Bereich von Theologie und Kirche muss man das vielbändige ›Biogra-
phisch-Bibliographische Kirchenlexikon‹ – kurz BBKL – kennen, das seit
1975 erschienen und im Prinzip abgeschlossen ist, aber durch Ergänzungs-
bände fortgesetzt wird. Hier findet man annähernd alle Personen, die für
die Christentumsgeschichte relevant sind. Das Lexikon ist anders als die
zuvor genannten quasi omnipräsent. Es steht in allen Bibliotheken, und bei
Internetrecherchen zu einschlägigen Personen stößt man ebenfalls auf die
entsprechenden BBKL-Artikel. Die Benutzung des BBKL ist allerdings nicht
unproblematisch und im Grunde nur für fortgeschrittene Studierende oder
gar ausgesprochene Fachleute empfehlenswert. Die einzelnen Artikel sind
nämlich höchst unterschiedlich, und zwar nicht nur – was jeder Benutzende merkt – in ihrem Umfang, sondern auch – was nicht jeder Benutzende
merkt – hinsichtlich ihrer Qualität. Nicht alle Artikel wurden von ausge-
wiesenen Fachleuten verfasst und nicht alle wurden sorgfältig überdacht
und korrigiert. Manche sind einfach schlecht und enthalten wirklich grobe
Fehler. Ein weiterer kritischer Punkt: Die beigefügten Bibliografien sind
wegen ihres Umfangs für Studierende verwirrend und unbrauchbar.

Das BBKL bietet nur Informationen zu bereits verstorbenen Personen.
Will man sich über lebende Personen aus dem Bereich der Theologie informieren, so bietet sich einerseits das Internet an, andererseits für den
deutschsprachigen Raum der ›Deutsche Gelehrten-Kalender‹ ([19]2003),
nach seinem Begründer kurz „Kürschner" genannt. Es erscheint alle zwei
bis drei Jahre und enthält sämtliche Wissenschaftler, die im deutschen
Sprachraum eine feste Stelle im akademischen Bereich haben. Man findet
also keine Assistierenden, wohl aber so gut wie alle Professorinnen und
Professoren. Der Kürschner bietet Adressen, Geburtsdaten, Informationen
zum jeweiligen akademischen Werdegang und ein Verzeichnis der wichtigsten Veröffentlichungen.

Zu den Hilfsmitteln für das Studium gehören auch diverse Einleitungen Einführungsliteratur
und Einführungen in das Fach und in das wissenschaftliche Arbeiten. Es

gibt fachübergreifende ›Einführung[en] in das wissenschaftliche Arbeiten‹, z. B. von Werner Sesink (⁶2003), es gibt allgemein gehaltene Einführungen in das Theologiestudium, es gibt Einführungen in die evangelische und Einführungen in die katholische Theologie, es gibt Einführungen in die Arbeit einzelner theologischer Disziplinen. Sie alle verbinden inhaltlich-grundsätzliche Fragen mit methodischen Anregungen. Überwiegend sind sie in Taschenbuchform erschienen und preiswert im Buchhandel erhältlich. Manche Werke haben sogar mehrere Auflagen, was von Qualität und Resonanz zeugt. Das eine oder andere steht eventuell in Bibliotheken zur Verfügung. Die zumindest auszugsweise Lektüre oder fallbezogene Konsultation solcher Einführungen ist, vor allem wenn man daran geht, eine schriftliche Arbeit zu verfassen, auf jeden Fall empfehlenswert.

7. Computer und Internet

Ein privater Computer und ein privater Internetanschluss sind für Theologiestudierende zwar noch kein unbedingtes Muss, aber doch mehr als empfehlenswert. Es ist zwar nicht verboten, Arbeitsblätter, Protokolle, Referate, Seminararbeiten handschriftlich abzufassen, doch ist Maschinenschrift seit vielen Jahren Standard. Mit einer Schreibmaschine kann man diesen Standard zwar ohne weiteres erreichen, aber Texte am Computer zu schreiben ist, wenn man es einmal beherrscht, ungleich einfacher und zeitsparender. Dabei sollte man auch die Möglichkeiten zur Automatisierung von Abläufen nutzen, die Textverarbeitungsprogramme bieten (Makros, Felder, Rechtschreibkontrolle, Silbentrennung etc.), und den PC nicht nur als Schreibmaschine einsetzen.

Datenbanken   Als elektronische Hilfsmittel stehen in der Theologie zahlreiche Datenbanken zur Verfügung (Quellensammlungen, Bibliografien, Lexika), allerdings müssen sie gekauft oder abonniert werden. Teilweise sind diese wichtigen Hilfsmittel extrem teuer, so dass sie nur von größeren Universitäten angeschafft wurden. Theologische Zeitschriften sind in der Regel im Internet nicht oder nicht frei zugänglich. Datenbankdienste bietet z. B. die ›Theologische Literaturzeitung‹ nur für Abonnenten.

Internetzugang   Schon mehrfach haben wir hier in unterschiedlichen Zusammenhängen das Internet thematisiert. Mehr und mehr hat es sich in den letzten Jahren zu einem wichtigen Hilfsmittel der theologischen Arbeit entwickelt und könnte bald schon unentbehrlich werden. Ein Internetanschluss ist für viele Dinge nützlich und spart Zeit, mitunter auch Geld. Viele Recherchen sind heutzutage über das Internet möglich, z. B. die Suche nach kaufbaren oder ausleihbaren Büchern. Über das Internet bestellt man an seiner Universitätsbibliothek die benötigten Bücher und verwaltet sein Bibliothekskonto. Über das Internet kommuniziert man mit den Dozierenden und mit Kommilitoninnen und Kommilitonen. Über das Internet besorgt man sich kommentierte Vorlesungsverzeichnisse und Studien- und Prüfungsordnungen. Im Internet lassen sich ohne Schwierigkeit die verschiedenen Kirchen und viele kirchlichen Institutionen finden. Nach und nach etablieren sich so genannte Lehr- und Lernplattformen, das sind Internetplattformen zu einzelnen Lehrveranstaltungen, über die der Dozierende mit den Studierenden kommuniziert und auf denen er Informationen über Lehrveranstaltungen und Materialien zur Verfügung stellt. An den meisten Universitäten erhält man mit der Immatrikulation automatisch eine E-Mail-Adresse, die man über das Rechnersystem der Universität benutzen kann. An vielen Universitäten stehen, meist in den Bibliotheken, unentgeltlich Computer-Arbeitsplätze zur Verfügung, die einen Internetzugang ermöglichen.

Ein interessantes Hilfsmittel für Theologen und Theologinnen ist die Web-Site „Kirche & Theologie" (www.theology.de). Hier findet man übersichtlich geordnet zahlreiche Materialien und Links, die für das Studium ebenso wie für die berufliche Praxis nützlich sind. Die schon seit mehreren Jahren betriebene Web-Seite wird monatlich auf den neuesten Stand gebracht. Verantwortlich zeichnet der bayerische Pfarrer Otto W. Ziegelmeier, der sein Pfarramt allerdings längst mit der freiberuflichen Tätigkeit im Kommunikationswesen vertauscht hat. Eine übersichtliche und brauchbare Liste von Links, die man als Theologiestudierender verwenden kann, bietet ferner der Arbeitskreis für evangelikale Theologie (AfeT), und zwar nicht nur solche, die einen evangelikalen Bezug haben (www.afet.de/links.htm). Auch ein Theologiestudent der Universität Halle-Wittenberg hat eine Website mit Links ins Netz gestellt (www.theologie-links.de).

Die Arbeit in und mit dem Internet erlernt man am besten durch eigenes Ausprobieren. Es steht jedoch auch Literatur zur Verfügung. Eine praxisorientierte Einführung ›Internet für Theologen‹ und Theologinnen haben Wolfgang Nethöfel und Paul Tiedemann verfasst (²2000). Hier findet man elementare Hilfestellungen für den noch unerfahrenen Praktiker ebenso wie eine Aufstellung der für die Theologie derzeit relevanten Internetadressen, und für die weit Fortgeschrittenen sogar Hinweise zum Publizieren im Internet.

Das Internet bietet viel – auch viele Gefahren, und zwar nicht nur die berüchtigten Viren, Würmer und Dialer. Das Internet, in dem bequem zu Hause, abends, am Schreibtisch gestöbert werden kann, verführt dazu, nicht mehr in die Bibliotheken zu gehen und zu Büchern zu greifen. Doch Letzteres ist notwendig für ein gewinnbringendes Studium und ein erfolgreiches Examen. Das Internet verführt dazu, sich Material für Referate und Hausarbeiten herunterzuladen und nicht wirklich selbst zu erarbeiten. Wer dies regelmäßig macht, lernt gerade die Sache nicht, von der im Studium alles abhängt: das eigenständige, kritische Arbeiten. Im Extremfall bietet das Internet sogar die Möglichkeit, fertige Texte, sogar für Examensarbeiten, zu beziehen. Wer so etwas macht, begeht jedoch einen Betrug und riskiert, von einer Lehrveranstaltung oder sogar von der Hochschule ausgeschlossen zu werden oder beim Examen durchzufallen. Dozierende können im Einzelfall infolge langjähriger Erfahrungen mit dem Korrigieren und durch eigene Recherchemöglichkeiten solche Betrugsfälle aufdecken. Studierende müssen deswegen vor Betrugsversuchen nachhaltig gewarnt werden. Dass sich im Übrigen solche Dinge nicht mit dem Ethos eines Theologen und einer Theologin vertragen, soll nur ganz nebenbei gesagt sein.

Die größte Gefahr des Internets für die Arbeit des Studierenden ist mit der Text-, Informations- und Materialsuche verbunden. Eine Stichwortsuche nach irgendetwas, was man zur Vorbereitung eines Referats oder bei der Abfassung einer Hausarbeit braucht, führt häufig auf Abwege, denn man

theologische
Websites

Gefahren
des Internets

Internet oder Lexika?

findet in aller Regel zwar etwas, aber wegen der Fülle und Zufälligkeit der Ergebnisse nicht unbedingt das, was sich für die wissenschaftliche Arbeit am besten eignet. Manchmal stößt man sogar auf völlig abwegige, unbrauchbare Dinge. Das hängt damit zusammen, dass seriöse Institutionen und insbesondere seriöse Verlage ihre teuren Produkte nicht frei zugänglich in das Internet stellen. Die für die wissenschaftliche Arbeit brauchbaren Dinge findet man in Bibliotheken, aber nur selten im Internet. Recherchen mit Hilfe von theologischen und anderen Lexika ist also bei den meisten Themenstellungen der Vorrang vor Internetrecherchen einzuräumen. Oder anders gesagt: Das Internet ist hier bestenfalls ein Hilfsmittel für Fortgeschrittene, aber für Anfänger und Anfängerinnen ungeeignet.

8. Archivieren

Materialsammlungen

Während des Studiums sammelt sich allmählich Material an: Mitschriften von Vorlesungen, Kopien von Aufsätzen, eigene schriftliche Arbeiten, Exzerpte zu diversen Themen, Predigtentwürfe, Unterrichtsmodelle usw. Irgendwann stellt sich die Frage, wie man dieses Material so aufbewahrt, dass man es gegebenenfalls wieder findet.

In irgendeiner Weise muss jeder Studierende seine Materialien archivieren. Das kann freilich unterschiedlich geschehen, auf mehr oder weniger aufwändige Weise, und es ist mitunter eine Typenfrage, für welches Vorgehen oder System man sich entscheidet. Der aufwändige Weg, der früher beschritten wurde und auch heute noch machbar ist, war der einer systematischen Archivierung des gesammelten Materials mithilfe von Karteikarten. Heute kann man eine Computerkartei aufbauen und verwalten. Diese Art der Archivierung erfordert viel Zeit. Es gibt daneben einfache, für jeden gangbare Wege, die ebenfalls das Wiederauffinden wichtiger Materialien ermöglichen.

Karteien

Ordner

Alles, was im Zusammenhang mit Lehrveranstaltungen entstanden ist, lässt sich in Ordnern unter der Rubrik der entsprechenden Veranstaltung ablegen. In aller Regel erinnert man sich später daran, im Zusammenhang mit welcher Veranstaltung man sich mit welchen Dingen beschäftigt hat und findet das Material wieder. Als Ordner eignen sich sowohl solche, in denen das Material gelocht eingelegt wird, als auch einfache Kartonboxen, außerdem Hängeregistraturen. Materialien, die nicht im Zusammenhang mit Lehrveranstaltungen erstellt oder erworben wurden, sollten am besten alphabetisch, geordnet nach inhaltlichen Stichworten (oder Autorennamen), abgelegt werden. Hierfür eignen sich ebenfalls Kartonboxen und normale Ordner für gelochte Texte. Kartonboxen sind gut geeignet für Zeitschriften sowie für längere Texte. Am besten locht man die Texte an der Längsseite, versieht sie mit einem Lochstreifen, notiert auf den Streifen das Themenstichwort oder den Verfasser und legt sie so ab. Auf diese wenig aufwändige Weise steht das Material in den sich später vermehrenden Ablageboxen übersichtlich geordnet und leicht griffbereit zur Verfügung. Texte, die nur aus einem Blatt bestehen, können einen Karton als Unterlage bekommen, damit sie nicht umknicken. Dann kann man sie ebenfalls in den Kartonboxen deponieren. Alternativ bietet sich für kurze, nur aus einer oder wenigen Seiten bestehende Texte ein parallel zu den Ablageboxen aufgebautes, ebenfalls alphabetisch geordnetes System von Ordnern an, in denen diese Texte gelocht ablegt werden.

9. Prüfungsvorbereitungen

Konsequentes Studieren ist die beste Prüfungsvorbereitung. Dies gilt für eine einzelne Lehrveranstaltung, die am Ende des Semesters mit einer Klausur überprüft wird, ebenso wie für das Abschlussexamen. Gleichwohl bedarf es in beiden Fällen einer kürzeren oder längeren Zeit, in der gezielt auf die Prüfung hin gelernt wird. Hierbei ist es wichtig, sich einen genauen Zeitplan für die einzelnen Vorbereitungsschritte zu machen und sich, auch was den persönlichen Lebensstil anbelangt, zu zwingen, diesen Plan einzuhalten. Während der Vorbereitung wird der im Studium behandelte Stoff wiederholt und neuer, ergänzender erarbeitet.

Das Theologiestudium ist kein Studium, in dem es, um Erfolg zu haben, wesentlich um das Auswendiglernen, das Pauken, geht. Das partizipative, nicht das rezeptive Lernen steht im Vordergrund. Gleichwohl: Ganz ohne stures Auswendiglernen wird man nicht auskommen. Besonders bei den alten Sprachen und in der Bibelkunde spielt es eine Rolle und dann bei der Einprägung von Grundwissen für die Klausuren und mündlichen Prüfungen des Abschlussexamens. Um sich einen bestimmten Stoff einzuprägen, reicht es in der Regel nicht aus, einen Text durchzulesen. Hilfreich für das Einprägen eines Stoffs sind eigene Exzerpte (s.o. S. 170). Auch kleine Karteikarten (DIN A7 oder DIN A8: kaufen oder selbst zurechtschneiden) können eine wichtige Funktion haben. Mit ihrer Hilfe kann man sich den Grundwortschatz der alten Sprachen aneignen, theologische Fremdwörter und ihre Bedeutungen einprägen, geschichtliche Daten festigen und Bibelstellen und dazu gehörende Bibelverse im Gedächtnis speichern. Karteikarten haben den Vorteil, dass man den Stoff in ständig variierender Reihenfolge und auch unterwegs, beim Bahn- und Busfahren, traktieren kann. Teure Karteikästen kann man sich sparen. Die Karten werden einfach mit einem Gummi zu einem Päckchen zusammengebunden. Die Karteikarten werden vorne und hinten beschriftet. Vorne steht die Frage, hinten die Antwort. Werden beim Abfragen die Antworten gewusst, kommen die entsprechenden Karten ganz nach hinten oder werden ausgesondert. Wird etwas nicht gewusst, wird es weiter hinten wieder eingefügt, so dass es alsbald wieder an die Reihe kommt. So lässt sich Lernstoff hervorragend einprägen. Eine alternative Möglichkeit ist das Lernen mithilfe eines Exzerpts, auf dem man Teile verdeckt, in Gedanken rekapituliert und dann am Text überprüft. Auch listen- und tabellenförmig strukturierte DIN-A4-Blätter eignen sich zum Auswendiglernen, indem man Teile verdeckt und sich selbst in stiller Zwiesprache abfragt. Weitere praktische Anregungen finden sich u.a. in Friedrich Rosts ›Lern- und Arbeitstechniken für das Studium‹ (³2003).

Lernen für Prüfungen

Karteien

Ablagesysteme

Lerntechniken

Literatur

Die meisten Literaturtitel, die in diesem Buch genannt werden, und auch die Zitate sind im Textteil an Ort und Stelle mit Nachweisen versehen worden (Verfasser, Titel, Erscheinungsjahr, Auflagenbezeichnung und Jahr der letzten Ausgabe), die trotz ihrer Kürze zum Auffinden der Titel in Katalogen ausreichen. Das Literaturverzeichnis beschränkt sich deshalb auf die Anführung der Literatur, die mithilfe der im Textteil des Buches gemachten kurzen Angaben nicht ausfindig gemacht werden kann.

Apostolische Konstitution Sapientia Christiana über die kirchlichen Universitäten und Fakultäten/ Johannes Paul II.; Durchführungsverordnungen der Kongregation für das katholische Bildungswesen: 29. 4. 1979. Bonn: Sekretariat der Deutschen Bischofskonferenz, 1979 (Verlautbarungen des Apostolischen Stuhls; 9).

Barth, Karl: Christengemeinde und Bürgergemeinde (1946). In: Karl Barth: Rechtfertigung und Recht; Christengemeinde und Bürgergemeinde; Evangelium und Gesetz. Zürich: TVZ, 1998, S. 47–80.

Barth, Karl: Das Wort Gottes als Aufgabe der Theologie (1922). In: Karl Barth: Vorträge und kleinere Arbeiten 1922–1925 / Holger Finze (Hrsg.). Zürich: TVZ, 1999 (Karl Barth Gesamtausgabe: 3. Abt.), S. 144–175.

Barth, Karl: Der Christ in der Gesellschaft (1919). In: Jürgen Moltmann (Hrsg.): Anfänge der dialektischen Theologie. Bd. 1: Karl Barth – Heinrich Barth – Emil Brunner. 6. Aufl. München: Kaiser, 1995, S. 3–37.

Barth, Karl: Rechtfertigung und Recht (1938). In: Karl Barth: Rechtfertigung und Recht; Christengemeinde und Bürgergemeinde; Evangelium und Gesetz. Zürich: TVZ, 1998, S. 5–45.

Bultmann, Rudolf: Neues Testament und Mythologie. In: Kerygma und Mythos: Ein theologisches Gespräch. Bd. 1 / Hans-Werner Bartsch (Hrsg.). 4., erw. Aufl. Hamburg-Volksdorf: Reich, 1960 (Theologische Forschung; 1), S. 15–48.

Bultmann, Rudolf: Welchen Sinn hat es, von Gott zu reden? In: Rudolf Bultmann: Glauben und Verstehen: Gesammelte Aufsätze. Bd. 1. 9. Aufl. (Nachdr. der 2., unver. Aufl. Tübingen: Mohr, 1954). Tübingen: Mohr, 1993 (UTB für Wissenschaft: Uni-Taschenbücher; 1760), S. 26–37. – Zuerst erschienen in: Theologische Blätter 4 (1925), S. 129–135.

Divino afflante Spiritu (1943). In: Heinrich Denzinger: Kompendium der Glaubensbekenntnisse und kirchlichen Lehrentscheidungen / Peter Hünermann (Hrsg.; Bearb.; Übers.); Helmut Hoping (Mitarb.). 39. Aufl. Freiburg i. Br.: Herder, 2001, S. 1058–1064.

Gemeinsame Erklärung zur Rechtfertigungslehre 1997 / Lutherischer Weltbund; Päpstlicher Rat zur Förderung der Einheit der Christen. In: Lutherische Monatshefte 10 (1997), S. 49–60.

„Gemeinsame offizielle Feststellung" des Lutherischen Weltbundes und der katholischen Kirche zur Gemeinsamen Erklärung zur Rechtfertigungslehre (11. 6. 1999). In: Materialdienst des Konfessionskundlichen Instituts Bensheim 4 (1999), S. 78 f.

Leinhäupl-Wilke, Andreas (Hrsg.); Striet, Magnus (Hrsg.): Katholische Theologie studieren: Themenfelder und Disziplinen. Münster/Westf.: Lit, 2000 (Münsteraner Einführungen: Theologie; 1).

Marquardt, Friedrich-Wilhelm: Christsein nach Auschwitz: Referat in der Arbeitsgruppe „Juden und Christen" auf dem 18. Deutschen Evangelischen Kirchentag Nürnberg 1979. In: Junge Kirche 40 (1979), S. 366–373, 426–430. – Auch abgedruckt in: Friedrich-Wilhelm Marquardt; Albert Friedländer: Das Schweigen der Christen und die Menschlichkeit Gottes: Gläubige Existenz nach Auschwitz. München: Kaiser, 1980 (Kaiser-Traktate; 49), S. 7–34.

Nostra aetate (1965). In: LThK^2 13 (1967, Sonderausg. 1986), S. 405–495.

Optatam totius (1965). In: LThK^2 13 (1967, Sonderausg. 1986), S. 309–355.

Raffelt, Albert: Theologie studieren: Wissenschaftliches Arbeiten und Medienkunde. Freiburg i. Br.: Herder, 2003.

Rahmenordnung für die Priesterausbildung: Überarbeitete Fassung vom 1. 12. 1988 / Die deutschen Bischöfe. Bonn: Sekretariat der Deutschen Bischofskonferenz, 1988 (Schriften der Deutschen Bischofskonferenz; 42).

Rahner, Karl: Hörer des Wortes: Zur Grundlegung einer Religionsphilosophie. München: Kösel-Pustet [1941]. – Neuausgabe in: Karl Rahner: Sämtliche Werke. Bd. 4: Hörer des Wortes: Schriften zur Religionsphilosophie und zur Grundlegung der Theologie / Albert Raffelt (Bearb.). Solothurn: Benziger; Freiburg i. Br.: Herder, 1997, S. 2–281.

Schleiermacher, Friedrich Daniel Ernst: Kurze Darstellung des theologischen Studiums zum Behuf einleitender Vorlesungen: Zweite[,] umgearbeitete Ausgabe (1830). In: Friedrich Daniel Ernst Schleiermacher: Kritische Gesamtausgabe. 1. Abt.:

Schriften und Entwürfe. Bd. 6: Universitätsschriften; Herakleitos; Kurze Darstellung des theologischen Studiums. Berlin: de Gruyter, 1998, S. 317–446.

Tillich, Paul: Der Mut zum Sein (engl. 1952, dt. 1953). In: Paul Tillich: Gesammelte Werke. Bd. 11: Sein und Sinn: Zwei Schriften zur Ontologie / Renate Albrecht (Hrsg.). 2. Aufl. Stuttgart: Evangelisches Verlagswerk, 1976, S. 11–139. – Repr. der dt. Originalausg.: Berlin: de Gruyter, 1991.

Titelangaben von Dokumenten: Zitierregeln (DIN 1505, Teil 2). In: Publikation und Dokumentation. [Bd.] 2. 4. Aufl. Berlin: Beuth, 1996, S. 92–109.

Register

Abendmahl 20–22, 60
al-Farabi 20
al-Gazali 20
al-Kindi 20
Alves, Rubem 97
Andreae, Johann Valentin 104
Anselm von Canterbury 46
Anthropologie 53–55, 92
Antisemitismus 101 f.
Apokryphen 66
Apologeten/Apologetik/Apologien 16, 27
Apostolikumstreit 82
Apostolische Väter 16
Aristoteles 14, 71
ar-Razi 20
Artistenfakultät 25|
Atheismus 86, 93
Auferstehung 61
Aufklärung 22 f., 66, 77, 80
Augustin 17
Averroes 20
Avicenna 20

Balthasar, Hans Urs von 54, 85
Barockscholastik 22, 28
Barth, Karl 33, 44 f., 47 f., 50, 82–85, 91, 102 f.
Basisgemeinden 96
Befreiungstheologie 62, 96–99
Beintker, Horst 34
Bekennende Kirche 87, 90
Bellarmini, Robert 27
Ben-Chorin, Schalom 102
Berger, Teresa 157
Bernhard von Clairvaux 19
Bernhardt, Reinhold 106
Bethge, Eberhard 88
Bezugswissenschaften der Theologie 70
Bibelforschung/Bibelkritik 23, 80
Bibelkunde 146
Biblische Theologie 30, 44 f.
Bistümer 59
Boff, Leonardo 97
Böhme, Jakob 21
Bonhoeffer, Dietrich 75, 87–90
Braun, Herbert 53
Bultmann, Rudolf 31, 48, 53, 85 f.
Buren, Paul von 103

Calvin, Johann 20, 65
Calvinismus 63
Cardenal, Ernesto 97
Caritas 37
Chantal, Johanna Franziska Baronin von 21

Charismatiker 58
Chasdai ben Abraham 19
Childs, Brevard S. 31
Christenverfolgung 17
Christologie 50, 52–54, 81, 84, 92
Cobb, John Boswell 94–96
Collegium Romanum 21

Daly, Mary 98, 100
Diakonie 37, 59
Dialektische Theologie 80, 82–86, 90
Dialog 73 f., 105 f., 108
Diözesanseminare 130
Diözesen 59
Diskursanalyse 41
Dogma 33, 81
Dogmatik 17, 27 f., 32–34, 36, 45, 47
Dogmenkritik 81
Dohnanyi, Hans von 87
Dreieinigkeit 49, 52

Ebeling, Gerhard 34, 45, 53
Eckhart, Meister 19
Einheit, kirchliche 93
Ekklesiologie 58 f., 61, 73
Entmythologisierung 86
Epochen, kirchengeschichtliche 32
Erasmus von Rotterdam 20
Erfahrungstheologie 84
Erlösung 56, 104
Eschatologie 61 f., 104
Ethik 34–36, 55
Eucharistie 97
Eusebius von Caesarea 17
Existentialtheologie 85
Exklusivismus 73

Faber, Roland 94
feministische Theologie 98–100
Firmung 22
Franz von Assisi 53
Freikirchen 59, 132 f.
Fries, Heinrich 93
Fundamentalismus 33, 75
Fundamentaltheologie 33 f.

Gegenreformation 22
Geis, Robert Raphael 102
Gerhard, Johann 28
Gericht, göttliches 61
Gertrud die Große 19
Glaube 22, 46, 142, 162 f.
Glaubenslehre 46 f.

Glaubenswissenschaft 44, 46 f.
Gnade 20, 22
Gnadenstreit 22
Gollwitzer, Helmut 103
Gottebenbildlichkeit 54 f.
Gottesbegriff, Gottesbilder 48, 88, 95, 99
Gottesbeweise 49 f.
Gotteserfahrungen 93
Gotteslehre 49 f.
Gräb, Wilhelm 106
Griffin, David Ray 95 f.
Grotius, Hugo 75
Gutiérrez, Gustavo 96 f.
Guyon, Jeanne Marie von 21

Halkes, Catharina Johanna Maria
    98–100
Harnack, Adolf von 32, 80–83
Hartshorne, Charles 95
Hauskreise 59
Hegel, Georg Wilhelm Friedrich 71
Heidegger, Martin 71, 86
Heil 105
Heiliger Geist 57 f., 99
Heisenberg, Werner 75
Hermeneutik 33, 42, 76
Hesiod 14
Heterodoxie 64
Hicks, John 106
Hilberath, Bernd Jochen 108
Hirsch, Emanuel 80
historisch-kritische Exegese 23, 67
Holocaust 101
Holzem, Andreas 51
Homer 14
Homiletik 28, 36 f.
Humanismus 20

Infallibilität 60
Inkarnation 72
Inklusivismus 73
Islam 19, 24, 123

Jakob Albo 19
Jansen, Cornelius 22
Jansenismus 22
Jehuda ha-Levi 19
Jesuiten 21 f., 91
Joest, Wilfried 34
Johannes Paul II. 97
Johannes Scotus Eriugena 18
Johannes XXIII. 102
Judentum 14 f., 19, 23 f., 101–104
jüdisch-christlicher Dialog 101–103
Justin 16

Kant, Immanuel 71, 76, 92
Karl der Große 18
Kasper, Walter 54
Katechetik 36
Katholische Reform 22
Keller, Catherine 95
Kerygma 86
Ketzer 24, 64
Kirche 43 f., 47, 58–61, 97, 99, 107, 141, 160 f.
Kirchenkunde 32
Kirchenrecht 38
Klappert, Berthold 103
Knitter, Paul 106
Konfessionskunde 32
Konstantinische Wende 17
Konstruktivismus 41
Kontexttheologie 81, 99
Kontroverstheologie 20, 27
Korrelationstheologie 90 f.
Kuhn, Thomas S. 107
Kulturtheologie 91
Kulturwissenschaft 76
Küng, Hans 68, 85, 106–109

Laientheologie 21, 26
Laisierung 118
Lapide, Pinchas 102
Lehramt, kirchliches 43, 68
Letzte Ölung 22
Levi ben Gerson 19
liberale Theologie 80 f.
Lieb, Fritz 80
Liturgie/Liturgik 36 f.
Loccumer Vertrag 158
Loci 52
Luckner, Gertrud 103
Lüdemann, Gerd 159
Luther, Martin 20 f., 48, 56, 65, 67
Luthertum 63 f.
Lyotard, Jean-François 43

Maimonides 19
Maréchal, Josef 92
Marienfrömmigkeit 99 f.
Marquardt, Friedrich-Wilhelm 101–104
Mechthild von Magdeburg 19
Messiasproblem 53
Metz, Johann Baptist 89, 103
Missio canonica 124
Mission 59, 74, 102
Missionswissenschaft 37 f.
Modernismus 23, 80
Moltmann, Jürgen 46, 61, 87, 89
Moltmann-Wendel, Elisabeth 100
monastische Theologie 19

Monotheismus 49
Moraltheologie 27, 34 f.
Morus, Thomas 104
Mosheim, Johann Lorenz von 28
Mulack, Christa 100
Mystik 19, 21, 26

Naturrecht 35
Negative Theologie 50
Neothomismus 23
Nihil obstat 157
Nostra aetate 73, 102, 105

Offenbarung 22, 45, 51, 83, 87, 93, 97, 99
Offenbarungstheologie 84
Ökumene 69 f., 87, 93, 106 f.
Ökumenewissenschaft 38
Ökumenische Theologie 37, 106
Ökumenischer Rat der Kirchen 59, 74
Origenes 17
Orthodoxie 22, 64 f.
Osten-Sacken, Peter von der 103

Pannenberg, Wolfhart 34, 45, 55
Papst 59 f., 66, 68, 93
Pastoralpsychologie 37
Patrologie 27, 32
Paulus 16, 41
Perikope 36
Pesch, Otto Hermann 55
Petersen, Johanna Eleonora 26, 58
Pfürtner, Stephan 158
Philo von Alexandrien 15
Philosemitismus 102
Philosophie 71
Pietismus 21 f., 66
Pius XII. 67
Planck, Max 75
Platon 14, 71
Pluralisierung/Pluralismus 71–73
Pneumatologie 57 f.
Poimenik 37
Politische Theologie 87–90
Positive Theologie 27
Postmoderne 42 f., 79, 107
Prädestination 21, 84
Priester 113, 155
Priesterseminar 160 f.
Primat 60
Protestantismus 63 f.
Prozessphilosophie 94
Prozesstheologie 94–96

Rad, Gerhard von 31
Rade, Martin 80

Ragaz, Leonhard 80
Rahner, Karl 33, 48, 53, 91–94
Rationalismus 23
Ratzinger, Joseph 46, 68, 158
Realpräsenz 21
Rechtfertigung/Rechtfertigungslehre 56 f., 106
Reformation 20, 25, 35, 65
Reich Gottes 62, 81, 89
Reinkarnation 61
Religion 84, 88, 107 f.
Religionspädagogik 36
Religionstheologie 73
religiöser Sozialismus 90
Reuther, Rosemary Radford 100

Saadja ben Josef 19
Sakramente 20 f.
Säkularisierung 71 f.
Sartre, Jean-Paul 71
Schillebeeckx, Edward 99
Schilson, Arno 54
Schleiermacher, Friedrich 46–48, 84
Schoah 101
Scholastik 19, 23, 66
Schottroff, Luise 100
Schrempf, Christoph 82
Schriftprinzip 20
Schüssler Fiorenza, Elisabeth 100
Seelsorge 36 f.
Sölle, Dorothee 87, 89, 100
Soteriologie 56
Sozialethik 35 f.
Spiritualismus 58
Spiritualität 116, 133, 142, 162 f.
Stendahl, Krister 105
Sukzession, apostolische 60
Sünde/Sündenfall 55 f., 96
Swidler, Leonard 104–106
Symbolik 33
Synergismus 56

Tanach 30
Taufe 20, 22
Tauler, Johannes 19
Teresa von Avila 21, 26
Theologiebegriff 14, 29, 79
Thoma, Clemens 103
Thomas von Aquin 19, 22 f., 48, 66
Thora 30
Tillich, Paul 47 f., 90 f.
Tod 61
Tracy, David 105
Traktate 52
Transzendentalität 92

Transzendentalphilosophie 92
Transzendentaltheologie 91 f.
Transzendenz 83, 92 f.
Tridentinum 21 f.
Trinität/Trinitätslehre 49, 52, 58, 81

Unfehlbarkeit des Papstes 107
Unsterblichkeit 55, 61

Vocatio 124
Vulgata 21

Weihe 25, 60
Welker, Michael 94
Werbick, Jürgen 34
Whitehead, Alfred North 94 f.
Wiedergeburt 61
Wort-Gottes-Theologie 84

Zell, Katharina 21
Zinzendorf, Nikolaus Ludwig Graf von 21, 58
Zweites Vatikanisches Konzil 27, 67 f., 98
Zwingli, Ulrich 20, 65